Seu Corpo e as Estrelas

O Zodíaco Como Seu Guia de Saúde e Bem-Estar

Stephanie Marango, M.D., R.Y.T.
e Rebecca Gordon

Seu Corpo e as Estrelas

O Zodíaco Como Seu Guia de Saúde e Bem-Estar

Tradução:
Karina Gercke

MADRAS®

Publicado originalmente em inglês sob o título *Your Body and the Stars* (Stars), por um acordo de Atria Books/Beyond Words, uma divisão da Simon & Schuster.
© 2016, Stephanie Marango e Rebecca Gordon.
Todos os direitos reservados.
Direitos de edição e tradução para o Brasil.
Tradução autorizada do inglês.
© 2021, Madras Editora Ltda.

Editor:
Wagner Veneziani Costa (*in memoriam*)

Produção e Capa:
Equipe Técnica Madras

Tradução:
Karina Gercke

Revisão da Tradução:
Jefferson Rosado

Revisão:
Silvia Massimini Felix
Barbara Veneziani

Dados Internacionais de Catalogação na Publicação
(CIP)(Câmara Brasileira do Livro, SP, Brasil)

Marango, Stephanie
Seu corpo e as estrelas: o zodíaco como seu guia de saúde e bem-estar/Stephanie Marango e Rebecca Gordon; tradução Karina Gercke. – São Paulo: Madras, 2021.
Título original: Your body and the stars: the zodiac as your wellness guide

ISBN 978-85-370-1243-7

1. Astrologia e saúde 2. Corpo humano 3. Zodíaco
I. Gordon, Rebecca. II. Título.

20-32985 CDD-133.5861

Índices para catálogo sistemático:
1. Astrologia e saúde: Esoterismo: Ciências ocultas 133.5861
Cibele Maria Dias – Bibliotecária – CRB-8/9427

É proibida a reprodução total ou parcial desta obra, de qualquer forma ou por qualquer meio eletrônico, mecânico, inclusive por meio de processos xerográficos, incluindo ainda o uso da internet, sem a permissão expressa da Madras Editora, na pessoa de seu editor (Lei nº 9.610, de 19/2/1998).

Todos os direitos desta edição, em língua portuguesa, reservados pela

MADRAS EDITORA LTDA.
Rua Paulo Gonçalves, 88 — Santana
CEP: 02403-020 — São Paulo/SP
Caixa Postal: 12183 — CEP: 02013-970
Tel.: (11) 2281-5555 (11) 98128-7754
www.madras.com.br

Todas as honras a Stephanie Marango, Rebecca Gordon e a *Seu Corpo e as Estrelas*

"Rebecca Gordon é uma das melhores astrólogas que já conheci. Ela é autêntica, divertida e extremamente talentosa! Recomendo seu trabalho e *Seu Corpo e as Estrelas* para todos!"

– **Gabby Bernstein,** autor de *Miracles Now*, *best-seller* do *New York Times*

"Eu amo a maneira como a dra. Stephanie e Rebecca levam corpo e alma a outra dimensão, mesclando o físico, o metafísico e a mente em uma exploração profunda de como nos relacionarmos com todos os signos do zodíaco. *Seu Corpo e as Estrelas* me ensinaram, de modo profundo, a abrir meus olhos sobre o quanto eu precisava usar elementos de outros signos para me tornar completa. Brilhante!"

– **Elisabeth Halfpapp**, vice-presidente executiva do Mind-body Programming, cofundadora do Exhale, cocriadora do Core Fusion Barre™ e coautora do *Barre Fitness*

"Este é um belo livro da dra. Stephanie e Rebecca Gordon. Venho sendo atraído pela astrologia e por assuntos relacionados à saúde por quase cinquenta anos, e o que essas mulheres reuniram neste livro é informativo e útil para qualquer pessoa interessada em astrologia e na relação com o corpo físico, e como usar essas informações para um bem-estar muito maior. Considero *Seu Corpo e as Estrelas* altamente recomendável."

– **Elson M. Haas**, doutor em Medicina, médico integrativo de família (elsonhaasmd.com) e autor dos livros *Staying Healthy with the Seasons* e *Staying Healthy with Nutrition*

"Carl Sagan disse: 'Nós somos feitos de estrelas', e em seu inovador e mais recente livro, *Seu Corpo e as Estrelas*, a astróloga Rebecca Gordon e a médica holística dra. Stephanie validam esse poderoso conceito cósmico com um guia de saúde integrativa, que mostra, por meio da aplicação de ferramentas práticas e de um programa de saúde cosmicamente engenhoso, como potencializar seu bem-estar. Pela compreensão da relação entre os signos do zodíaco e seu corpo físico, Rebecca e a dra. Stephanie levam você a uma jornada de

autoconhecimento que o colocará em harmonia com as estrelas e o mundo físico e lhe mostrará como viver em uma condição ideal de bem-estar."
– **Ronnie Grishman,** editor-chefe da revista *Dell Horoscope*

"Bravo, dra. Stephanie e Rebecca! Agora estou fascinado por saber que meu corpo físico, suas funções e tudo o que realizo por meio dele, de modo muito profundo, são influenciados por minha conexão metafísica com o universo. A sabedoria que extraí destas páginas aprofundou o apreço ao meu corpo e minha compreensão do conceito mente-corpo, que é tão predominante em nossos programas de *fitness* no Exhale. Gratidão por essa ótima leitura. Este será agora um de meus livros de referência!"
– **Fred DeVito,** vice-presidente executivo e cofundador do Exhale, cocriador do Core Fusion Barre™ e coautor do *Barre Fitness*

Nota do Editor Internacional:
Esta publicação contém as opiniões e ideias dos seus autores. Destina-se a fornecer material útil e informativo sobre os assuntos abordados na publicação. Os autores e o editor não têm a intenção de, por meio do livro, prestar serviços médicos, de saúde ou serviços de qualquer outra natureza profissional relacionada ao bem-estar físico. O leitor deve consultar seu médico, profissional de saúde ou outro profissional competente antes de adotar qualquer uma das sugestões deste livro, ou tirar conclusões pessoais a partir dele. Os autores e o editor estão isentos de qualquer responsabilidade sobre perdas ou riscos, às quais o leitor se exponha, que sejam consequências diretas ou indiretas do uso e aplicação indevidos de qualquer conteúdo deste livro.

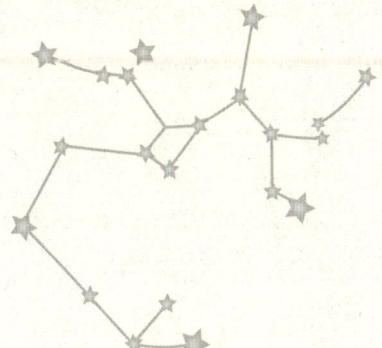

Índice

Prefácio 11
Introdução 15
    Sobre o livro 16
    Como usar este livro 18
1. Assim na Terra, como no Céu 22
    Assim na Terra… 24
    … como no Céu 28
2. Cabeça do Carneiro (Áries) 33
    Seu corpo: cabeça 34
    As estrelas: Áries 37
    O que aprender 41
    Seu corpo e as estrelas 43
    Questionamentos 44
    Exercícios 44
    Resumo 50
3. Pescoço do Tauro (Touro) 51
    Seu corpo: pescoço 52
    As estrelas: Touro 55

	O que aprender	59
	Seu corpo e as estrelas	61
	Questionamentos	61
	Exercícios	62
	Resumo	68
4.	Mãos dos Gêmeos (Gêmeos)	69
	Seu corpo: braços, antebraços e mãos	70
	As estrelas: Gêmeos	74
	O que aprender	80
	Seu corpo e as estrelas	82
	Questionamentos	82
	Exercícios	82
	Resumo	87
5.	Peito do Caranguejo (Câncer)	88
	Seu corpo: tórax, peito	89
	As estrelas: Câncer	93
	O que aprender	98
	Seu corpo e as estrelas	100
	Questionamentos	100
	Exercícios	101
	Resumo	107
6.	Coração do *Leo* (Leão)	108
	Seu corpo: coração e parte superior das costas	109
	As estrelas: Leão	113
	O que aprender	118
	Seu corpo e as estrelas	120
	Questionamentos	120

Exercícios 121

Resumo 127

7. Ventre de *Virgo* (Virgem) 129

   Seu corpo: Abdômen 130

   As estrelas: Virgem 134

   O que aprender 139

   Seu corpo e as estrelas 141

   Questionamentos 141

   Exercícios 141

   Resumo 149

8. Coluna da Balança (Libra) 151

   Seu corpo: parte inferior das costas 152

   As estrelas: Libra 156

   O que aprender 160

   Seu corpo e as estrelas 162

   Questionamentos 162

   Exercícios 163

   Resumo 169

9. Pelve do Escorpião (Escorpião) 170

   Seu corpo: pelve, osso sacro 171

   As estrelas: Escorpião 175

   O que aprender 179

   Seu corpo e as estrelas 181

   Questionamentos 181

   Exercícios 182

   Resumo 188

10. Quadris do Centauro (Sagitário) 189
    Seu corpo: quadris e coxas 190
    As estrelas: Sagitário 193
    O que aprender 197
    Seu corpo e as estrelas 200
    Questionamentos 200
    Exercícios 200
    Resumo 208

11. Joelhos da Cabra com Rabo de Peixe (Capricórnio) 209
    Seu corpo: joelhos 210
    As estrelas: Capricórnio 213
    O que aprender 217
    Seu corpo e as estrelas 219
    Questionamentos 219
    Exercícios 219
    Resumo 225

12. Tornozelos do Portador da Água (Aquário) 226
    Seu corpo: tornozelos 227
    As estrelas: Aquário 230
    O que aprender 233
    Seu corpo e as estrelas 235
    Questionamentos 235
    Exercícios 236
    Resumo 242

13. Pés de *Pisces* (Peixes) 243
    Seu corpo: pés 244

As estrelas: Peixes 248

O que aprender 252

Seu corpo e as estrelas 254

Questionamentos 254

Exercícios 255

Resumo 261

Conclusão 263

Agradecimentos 265

Apêndice A: Tabela dos Signos do Zodíaco
e Manifestações Físicas 267

Apêndice B: Reconhecimento do Corpo de Estrelas 273

Apêndice C: Estruturas Ósseas e Regiões do seu Corpo 275

Prefácio

Como alguém que acredita tanto na ciência quanto na espiritualidade, sei que a energia se apresenta de inúmeras formas. Na verdade, muitas vezes vejo a ciência e a espiritualidade dizendo coisas semelhantes, mas de maneiras diferentes. No entanto, os livros de ciência e eu temos divergências: não me limito exclusivamente a eles – aceitando como possível apenas o que nossas tecnologias atuais conseguem reconhecer. Assim como os raios ultravioleta e os micro-organismos já existiam muito antes de desenvolvermos as ferramentas adequadas para vê-los, acredito que ainda há muito mais lá fora do que nossos olhos e inteligências modernas podem captar. Quem sou eu para limitar as habilidades da natureza – ou nossos recursos para compreendê-las?

Foi por esse modo de pensar, por essa abordagem, que aplaudi a apresentação astrológica da Rebecca durante um congresso sobre a evolução da consciência, em 2012. Antes disso, eu nunca havia pensado muito sobre astrologia. Claro, conhecia meu signo solar (Sagitário), pela data de meu nascimento, e já havia folheado algumas páginas com horóscopos, mas além das abordagens populares, nada muito aprofundado havia chegado até mim. Então, fiquei surpresa com o grande impacto que suas palavras tiveram sobre mim. Mas isso aconteceu! E acredito que tenha sido provocado porque Rebecca falou sobre as estrelas de maneira muito semelhante à qual compreendo – em meu trabalho como médica holística – o corpo humano: algo mágico e real.

Em minha definição, *magia aplicada* é a capacidade de se apropriar de forças invisíveis presentes em nosso mundo – como os pensamentos, emoções, sensações, intuições e muitas outras – e expressá-las de uma maneira concreta; dando a elas uma forma sem forma. Do mesmo modo como um pensamento que vem à sua cabeça – *Eu quero comprar uma casa*, por exemplo – um dia se transforma em algo tangível – uma habitação real de tijolo e cimento que abriga você e seus pertences, o estresse emocional de uma situação não resolvida com seu chefe no trabalho se transforma em uma tensão nos músculos de seu pescoço. Em minha opinião, isso é uma espécie de magia, de mágica.

E é prática, real, é magia aplicada, porque pertence ao seu dia a dia. Seus pensamentos, sentimentos e impressões são, no final das contas, expressos no que você escolhe para comer, em como você escolhe gastar seu tempo, com quem escolhe gastá-lo, etc. Você é o mago que escolhe tanto algo tangível quanto intangível. Algumas vezes, suas escolhas externas refletem seu interior, sua verdadeira natureza, mas nem sempre acontece dessa maneira. Talvez você não se sinta constantemente equilibrado ou em harmonia com o modo como está vivendo – o que pode provocar sensações desagradáveis no corpo. Sua expressão mais plena de saúde é nada menos do que sua plena expressão de si mesmo.

E isso nos leva de volta à Rebecca e ao talento que ela tem de ler seu mapa de nascimento para dar um significado dentro da cosmologia. Se o cliente é uma mãe dona de casa ou um profissional corporativo, Rebecca lembra a todos sobre o que os torna únicos: desde o padrão de suas impressões digitais até o propósito de suas almas. Interpretando as estrelas, o mapa astral, para alinhar os clientes com sua abundante sabedoria interior, ela os motiva a sair de suas zonas de conforto e a viver as melhores e mais expansivas versões de suas vidas.

Por exemplo, ela pode orientar um cliente do signo de Touro a ampliar sua autoexpressão, o que não apenas o ajudará a se alinhar com sua verdadeira natureza, mas, também, a resolver a tensão em seu pescoço. De maneira semelhante, eu daria autonomia a um paciente com tensão crônica no pescoço, oferecendo uma maior compreensão do próprio corpo e as conexões com a mente, as emoções e o espírito; mostrando como seus pensamentos, sentimentos e situações envolvendo sua autoexpressão (que é representada física e metafisicamente pelo pescoço) podem resultar em tensão muscular (sintoma tangível) e estresse. E, então, eu ensinaria ferramentas práticas – alongamentos, respiração, nutrição, meditação e muito mais – para lidar com a situação.

Embora Rebecca e eu possamos aparentar ser uma dupla incomum (ou uma piada sobre uma médica e uma astróloga entrando em um bar...), nós duas conduzimos nossa vida pessoal e profissional com a crença de que tudo está dentro, de que nosso corpo contém um universo de sabedoria que pode servir como uma chave para nosso bem-estar, se assim permitirmos.

É claro que nós duas não estávamos cientes sobre essa convergência de ideias até nos encontrarmos (o que não aconteceu naquela noite no congresso). Sim, naquela primeira noite em que a vi, eu sabia que um dia nos encontraríamos e teríamos uma profunda conexão. No entanto, isso precisava acontecer no momento certo. Então, apenas me sentei e sorri durante sua palestra, acordei no dia seguinte inspirada para escrever algumas linhas sobre o que seria este livro... e depois ainda esperei por cerca de seis meses até descobrir que a sala que eu alugava como escritório e consultório, em um espaço de tratamentos, ficava bem ao lado da dela. O que dizer sobre nosso alinhamento cósmico?!

E, bem, o restante da história é este livro. Um livro sobre seu corpo e as estrelas. Uma perspectiva diferente, que permite que você desperte e alcance novas possibilidades; permite que você vá muito além das limitações sobre quem você imagina que é ou deveria ser... com ferramentas práticas para ajudá-lo a viver uma vida mais plena, abundante e o melhor possível. Já não está na hora de recuperar sua completude, sua essência? Ser especialista em você mesmo? Em caso afirmativo, se você acha que, por mais feliz e saudável que seja, ainda há muito mais – e quer ter participação ativa nesse processo – então o convidamos a escrever esse próximo capítulo de sua história. Uma história sobre céu e terra, espírito e matéria, e você, a pessoa que vive entre eles.

Dra. Stephanie

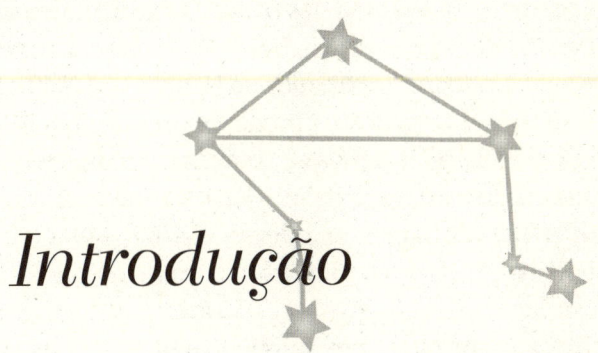

Introdução

Este não é um livro de astrologia, nem um livro de anatomia. Pelo contrário, ele é um guia de bem-estar, que usa planetas, estrelas e constelações como a base de uma dieta específica ou rotina de exercícios físicos. Há muitas maneiras de ser saudável e se sentir bem. E, felizmente, a abordagem atual está começando a aceitar, cada vez mais, o bem-estar holístico como um novo modelo de saúde. Mas não se engane – nós acreditamos que a medicina ocidental tradicional, embora tenha suas falhas, faz um bom trabalho. No entanto, o foco principal é nos cuidados intensivos, diagnóstico e tratamento das doenças físicas – e não na melhoria das condições da saúde e do bem-estar.

O bem-estar é muito mais abrangente. Não é apenas sobre as condições físicas, mas também sobre a mente, as emoções e o espírito. No entanto, quando entramos nos domínios do intangível, muitas particularidades do bem-estar tornam-se difíceis de serem provadas por meio de nossos padrões e métodos científicos atuais – afinal de contas, avaliar o bem-estar emocional ou mental é muito vago, se compararmos com a avaliação da radiografia de uma fratura. Contudo, uma das razões pelas quais as modalidades holísticas são, agora, mais comuns do que alternativas é que a maioria das pessoas que experimenta nutrição, ioga, acupuntura e outras especialidades, diante de como elas se sentem, não exige nenhuma prova da eficácia. Para a maioria de nós, a prova está em nossa saúde, na vivência e no entendimento.

Este livro apresenta outros caminhos para acessar tudo o que é tangível e intangível, e como fazer com que todas essas partes comecem a funcionar como um todo. À primeira vista, uma metodologia que usa o zodíaco para proporcionar bem-estar pode parecer um pouco estranha, mas estamos apenas recuperando um reconhecido sistema de crença ancestral – que é uma das bases da medicina moderna e da ciência, independentemente de qualquer equívoco ou controvérsia. Como o dr. David Lindberg, historiador da ciência, nos lembra: "Se quisermos fazer justiça para com nossos predecessores, devemos tomar o passado pelo que ele foi.... Nós temos de respeitar as maneiras pelas quais as gerações passadas abordavam a natureza, reconhecendo que, embora possam ser diferentes da maneira moderna, elas não são menos dignas de interesse, pois fazem parte de nossa ancestralidade intelectual".[1] Então, ao usar este livro, pedimos que você não apenas assuma maior responsabilidade por seu bem-estar, mas, também, tente uma nova maneira de alcançá-lo – uma que amplie, comprometa e inspire sua compreensão sobre saúde e bem-estar, muito diferente de antes.

A narrativa das estrelas apresenta princípios poderosos que permitem que você alcance sua expressão mais plena de bem-estar, que é a plena expressão de si mesmo. Se você voltar sua atenção para esses princípios, em relação ao seu corpo, você começará a perceber que é muito mais do que aparenta. Com certeza, você se sentirá melhor e mais confortável em sua própria pele, mas o verdadeiro presente do livro é que ele pode ajudá-lo a viver a melhor versão de si mesmo em *todos* os níveis – mente, corpo e espírito. Ao usá-lo como um orientador, você perceberá uma vida mais estruturada – com um corpo radiante, pensamentos inspiradores, emoções expandidas e intuição confiável. E, finalmente, seu microcosmo pessoal se reconectará ao macrocosmo ao qual você naturalmente pertence.

Sobre o livro

Seu Corpo e as Estrelas usa o zodíaco como um mapa de sua forma física e, dos pés à cabeça, faz uma analogia de sua conexão com o cosmos. Ele ajuda você a restaurar seu corpo e a contextualizá-lo em algo maior e – ao fazer isso – recupera aspectos de si mesmo que podem ter sido perdidos ou esquecidos. Nós simplesmente fazemos a ponte entre você e sua conexão de cura.

O primeiro capítulo, "Assim na Terra, Como no Céu", estabelece as bases para a conexão. Nós apresentamos as estrelas no contexto

---

1. David C. Lindberg, The Beginnings of Western Science: The European Scientific Tradition, *in* **Philosophical, Religious and Institutional Context**, Prehistory to A.D. 1450: (Chicago: University of Chicago Press, 2007), p. 2–3.

da astrologia e de seu corpo. Em seguida, cada um dos próximos 12 capítulos é dedicado a uma região específica do corpo e ao signo zodiacal associado a ela, entrando em detalhes mais conceituais sobre a inter-relação de seu corpo com as estrelas. As regiões do corpo (cabeça, peito, joelhos) preparam o terreno para cada capítulo, com foco na anatomia musculoesquelética, pois os ossos, articulações e músculos tendem a ser as partes mais relacionadas ao zodíaco e mais acessíveis. Na sequência, associamos o corpo à energia astrológica ou às peculiaridades do signo do zodíaco, que são apresentadas por meio da temática do signo, que traz suas características universais, destacando a relevância pessoal.

> *O Que Aprender* é uma seção presente em cada capítulo e que tem a intenção de mostrar a você algumas considerações sobre mente-espírito que *podem* ter relação com seus sintomas físicos. Não são informações para autodiagnóstico, nem significam que certas datas de nascimento ou traços resultarão em determinados sintomas. Pelo contrário, elas esboçam possíveis conexões entre os signos do zodíaco e as manifestações físicas, que são mais complexas do que as apresentadas aqui. Mais uma vez, a ênfase está nos sintomas musculoesqueléticos (com um olhar rápido sobre outros).

Para tornar o material não apenas relevante, mas também prático, oferecemos questões para autoanálise, para ajudar a elucidar como as características dos signos do zodíaco ressoam atualmente dentro de você (por isso, seja honesto e imparcial em suas observações), oferecemos também recomendações de atitudes para orientá-lo a trazer a temática dos signos para sua vida, para seu corpo. Os exercícios recomendados são práticos e adequados para todos os níveis, do iniciante ao avançado, e selecionados a partir de uma variedade de modalidades: exercícios de alongamento e musculação, ioga, Pilates e muitas outras. Já que não nos é possível incluir imagens para ilustrar todos os exercícios, incentivamos você a perguntar a instrutores aptos ou a procurarem *on-line* imagens que possam complementar nossas instruções escritas.

Esses exercícios destinam-se a atender um público amplo, com algumas alterações para ajudá-lo a adequá-los ao seu nível. Assim sendo, encorajamos você a modificá-los ainda mais para atender às necessidades de seu corpo (por exemplo, aumentando o número de repetições, diminuindo a duração da postura, usando blocos de ioga e almofadas como apoio). Por favor, faça-os com empenho, autopercepção e alinhamento adequado, para seu conforto e segurança. Muitas vezes é mais fácil executar um exercício físico avançado de forma inadequada do que um básico de modo correto.

Você notará que os 12 capítulos principais se alternam no uso de substantivos e pronomes de gêneros (*ele* e *ela*). Esse uso está de acordo com a polaridade do signo discutido. As *Polaridades* são dualidades – *yin* e *yang*, feminino e masculino, negativo e positivo – que representam uma compreensão mútua. Os termos não são usados pejorativamente e não há relação com o gênero. Por exemplo, signos do elemento fogo, como Áries, são considerados mais *yang* e compartilham certas características como a ação e a extroversão; como essas são características de um signo masculino, o pronome usado no capítulo é *ele*. Touro, por outro lado, é um signo com características femininas, então o pronome usado para descrever sua energia é *ela*. Embora não seja o padrão, adotamos essa abordagem para ajudar a manter a coerência de cada signo.

O livro termina com apêndices que oferecem referências úteis: uma tabela com exemplos das diferentes manifestações físicas relacionadas com as conexões corpo-zodíaco, um reconhecimento do corpo de estrelas e uma referência sobre as estruturas ósseas e regiões de seu corpo. Ao escrever este livro, nós apenas apresentamos os vastos domínios da astrologia e da anatomia, e a conexão de cura; o objetivo desses apêndices é permitir que você continue aprendendo e experimentando por conta própria.

Como usar este livro

Acreditamos que a experiência é a melhor professora. Muitos leitores de livros de astrologia, ou de anatomia, tendem a ler apenas o capítulo que acreditam ser mais importante para eles (por exemplo, um virginiano lê apenas sobre o signo de Virgem, um ortopedista especializado em joelhos lê apenas sobre os joelhos). No entanto, aconselhamos que experimente cada capítulo deste livro, pois você é composto por todas as regiões do corpo e todos os signos vivem dentro de você! Você pode ser um virginiano pela data de nascimento, mas, ainda assim, pode ter mãos dos Gêmeos (Gêmeos) e o coração do *Leo* (Leão). Todos os dias, os diferentes signos se expressam de distintas maneiras por seu intermédio.

Quando uma região do corpo necessita de atenção por causa de uma dor externa ou um desequilíbrio interno, as vulnerabilidades dos signos também vêm à tona; de maneira efetiva, tanto o físico quanto os sintomas sutis precisam de atenção e equilíbrio com o restante. No entanto, certamente você não precisa esperar pela manifestação de sintomas para ler sobre eles. Na verdade, se isso o atrai, nós incentivamos você a ler sobre as diferentes regiões de seu corpo para que melhore sua saúde. Em outras palavras, nós o encorajamos a ler os capítulos na ordem que mais ressoam com você. Dessa forma, o livro pode ser usado como um guia para um exame corporal personalizado e como uma referência de bem-estar para ser usado muitas e muitas vezes.

Você pode começar o reconhecimento de seu corpo escolhendo um capítulo sobre uma região corporal ou sobre seu signo do zodíaco. Escolha a região que mais lhe interessa. Talvez esteja relacionada com seu signo solar, ou pode ser uma região sobre a qual você leu recentemente em uma revista de *fitness*, ou uma região na qual você sinta dor. Por exemplo, se você é um corredor que quer saber mais sobre seus joelhos, vá para o capítulo 11, "Joelhos da Cabra com Rabo de Peixe". Acolha o capítulo com mente aberta, com perguntas como *O que realmente são meus joelhos? Qual o papel que eles desempenham em minha vida? O que posso aprender com eles?* Na sequência, leia sobre as áreas do corpo acima e abaixo – neste caso "Quadris do Centauro" e "Tornozelos do Portador da Água" – para aprender sobre partes do corpo que estão conectadas e que podem estar associadas à sua dor no joelho.

Este livro também é sobre sua conexão com as estrelas, a sabedoria ancestral que elas representam e como você pode aproveitar esses conhecimentos para melhorar sua forma física. Você também pode escolher começar por um capítulo sobre seu signo solar (considerando a data de nascimento), sobre sua Lua ou signo ascendente, ou, ainda, sobre características dos signos nas quais você deseja se aprofundar. Por exemplo, se você é um pisciano que quer saber mais sobre sua essência, e como melhor expressá-la, consulte o capítulo 13, "Pés de *Pisces*". Enquanto lê, faça perguntas como:

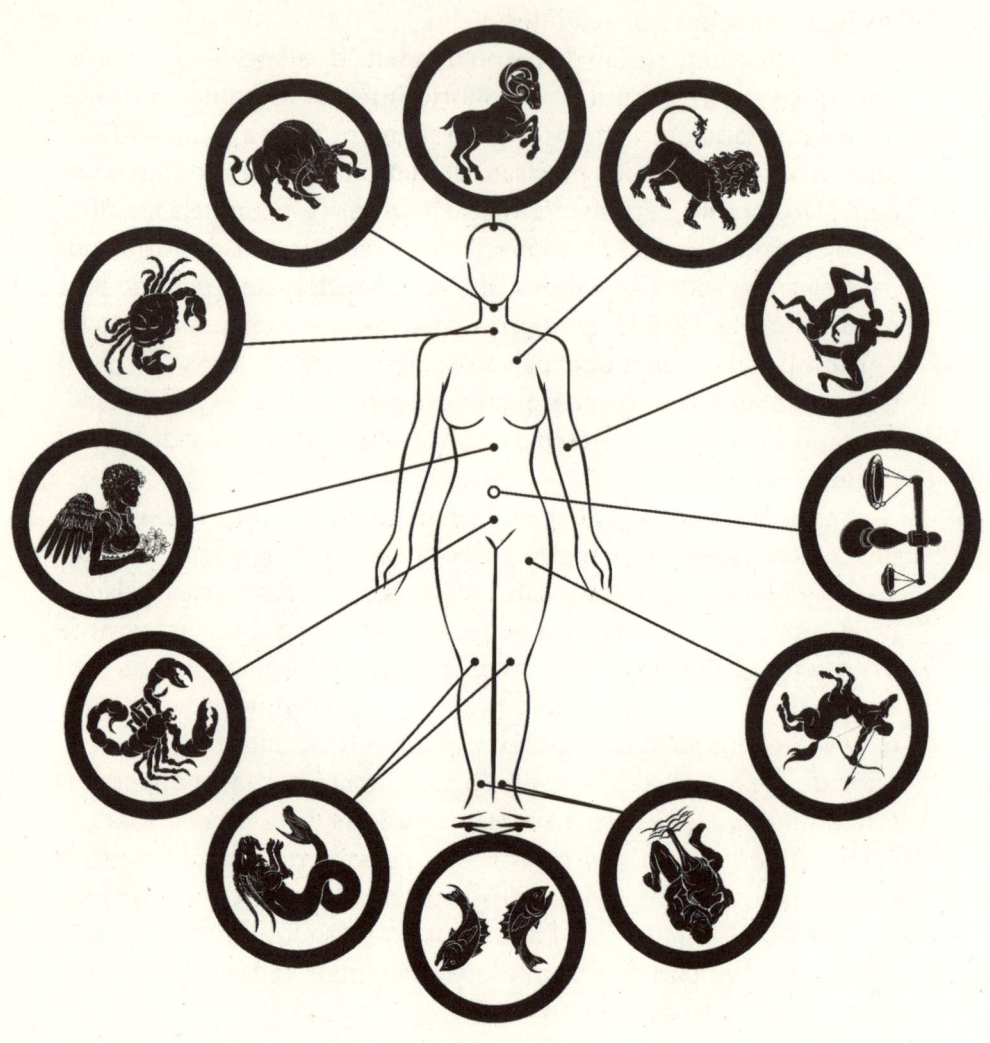

Como vivo a essência de um pisciano? Quais as lições que esse signo apresenta para mim? Como meus pés expressam essa parte da minha natureza?

Ao ler o que considera mais apropriado, fique de olho no que isso significa para você. Quais características fazem com que se sinta mais forte e vigoroso? O que poderia ser aperfeiçoado? Seja o mais honesto possível consigo mesmo para aproveitar melhor os benefícios do livro.

Todo mundo tem pontos fortes e vulnerabilidades, nenhum deles é bom ou ruim. Ser excessivamente forte tem sua cota de problemas (como tensão muscular, excesso de obstinação), assim como ser excessivamente vulnerável também os tem (luxação no ombro, falta de confiança). Você precisa de um equilíbrio entre ambas as situações para ser saudável. Você deve se manter forte *e* se curvar ao vento, como o bambu, que é mais resistente que o carvalho em uma tempestade porque ele enverga, mas não quebra. Anote seus pontos fortes e vulnerabilidades à medida que eles se tornam mais perceptíveis durante sua leitura.

Necessita de ajuda para escolher quais características nutrir? Quais precisam ser mais bem equilibradas? Ao ler, observe as descrições das regiões do corpo e as características do signo que mais ressoam com você – aquelas que se destacam instantaneamente como grandes *"sins"* ou *"nãos"*. Uma forte reação indica aspectos que precisam de maior atenção. Com o tempo, sua prática vai mudar conforme você for tocado para expressar diferentes características. Todas elas vivem dentro de você e, em distintos momentos de sua vida, precisarão ser expressas de maneiras diversas. Portanto, sinta-se à vontade para retornar a cada capítulo, sempre que for necessário, durante toda a sua vida. Cada leitura revelará algo novo.

E o mais importante ainda é que este livro tem o objetivo de conduzi-lo por uma jornada através do cosmos, uma vez que ele está ao seu redor e dentro de você. Prossiga, então, com um sentimento exploratório, como convém a um astronauta, juntamente com uma mente aberta sobre como este guia de bem-estar pode melhor atendê-lo. Nosso universo, galáxias, sistema solar, planetas e nosso corpo não são nada menos que mágicos, e acessá-los é a magia aplicada em sua melhor versão.

1

Assim na Terra, Como no Céu

O que *você* vê no espelho é um corpo de milhões de anos de evolução anatômica – uma cabeça, um tronco, braços, pernas e muito mais, que define nossa espécie. Mas, e quanto aos outros aspectos de você? Suas partes que não são visíveis ou tangíveis, mas que o definem em sua verdadeira essência? (E, por *essência*, ou *núcleo*, estamos falando sobre muito mais do que seu centro, seu abdômen!) Esses fragmentos e partes de seu corpo são muito mais do que forma física: são expressões vivas e ativas de suas esperanças e medos, forças e vulnerabilidades, sonhos e decepções.

As civilizações, ao longo da história, procuraram pelas estrelas para validar nossa compreensão de nós mesmos e de nosso mundo. Por eras, nossos ancestrais não viram distinção entre o céu e a terra, o natural e o divino; as estrelas relacionavam-se com as regiões do corpo e, consequentemente, ofereciam um guia criterioso sobre o funcionamento intrínseco da vida. Vamos olhar para as nossas mãos como um exemplo: é provável que você veja apenas duas partes funcionais, enquanto nossos ancestrais gregos olhavam para suas mãos e as viam como um presente dos deuses – um presente de Zeus, soberano dos deuses, para sermos exatos. Um presente como a representação de filhos duplicados, gêmeos, conhecidos em latim como *Gemini*, representados por uma constelação por onde o Sol passa todos os anos (no período de 21 de maio a 20 de junho).

De acordo com os antigos gregos, suas duas mãos representam a conexão de Gêmeos tanto com os domínios mortais quanto divinos, e a comunicação entre eles. Quando você se conecta conscientemente com suas mãos (usando-as de modo equilibrado, envolvendo-as em um alinhamento adequado e mantendo-as fortes e flexíveis), independentemente de sua data de nascimento, você evoca as melhores características de Gêmeos, como o forte poder de adaptação e de comunicação. E, do mesmo modo, se você não estiver em harmonia com suas mãos, então, podem surgir, de modo predominante, as vulnerabilidades de Gêmeos – a dispersão, por exemplo.

O estudo dessas relações (entre céu e terra, corpos celestes e assuntos mundanos) tornou-se o tema da astrologia. É uma arte matemática e científica que se desenvolveu a partir da observação e experiências realizadas por pessoas ao longo de milhares de anos. E, como ilustrado pelo mito de Gêmeos, nossos ancestrais acreditavam que os mundos físicos e não físicos estavam unidos, que os antigos deuses dominavam, animavam e fundamentavam o mundo terreno.

Sem nosso moderno conhecimento científico, os ambientes que os cercavam – e a sabedoria que vinha deles – eram poéticos. As tempestades não eram o resultado de condições meteorológicas flutuantes, mas a consequência de grandiosos confrontos entre os deuses. A Terra não surgiu por meio de uma combinação aleatória de gases, mas nasceu do ventre de uma grande Mãe. O amor não era uma ativação de áreas do cérebro ricas em dopamina, mas uma flecha certeira saída do arco de um Cupido. Não havia distinção entre o que era matéria e espírito, natural e divino. Com frequência, os deuses influenciavam e eram influenciados pelos assuntos terrenos – e não havia melhor lugar para testemunhar as atividades dessas divindades do que o céu noturno.

Assim na Terra...

Em uma noite de céu limpo e claro, longe das luzes da cidade, milhares de estrelas podem ser vistas a olho nu. Aos olhos treinados, essas estrelas se combinam para formar 12 constelações, cada uma com sua própria história e com a regência de um signo.

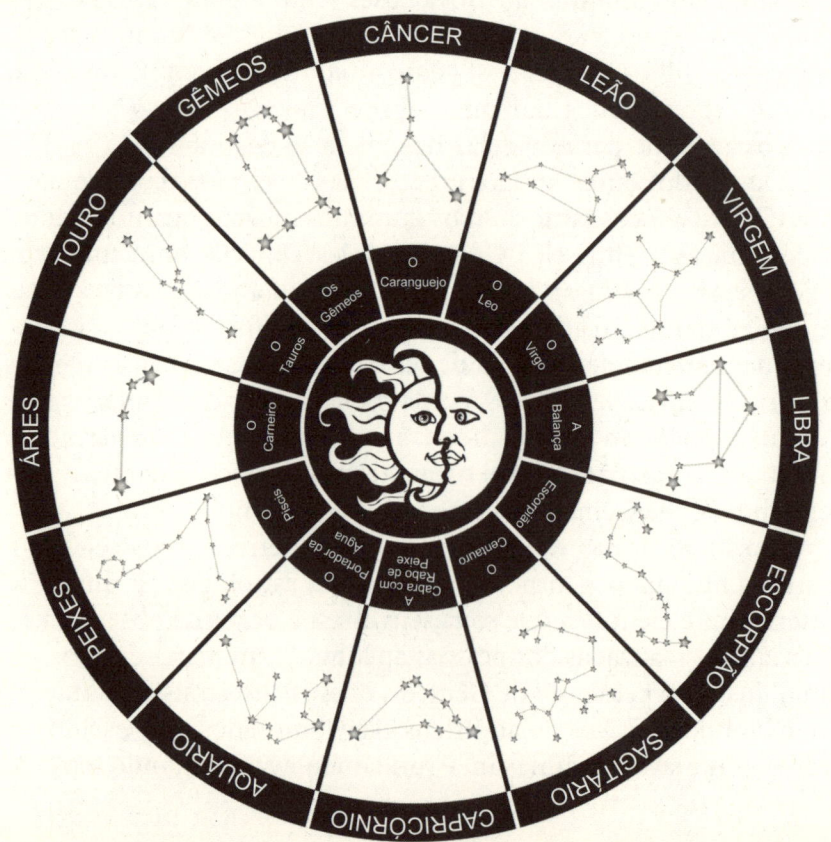

Essas 12 constelações se encontram ao longo do caminho do Sol, conhecido como plano eclíptico, formando um cinturão estrelado chamado zodíaco. Teoricamente, o Sol viaja através de uma constelação por mês, percorrendo todo o zodíaco em um ano. (Considerando que o Sol não está realmente se movendo, sua aparente trajetória no céu tem por base o ponto de vista de um observador que vê o Sol da Terra, que gira enquanto orbita o Astro-Rei.) Nossa atual compreensão do zodíaco vem da Grécia antiga, do grego Cláudio Ptolemeu, geógrafo, astrólogo, astrônomo, matemático, que, por volta do século II a.C., escreveu um tratado astronômico, com a descrição de mais da metade das 88 constelações conhecidas hoje (quanto melhores nossos telescópios se tornam, mais constelações podemos observar). Atualmente, a União Astronômica Internacional (IAU) atualiza os conhecimentos astronômicos por meio de um grupo de cientistas que se reúne para classificar, estudar e nomear planetas e outros corpos celestes do sistema solar. Nem é preciso dizer que, considerando um universo de 14 bilhões de anos, ainda há muito por saber! No entanto, para os objetivos astrológicos básicos deste livro, os atores principais são os planetas e os signos.

No momento desta publicação, a União Astronômica Internacional (IAU) havia reconhecido oito planetas: Mercúrio, Vênus, Terra, Marte, Júpiter, Saturno, Urano e Netuno. Plutão agora pertence à relativamente nova, e crescente, categoria de planetas anões, com Ceres, Éris, Makemake e Haumea.

De acordo com as informações atualizadas da União Astronômica Internacional (IAU), atualmente existem oito planetas. Sabendo disso, a astrologia conta com onze, incluindo Plutão (complementando com o Sol e a Lua – corpo luminoso e iluminado – que não são planetas em si, mas exercem um efeito similar).

Plutão, sendo ou não chamado de planeta, continua o mesmo corpo celeste físico e metafísico. Astronomicamente ele é um grande aglomerado de gelo e rocha que é associado, astrologicamente, a uma energia intensa de poder e evolução. A descoberta de Plutão, em 1930, ajudou os astrólogos a explicar o surgimento de eventos individuais e sociais, como a psicanálise e a energia nuclear... eventos com características intensas, que têm uma notável semelhança com o homônimo e mítico deus romano do submundo.

Cada planeta representa uma dimensão de sua personalidade. Por exemplo, Marte simboliza a ação, uma força poderosa que ajuda a impulsioná-lo em direção ao seu objetivo, seja durante uma maratona ou durante uma discussão. Vênus, por outro lado, define como você é como amante e ressalta as qualidades que o atraem em seu parceiro desde o início. Todos os planetas estão presentes em todo o seu mapa natal.

Se os planetas funcionam como protagonistas em áreas de sua vida, pense nos signos como os papéis que eles representam enquanto viajam pelo zodíaco. Há 12 signos do zodíaco, cada um corresponde à divisão de 30 graus do círculo zodiacal, que tem 360 graus (veja página 24). E, ao mesmo tempo que seu signo solar está em destaque, todos os 12 signos vivem e se expressam dentro de você.

> Depois de seu signo solar, dois outros signos têm um lugar de destaque nos lugares que ocupam. O signo lunar (signo pelo qual a Lua estava passando em seu nascimento) revela seu eu interior, anseios, emoções e medos; é a parte de você que as pessoas mais íntimas conseguem ver. O signo ascendente (signo que estava apontando no horizonte quando você nasceu) é como você se projeta no mundo e, frequentemente, é como o resto do mundo o vê, também inclui as impressões que você deixa nas outras pessoas. Eis a razão pela qual um impetuoso sagitariano pode parecer um canceriano carinhoso aos olhos de sua esposa e um libriano equilibrado aos olhos de seus amigos.

Conforme um planeta viaja através de cada um dos signos do zodíaco, ele é influenciado pelas características distintas de cada signo. Por exemplo: a característica principal de Gêmeos é a comunicação. Quando o planeta Marte está passando por Gêmeos, ele traz seu estilo característico de ação para o campo da comunicação; por essa influência, portanto, ele poderia se tornar uma potência verbal, avançando em um diálogo inflado, assertivo, que deixaria qualquer grupo de debate orgulhoso. Por outro lado, quando é Vênus que está passando por Gêmeos, ele se torna um orador encantador, expressando sua mensagem com a graça e a facilidade que é própria de uma rainha da beleza.

Com toda a sua complexidade, a astrologia se torna muito mais do que previsões ou características fixas divulgadas pela cultura popular. O objetivo original por trás da astrologia era obter o melhor possível da condição humana, traçando a conexão entre os planetas, as estrelas e a vida na Terra, usando a linguagem do céu para aprender com o passado e aproveitar ao máximo o presente e o futuro. Ao longo do tempo, os astrólogos usaram a informação astrológica para uma variedade de propósitos, incluindo orientar importantes decisões políticas, prever padrões climáticos, sincronizar eventos e cuidar da saúde. Em outras palavras, a astrologia tem sido usada para responder *por quê*, *quando* e *como* em função do *quê*. E o mesmo se aplica hoje: o horóscopo pode funcionar como um guia de autoajuda, uma maneira de entender seu verdadeiro eu e de vivê-lo plenamente.

Considera-se mais correto, então, pensar na astrologia como uma combinação de descrições e recomendações. Ela descreve quem é você em essência e recomenda as condições mais propícias para viver plenamente essa essência. É como a natureza, o cuidado e a proteção juntos em uma coisa só. Há muitos anos, a ciência sabe que a natureza afeta a criação e está, a cada dia, descobrindo que a criação também afeta a natureza. Na verdade, a recente área da epigenética é dedicada a entender melhor o papel da criação. Até agora, os cientistas observaram que, embora não haja mudança na sequência do DNA, alguns sinais dizem ao corpo quando pode haver a mudança no funcionamento de um gene; os genes podem ser alterados por fatores ambientais, como alimentação, relacionamentos e estresse, por exemplo. Em outras palavras, o que você escolhe para comer, a qualidade de seu casamento, ou a toxidade de seu ambiente podem afetar sua predisposição para doenças cardíacas e como serão manifestadas. A astrologia, da mesma forma, entende que a humanidade é influenciada por fatores genéticos e ambientais, mas expande nossa compreensão do ambiente, incluindo o sistema solar.

Ao longo da história, diferentes culturas adotaram distintas formas de astrologia. Por exemplo, a astrologia ocidental define os signos com base na posição do equinócio da primavera e enfatiza o signo solar dentro do mapa natal. Por outro lado, a astrologia védica (de origem hindu) usa estrelas fixas como referência e pode enfatizar o carma e o signo lunar. A astrologia chinesa enfatiza os ciclos anuais – *versus* os mensais – e as associações com os elementos (madeira, fogo, terra, metal, água) e animais (como dragão, cavalo, macaco).

A maior ênfase na astrologia ocidental está no signo solar, e este livro mantém essa ênfase. Assim, ao mesmo tempo em que as características de todos os signos do zodíaco vivem dentro de você, aquelas de seu signo solar (o signo no qual estava o Sol no momento de seu nascimento) são as que predominam em sua verdadeira natureza. Por exemplo, se você nasceu entre 23 de julho e 22 de agosto, o Sol estava no signo de Leão. Sua natureza, portanto, inclui os pontos fortes de Leão, como coragem, ambição e magnetismo pessoal, e também seus pontos fracos como orgulho e narcisismo. Observe que as características do seu signo não existem sem a influência de outros – um leonino certamente pode ser filosófico como um sagitariano ou analítico como um virginiano. Você expressa todas as características dos outros signos, mas seu signo solar brilha com mais intensidade.

Para que lhe serve saber de tudo isso? Bem, se você é uma maçã, você sempre será uma maçã – nunca uma laranja –, queira você ou não. E ser a melhor maçã que você pode ser significa estar consciente e viver de acordo com sua verdadeira natureza, a da maçã. De modo semelhante, se você é um leonino e sabe que está pronto para os holofotes, a escolha de uma profissão como um condutor de metrô, por exemplo, provavelmente não favorecerá seu sucesso a longo prazo. Claro, você pode ser um condutor de metrô – mas isso vai contra sua chama divina e contra a natureza sociável de seu signo. Para ter uma vida mais feliz e saudável, aprenda a trabalhar *com* sua verdadeira natureza, desenvolvendo suas forças, aprendendo com os pontos fracos e encontrando o equilíbrio adequado entre seu signo solar e todos os outros onze signos dentro de você. A astrologia pode oferecer essa percepção mais profunda e uma orientação pessoal.

... como no Céu

E o estudo da astrologia não para por aí! Na verdade, a astrologia proporciona muitas maneiras de dar vida aos seus ensinamentos, desde orientações gerais (como estar ciente dos problemas de comunicação e transporte que podem acontecer durante Mercúrio retrógrado) até sobre alimentação (por meio de alimentos e ervas associados às qualidades de cada planeta). No entanto, seu corpo é o acesso à astrologia que está, literalmente, ao alcance de seus dedos.

Seu corpo é incrível. É um milagre da Mãe Natureza em construção há cerca de 6 milhões de anos. Em pé, em frente a um espelho,

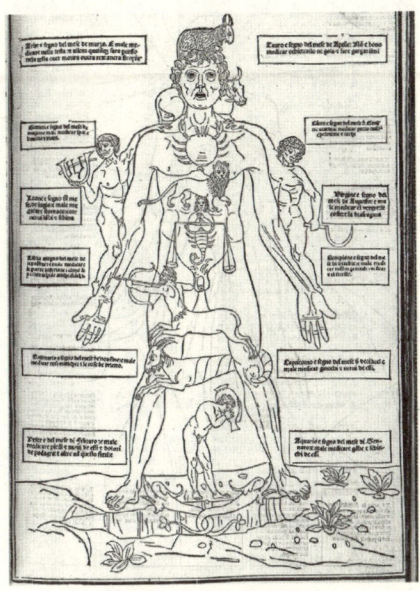

Johannes de Ketham,
"Zodiac Man", Fasiculo de medicina
(Veneza: Gregori, 1943)

você pode observar seu corpo com a forma de uma estrela de cinco pontas composta pela cabeça, dois braços e duas pernas. Juntas, essas estruturas formam, você; a estrutura com a qual você está familiarizado. Apesar disso, a verdadeira beleza de seu corpo não é suas partes isoladas, mas o todo maior, orgânico e não orgânico. Andar, correr, pular, saltar – juntos, seus ossos, músculos e uma sinfonia maior e muito bem orquestrada, permitem que você desenvolva movimentos da maneira como achar melhor. No entanto, atualmente vivemos em uma sociedade na qual a maioria de nós sabe como utilizar um *laptop* melhor do que utilizamos nossas pernas – vivemos em um mundo no qual a sincronização entre agendas e computadores acontece com mais frequência, e de modo mais natural, do que a sincronização entre nossa cabeça e pescoço. Esqueça sobre considerar o corpo como um todo integrado – muitas pessoas sequer tomam conhecimento sobre suas partes. Isso acontece até que uma parte do corpo pare de funcionar como deveria e adoeça, doa, quebre ou tenha seu desempenho limitado.

No entanto, nem sempre foi assim. Há muito tempo, o todo é tudo o que podia ser visto. Um foco nas partes estruturais não existia até que anatomistas como Galeno de Pérgamo (Cláudio Galeno) usaram bisturis para dissecar, de forma sistematizada, os ossos, o cérebro, as veias e detalhá-los em um enorme sistema que influencia a ciência até hoje. Mas, àquela altura, quando Galeno traçou as partes do corpo, ele também os correlacionou com a alma de uma pessoa (conforme identificada por Platão anteriormente). O coração, portanto, era visto como a fonte da circulação sanguínea de uma pessoa, mas também a sede das paixões; o cérebro estimulava os nervos do corpo, assim como a mente e a alma. Para Galeno, a prova da divindade estava na massa física.

E assim é com a astrologia. Cada um dos 12 signos do zodíaco rege uma região do corpo – começando com Áries em sua cabeça e terminando com Peixes em seus pés, com todos os outros signos no meio desse caminho. Talvez você esteja familiarizado com a ilustração medieval *Zodiac Man (Homem Zodíaco)*, retratando os 12 signos do zodíaco sobrepostos à forma humana.

Essa figura se refere ao corpo humano como a chave do homem para o cosmos, traz a ideia de que a energia de cada signo vive em nós e pode ser acessada por meio da área do corpo com a qual se relaciona. Com essa abordagem, todas as características, pontos fortes e pontos fracos de cada signo do zodíaco não ficam limitados apenas a conceitos. Todos eles podem ser trazidos à tona; assim, sua natureza, quem você é, pode estar alinhada com o que você faz. Trazer seu próprio *Zodiac Man* à vida é como entrar em uma conversa sobre bem-estar.

Seu corpo pode, literalmente, dar vida à narrativa das estrelas. Não é tão difícil de acessar quanto você imagina, pois as estrelas já vivem e respiram dentro de você. De verdade. O homem é feito da mesma substância que as estrelas; essa é uma verdade literal. As estrelas são compostas principalmente por hélio e hidrogênio, e durante seus ciclos de vida e morte, ao longo dos últimos bilhões de anos, elas também produziram quase todos os elementos, incluindo carbono, nitrogênio e oxigênio. E eis que esses elementos essenciais são os mesmos que compõem a vida como a conhecemos, os mesmos são encontrados no solo, na grama, na comida... e em você. O hidrogênio, por exemplo, faz parte da molécula da água (H_2O) que constitui mais da metade da massa de seu corpo. O carbono está distribuído pelas cadeias duplas de seu DNA. O nitrogênio é uma parte vital das proteínas de seu corpo. E o oxigênio é o principal combustível para trilhões de suas células. Em resumo, você vive porque as estrelas cumpriram sua missão e reciclaram o material delas, transformando-o em você.

Existem muitas representações do *Zodiac Man*, mas o autor original ainda é desconhecido. A maioria dos desenhos data da Idade Média, embora o primeiro texto que faz referência ao conceito seja mais antigo, aparecendo nas obras de Marco Manílio, no período dos séculos XV–XX a.C. Suas obras, por sua vez, estavam fundamentadas na sabedoria transmitida por seus antecessores. Como eles averiguavam a relação entre o corpo e as estrelas? Bem, durante a maior parte da história humana conhecida, a natureza e o divino eram simplesmente dois lados da mesma moeda. Os pensamentos dominantes de nossos ancestrais eram diferentes dos nossos, e não podemos olhar para um momento histórico diferente e atribuir nosso pensamento moderno a eles. As provas eram fundamentadas, principalmente, na experiência de vida, não na pesquisa empírica (como, por exemplo, apenas saber que o sono é bom para você, sem ter de receber a informação por meio de um estudo científico). Então, sabiam das coisas por experiência própria, por viver.

Talvez esse seja seu primeiro contato com a ideia de que você é formado tanto pela matéria quanto pela energia das estrelas; no entanto, esse é um relacionamento antigo, que antecede até mesmo os registros babilônicos. Observe o quadro a seguir para ver como os signos do zodíaco se correlacionam com as partes de seu corpo.

Você pode conferir os signos de maior destaque em seu mapa natal, como o Sol, a Lua, ou o signo ascendente, mas lembre-se de que todos os 12 signos do zodíaco vivem dentro de você! Isso é, na realidade, o que significa o axioma hermético "Assim na Terra, Como no Céu" – o Céu refletindo a Terra e, por sua vez, a Terra refletindo o Céu. O que significa que, se você tem uma área de seu corpo, então você tem a narrativa viva do signo correspondente em você. Por exemplo, seu amoroso coração de Leão e os cautelosos joelhos de Capricórnio.

Não há hélio no corpo humano, mas, junto com o hidrogênio, ele representa cerca de 98% da matéria conhecida no universo.

Signos	Região do Corpo
Áries	Cabeça
Touro	Pescoço
Gêmeos	Braços, antebraços, mãos
Câncer	Peito
Leão	Parte superior das costas, coração
Virgem	Abdômen
Libra	Parte inferior das costas
Escorpião	Pelve, osso sacro
Sagitário	Quadris, coxas
Capricórnio	Joelhos
Aquário	Tornozelos
Peixes	Pés

Quer você perceba, ou não, todas as características dos signos do zodíaco apresentam detalhes sobre você – singularidades pessoais com as quais você se expressa, se assim escolher. A questão, então, é: quais detalhes e facetas expressar e como? Como você vai trazer a narrativa das estrelas para sua vida, por meio de seu corpo?

2

Cabeça do Carneiro

♈ ÁRIES

Data de nascimento: 21 de março – 19 de abril
Região do corpo: Cabeça
Afirmação: Imponha-se com Consciência Ativa

O zodíaco é um ciclo que começa com Áries e termina com Peixes, e então recomeça. Como primeiro signo do ciclo, Áries destaca o indivíduo, as peculiaridades. Ele representa seu nascimento metafísico no mundo, apresentando *você*, quem você é e o que veio fazer aqui. É sua maneira de ser. Um reconhecimento de que você possui mente e bases únicas, desejos e necessidades. Ao mesmo tempo em que você é consequência de seu ambiente, você também é diferente dele, e Áries o mergulha na individuação, ajudando-o a se sintonizar com seu verdadeiro eu e, de maneira consciente, impô-lo, fazendo-o valer ao seu redor.

Seu corpo: cabeça

Cabeça-dura é um termo que se aplica bem a Áries, não apenas porque a cabeça é a região do corpo relacionada ao signo. De fato, a cabeça de Áries *é* forte. Na verdade, a cabeça de todos é forte para proteger seu conteúdo, também conhecido por cérebro, que é a central de comando de seu corpo. A estrutura óssea da cabeça é composta pelo crânio, que contém 22 ossos. No entanto, ao tocar o topo da cabeça, parece ser apenas um osso; na verdade, eles são fundidos por suturas e articulações que permitem que seu crânio se manifeste e se pareça com um todo, um sólido.

> Não é apenas a cabeça do bebê que precisa ser flexível para o nascimento, mas, também, a pélvis da mãe. Normalmente, para sustentar o modo como os humanos andam sobre os dois pés, a pélvis precisa ser estável e estreita; durante o parto, no entanto, hormônios como a relaxina ajudam no amolecimento das articulações pélvicas, para que a região possa se alargar.

Afinal, por que tantos ossos, então, se tudo o que você realmente precisa é de um forte? Porque vários ossos articulados são mais flexíveis que um sólido. Essa flexibilidade permite que a cabeça relativamente grande do bebê caiba em um canal de parto relativamente pequeno; e, uma vez que o bebê tenha entrado no mundo, a flexibilidade permite que seu cérebro cresça. Se você tocar o topo da cabeça de um bebê, poderá sentir os ossos articulados do crânio em uma área chamada fontanela anterior (moleira), um espaço macio e membranoso entre os ossos frontal e parietal, que talvez não esteja completamente fundido ao final de dois anos.

Cabeça do Carneiro

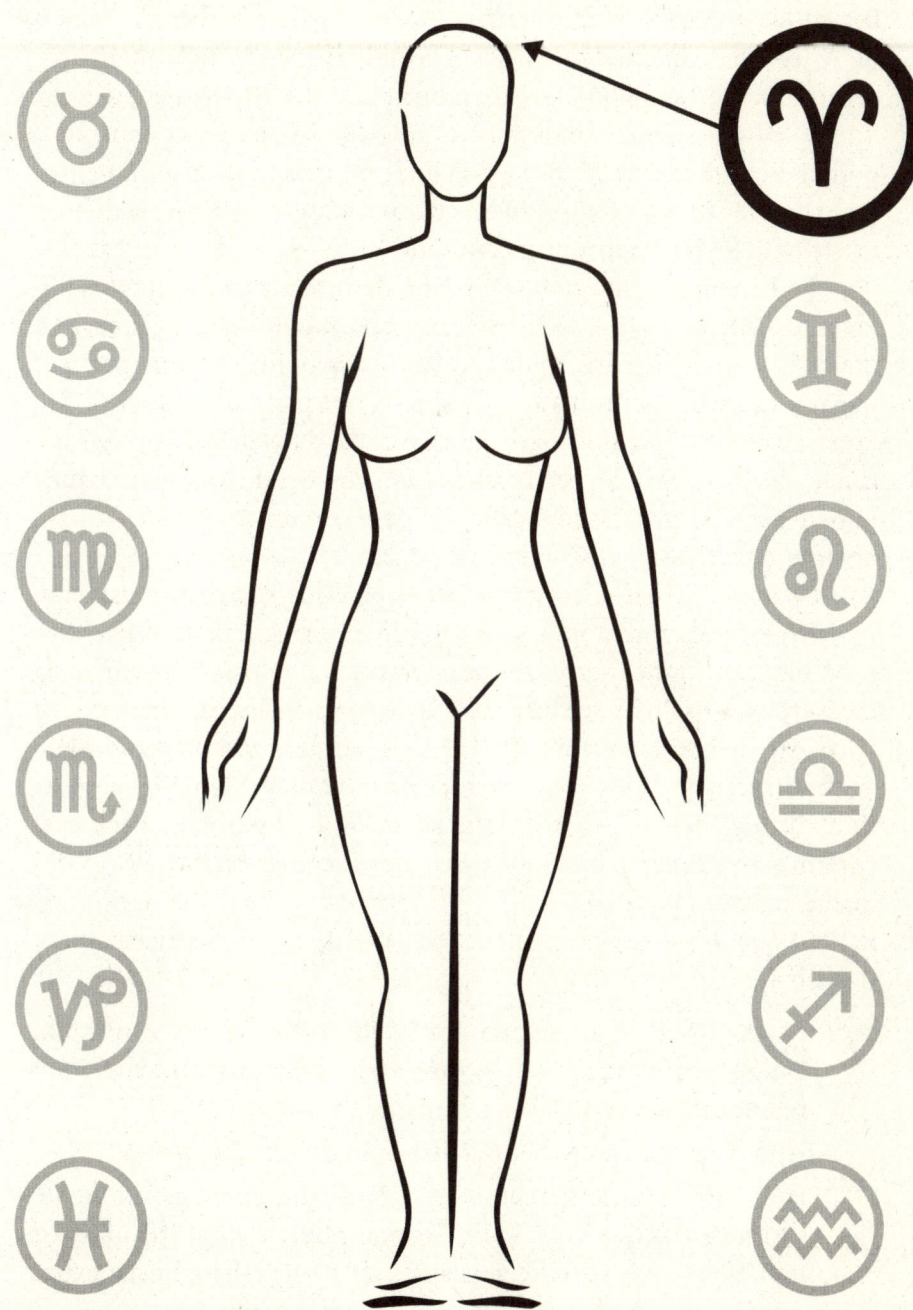

Veja o apêndice C para a estrutura esquelética da cabeça.

Aí está: a primeira parte de você que entra no mundo é sua cabeça, e ela está de modo figurativo, e de modo literal, aberta. O signo de Áries em cada um de nós, deve, portanto, manter uma mente receptiva para estar ciente de tudo o que podemos experimentar, para que possamos escolher nossas próprias aventuras. Caso contrário, podemos ficar presos em uma vida que não é de nossa própria autoria, o que representa um problema para a energia de Áries, já que ele existe para forjar seu próprio caminho.

Felizmente, a cabeça fica no topo de uma das regiões mais flexíveis do corpo – o pescoço. Seu pescoço movimenta a cabeça em quase 180 graus de rotação de um lado para o outro, o que permite que os órgãos dos sentidos apreciem uma boa parte do ambiente. De fato, seus olhos, ouvidos, nariz, boca e parte da pele residem em sua cabeça e são deles que você recebe as impressões do ambiente – juntamente com o processamento delas pelo cérebro – que, em última análise, informa sua realidade.

Eles dão a você a informação externa que sua mente usa para moldar os pensamentos, a informação interna, e vice-versa. Por exemplo, sem nunca ter visto ou ouvido falar sobre uma sequência de exercícios físicos, você não saberia de sua existência. Uma vez que você está ciente de sua existência, no entanto, pode incorporá-la à sua rotina de cuidados com a saúde. É fundamental, então, que nossa natureza influenciada por Áries se harmonize o máximo possível com nosso ambiente, para que possamos escolher melhor as opções que funcionam para nós.

O quanto você se beneficia de seu ambiente? Tente isso para descobrir:

1. Levante-se e dê uma volta por seu ambiente, por um minuto. Interaja com tudo e todos como você faria normalmente. Pare por aqui. Não continue a leitura até retornar.
2. Após retornar, escreva uma lista com dez coisas que você viu.
3. Faça uma análise de como você interagiu com seu ambiente e entorno: o que você viu? Você ampliou a visão incluindo o teto, o piso e as paredes ao seu alcance, ou restringiu sua experiência ao que estava apenas à sua frente?

4. Agora, dê outra volta, caminhe novamente, tentando observar de modo mais ativo e completo.

5. Depois de retornar, escreva uma lista com cinco coisas novas que você viu. Quais elementos você notou que não havia observado antes? O que isso exigiu de você?

Muitas pessoas mantêm sua cabeça fixa em uma direção enquanto andam por aí. Com os olhos sempre voltados para a frente (ou fixos ao telefone), elas não percebem tudo o que o ambiente tem a oferecer. Olhando apenas para o chão, ou ouvindo apenas o diálogo interno, perdem os detalhes da grama, das pessoas, do céu. Os sentidos condicionados a apenas uma direção recebem um único conjunto de informações. E, no entanto, partindo da perspectiva evolucionista, seus sentidos existem por uma razão – receber muitas informações de seu ambiente, para que você possa decidir como responder a elas, se esse for o caso. Em outras palavras: se você não perceber que um leão está atrás de você, é provável que seja atacado por ele. Portanto, sua cabeça, junto a seus órgãos sensoriais e seu cérebro, facilitam sua consciência.

As estrelas: Áries

Imponha-se com consciência ativa

Você já ouviu um ditado que diz: "A maneira como você faz uma coisa é a maneira como você faz todas"? Se você nunca ouviu, tire um momento para considerar o seguinte: como você anda pelas ruas – com um propósito ou sem objetivo? Quando você fala com amigos, você termina suas frases com convicção ou com uma entonação brusca? A maneira como você caminha, fala e decide se comportar ao longo de seu dia são exemplos de como você se coloca nesta Terra, é como você impõe sua presença.

Não se preocupe com isso, Áries está aqui para fazer valer – de forma definitiva e decisiva. Está aqui para declarar sua presença ao mundo com o propósito "Eu sou!", e a vontade de sobreviver está refletida na própria estação de seu nascimento – a primavera. Assim como a semente na primavera, que sabe que com o tempo se tornará uma árvore, todo Carneiro é um pioneiro, seguindo sempre em frente com um propósito. A energia de Áries é sempre direcionada para a frente, com força de vontade. Imagine o homônimo deste signo solar, o Carneiro. Com seus dois grandes chifres, o animal não é facilmente dissuadido. E nem a energia e a alma de Áries. Essa alma está comprometida, de modo intimidador, com o verdadeiro eu e seu propósito – deveres e expectativas são censurados. E é desse comprometimento que brilha o verdadeiro poder. Não o poder como ele é definido pela sociedade em geral, mas o poderoso combustível, a força ígnea que reside intensamente dentro de você, uma força que está aqui para impor, afirmar, exatamente, quem você é e o que veio fazer neste mundo.

Nós vivemos em uma sociedade de costumes e regras, opiniões e expectativas que existem nos níveis consciente e subconsciente, e eles afetam a todos em graus variados. Por exemplo: quando sua mente lhe disse para frequentar uma certa faculdade, a fim de ter uma certa profissão, a fim de ganhar certa quantia de dinheiro para ter sucesso... quanto desse plano era realmente seu? É pergunta difícil de se responder, porque a interação individual-coletiva é tecida ao longo de nossa vida e nossas decisões são influenciadas por ela. No entanto, é possível ser mais ou menos influenciado e, a esse respeito, Áries tende a ser menos influenciado, tende a se impor à sociedade e, eventualmente, desdenhar da influência social.

Esse foco egocêntrico é necessário para o signo do zodíaco encarregado de definir a autonomia ou, de modo mais sucinto, a personalidade, o *eu* – isso é necessário para o signo associado aos nossos pensamentos, nossa mente, nossa cabeça. No entanto, não confunda a ênfase em *si mesma* com arrogância. Eles podem estar conectados? Com certeza. No entanto, não precisam estar. O *Eu* também pode se expressar em seu estado mais simples – o reconhecimento de que o *eu* é o indivíduo, que se diferencia dos outros na multidão. Isso significa que, na medida em que você avalia seu entorno, seu ambiente, e ouve o que os outros têm a dizer, não perde de vista quem você é e o que você quer. Veja, por exemplo, o ariano, líder dos direitos civis, Booker T. Washington, que nasceu como escravo e, após sua libertação, construiu seu caminho por meio dos estudos, na escola, durante uma época na qual todos lhe disseram que isso não era possível e que ali não era seu lugar. No entanto, ele estava tão dedicado a se tornar o melhor que não apenas construiu seu caminho por meio dos estudos, mas veio a se tornar o primeiro líder do Tuskegee Institute, além de conselheiro dos presidentes dos Estados Unidos Theodore Roosevelt e William Howard Taft – o que o tornou um dos primeiros líderes políticos negros no país. Sua maneira de conduzir sua autorrealização refletia suas crenças, defendendo o avanço por meio da educação e do trabalho – não por meio de protestos contra as leis de segregação racial, como era o padrão na época. Sua maneira de conduzir as coisas era controversa, mas Washington manteve-se firme, e, como resultado, construiu escolas rurais e associações de negócios para afro-americanos, as quais não existiam anteriormente.

Dessa forma, Washington é um modelo da energia de Áries e um exemplo para quem quer expressar os pontos fortes de Áries – para se concentrar em sua essência (em seu *eu*) e no que ela quer. Ele conhecia suas necessidades e perseguiu as soluções, apesar das dificuldades. O psicólogo desenvolvimentista do signo de Áries, Abraham Maslow, diz: "O que um homem *pode* ser, ele *deve* ser. Ele deve ser fiel à sua própria natureza. Essa necessidade podemos chamar de autorrealização.... Essa tendência pode ser formulada como o desejo de vir a se tornar, mais e mais, o que se é idiossincraticamente, de vir a se tornar tudo aquilo que somos capazes de nos tornar".[2]

> Abraham Maslow propôs sua hierarquia das necessidades humanas em um artigo de 1943. Hoje, a hierarquia é famosa por mostrar uma pirâmide de necessidades básicas, incluindo (de baixo para cima): necessidades fisiológicas, de segurança, sociais (pertencimento e amor), necessidades de estima e de autorrealização. Uma adição posterior e controversa inclui autotranscendência.

Em outras palavras, estamos todos aqui para a autorrealização, para definir *e* fazer valer nossos próprios caminhos. E não importa qual caminho, desde que seja o nosso. É a natureza de Áries que expressamos quando podemos falar abertamente o que pensamos. Uma natureza que não pode e não deve ser limitada pelas perspectivas de outras pessoas, mesmo se corrermos o risco de ter a desaprovação dos pais e dos colegas durante o processo. Devemos ouvir as perspectivas e opiniões dos outros? Claro que sim. No entanto, devemos usar essas perspectivas como informações adicionais, como pontos de observação, que representam

---

2. Abraham H. Maslow, **Motivation and Personality** 2. ed. (New York: Harper & Row, 1970), p. 46.

diferentes aspectos do que o mundo pode oferecer. Com tantos aspectos variados sobre uma questão, quanto mais soubermos deles, melhor. Lembre-se de que Áries como o primeiro no ciclo do zodíaco, é seu recém-nascido metafísico. E, assim como um recém-nascido, nossa natureza influenciada por Áries atende aos aspectos de nosso entorno, de nosso ambiente, que nos chamam a atenção; e essa atenção é direcionada em camadas, de nossa consciência, embora com o bônus do pensamento racional, para o topo da nossa reação instintiva.

O quanto você conhece de seu ambiente? Consciência é a percepção consciente do mundo ao seu redor, do que você vê (como os itens em uma loja) até a percepção do que você não vê (como uma emoção; raiva, por exemplo). É um estado de percepção que existe tanto nas formas passivas quanto ativas. A consciência passiva refere-se à recepção de experiências sensoriais sem tentar, querer ou até mesmo perceber que você está consciente. Por exemplo, com a visão periférica, você vê 100 graus lateralmente, 60 graus medialmente, 60 graus para cima e 75 graus abaixo de seu foco central de visão; isso significa que, mesmo que você esteja andando pela rua olhando para seu telefone, as lojas entrarão em seu campo de visão mesmo que não esteja olhando diretamente para elas. A consciência ativa, por outro lado, é uma sintonia intencional; é você andando pela rua prestando atenção em cada loja pela qual você passa. É importante manter esse envolvimento intencional, pois quanto mais caminhos alguém com a energia de Áries tiver em mente, mais será capaz de escolher o que lhe é mais adequado. Será capaz de escolher o que melhor legitima seus próprios pensamentos e interesses.

Sabendo disso, embora a energia de Áries esteja mais sintonizada com o que o ambiente pode fazer por ele, também precisa manter o olho aberto com relação ao impacto que o ambiente exerce sobre ele. Caso contrário, ele pode se perder dentro das maquinações de sua própria mente, de seus próprios desejos e necessidades, esquecendo-se do restante envolvido. Esse é um dos perigos de sermos orientados exclusivamente pela natureza de Áries – à medida que tentamos ser mais independentes, corremos o risco de nos concentrar demais em nossa própria mente.

A melhor história que nos previne sobre um Áries cuja individuação a todo custo leva à destruição geral chama-se *Busca pelo Velo de Ouro*, um mito grego associado à Constelação de Áries. Jasão, um jovem confiante e corajoso, afortunadamente, surge da floresta para afirmar-se como o legítimo rei de um trono anteriormente roubado. Para encurtar a história, ele tem a oportunidade de recuperar sua realeza em troca de um velo de carneiro. Esse velo especial é considerado impossível de ser conseguido, mas Jasão – como qualquer bom sujeito de Áries – se entrega ao desafio. Ele reúne uma falange de heróis em um navio chamado *Argo* e recupera o velo.

Seu sucesso, no entanto, não acontece sem batalha, que ele vence com as boas graças de Medeia. Medeia é uma feiticeira que, com uma flecha lançada pelo arco de Cupido, se apaixona por Jasão. Ela faz grandes sacrifícios para ajudá-lo (como matar seu próprio irmão) e, por fim, abandona o restante de sua família para se tornar a esposa de Jasão. Jasão promete a Medeia que ela será adorada por seus atos quando voltarem para a Grécia.

No entanto, quando o herói volta para casa, ele fica cego pelas ambições reais. Repentinamente, rejeita Medeia, minimiza a importância dela em seu sucesso e escolhe se casar com outra mulher com o objetivo de dar maior notoriedade ao seu trono. Medeia, contrariada, usa a feitiçaria para tirar tudo de Jasão, incluindo a vida de sua nova noiva. No final das contas, Jasão acaba irritado, sozinho... e totalmente incapaz de perceber como seus próprios pensamentos e atitudes o levaram ao seu fim. Suspiro. Se ao menos ele pudesse ter visto sua situação como realmente era – em comparação com o que ele queria que fosse –, teria alcançado a glória completa de seu direito inato.

Se você vê apenas o que quer ver, vai passar pela vida com uma venda nos olhos. As vendas nos olhos podem ser uma ferramenta saudável para reduzir distrações e melhorar o foco, no entanto, elas só funcionam se você puder entender o que está à frente, por trás e abaixo. Conseguir um amplo espectro de informações ajuda a garantir que o caminho escolhido seja o melhor para você e traz um reconhecimento do mundo ao redor.

O que aprender

Sua mente cria histórias a partir das informações que recebe. Por exemplo, se você ler sobre um novo plano de dieta e isso fizer sentido para você, talvez decida que essa é uma boa opção; as afirmações sobre seus hábitos alimentares, em seguida, serão: "Eu como apenas XYZ". Se essa narrativa estiver alinhada com sua verdade pessoal, então você estará comendo de acordo com o que sua mente quer e de que seu corpo precisa. Se, no entanto, essa narrativa não estiver alinhada à sua história, você passará seus dias comprando, pensando no assunto e comendo alimentos que servem melhor à sua mente do que à sua forma física.

Quer se concentrem na comida ou em Foucault, suas maquinações mentais podem surgir de uma variedade de fontes – de seu próprio eu, da família, sociedade, escola –, e Áries está aqui para decifrar a relevância pessoal e a autenticidade delas. É o egocentrismo em sua melhor forma, enquanto a essência de Áries surgir de sua mais alta verdade e reconhecer que a sua é uma de muitas. Se você for capaz de alcançar esse equilíbrio precioso, você está, de fato, vivendo a lição zodiacal de Áries: definir e fazer valer sua independência em sinergia com seu ambiente.

Se, no entanto, você não conseguir identificar a si mesmo e como se ajustar às pessoas à sua volta, o lado sombrio de Áries falará mais alto. Seu Carneiro interior ficará irritado; as coisas nunca vão parecer como planejadas e ele culpará os outros pelos fracassos que perceber. Recusando-se a questionar suas convicções internas, ele não entenderá sua falta de realizações externas. Identificará algo errado em seu ambiente ao comparar as histórias ultrapassadas em sua mente *versus* a necessidade de uma maior conscientização. Quando isso ocorrer, a energia do Carneiro será frustrada. Ele vai se sentir, ao faltar atitudes práticas, como se seus formidáveis pensamentos e planos estivessem fadados a permanecer dentro de sua cabeça. Na natureza, os carneiros batem cabeça com seus inimigos; nesse caso, será o Carneiro de Áries que estará batendo cabeça não só com os outros, mas também consigo mesmo. Sendo a região do corpo relacionada a Áries, a cabeça retém sua energia. A energia que não pode ser liberada de modo construtivo permanecerá presa em seu interior, manifestando-se como pensamentos e sentimentos frustrados. A tensão aumentará e, à medida que mais energia for retida, a cabeça de Áries ficará cada vez mais cheia, esgotada.

As manifestações físicas desse excesso energético de Áries podem incluir:

- ★ Dores de cabeça
- ★ Enxaquecas
- ★ Resfriados
- ★ Infecções de ouvido
- ★ Bruxismo, infecções dentárias

- ★ Sinusite
- ★ Manchas no rosto
- ★ Congestão nasal
- ★ Músculos da mandíbula apertados

Se, por outro lado, você souber exatamente quem você é e o que veio realizar, seu Carneiro terá uma força enorme. No entanto, sem uma cota apropriada de humildade, o Carneiro pode explodir em discussões e ir para cima de qualquer um ou de qualquer coisa que perceba estar atrapalhando seu caminho. Ele pode atacar a contragosto aqueles que ousarem questioná-lo... Causando, no fundo, mais autodestruição do que coisas boas. E, em vez de ouvir o conselho dos outros, ele continuará, com muita teimosia, aceitando apenas seus próprios conselhos. O fracasso não é uma opção muito bem aceita por nosso lado influenciado por Áries, mas, nesse cenário, torna-se uma profecia que se realiza por si mesma.

As manifestações físicas de uma natureza explosiva influenciada por Áries podem incluir:

- ★ Dores de cabeça
- ★ Enxaquecas
- ★ Coriza
- ★ Dor de dente, infecções

- ★ Perda auditiva
- ★ Infecções oculares
- ★ Manchas no rosto
- ★ Perda de cabelo

O quanto sua cabeça, consciência, sua mente está desperta? Quer se sinta cheio, esgotado ou explosivo, ou, ainda, alguma coisa entre esses sentimentos, a chave é ouvir seu corpo e lhe dar aquilo de que ele precisa. Desperte seu Áries interior com as perguntas e exercícios a seguir.

Seu corpo e as estrelas

Os itens a seguir servirão como seu guia pessoal para trazer as estrelas e a energia de Áries até você. Use-os para se impor com consciência ativa.

Questionamentos

★ Quem é você realmente? Faça uma lista de qualidades que o descrevem em essência (por exemplo, inteligente, apaixonado).

★ Olhe para sua lista e circule as três primeiras qualidades que você queira fazer valer com mais vontade durante o dia. Qual atitude você precisaria tomar para fazer com que isso aconteça? O que o impede de fazer valer suas escolhas em primeiro lugar?

★ Quando você se impõe, qual o efeito que isso tem sobre os outros ao seu redor (seus amigos, seu ambiente, por exemplo)? Você pode se impor de uma maneira melhor, com bons resultados?

★ Você está consciente, de maneira ativa, de seu ambiente, do que o cerca? Quando você caminha pela rua, você mantém seu olhar fixo em uma posição ou olha intencionalmente ao redor?

★ Como seu ambiente ajuda ou atrapalha seus caminhos?

Exercícios

Aceno de cabeça: para uma autoafirmação mais consistente

Saiba quem você é e faça acontecer! Comece com o aceno de cabeça do Pilates, que ajuda a fortalecer a musculatura ao redor da cabeça para que ela fique bem alinhada ao pescoço. Uma postura correta com a cabeça fala muito sobre sua maneira de ser. Ela deve estar alinhada e firme, e não solta e cambaleante como a de um boneco. Essa estabilidade (uma boa postura de cabeça, pescoço e ombros, se você preferir) traz uma convicção firme que o ajuda a lutar por quem você é e pelo que está para realizar.

1. Deite-se de costas, com os joelhos flexionados e os pés apoiados no chão. Alongue os braços ao lado do corpo, com as palmas das mãos voltadas para baixo.

2. Encontre uma posição neutra e alinhada para a cabeça, olhando para o teto. Nessa posição você deve manter a curvatura natural do pescoço.

3. Durante uma inspiração, incline suavemente seu queixo em direção ao peito. Sinta esse movimento como um alongamento no pescoço por meio de uma compressão.

4. Expire, retornando a cabeça para a posição neutra.

5. Na inspiração seguinte, incline o queixo para cima e para trás. Novamente, mova-se sentindo o alongamento no pescoço.

6. Expire, retornando a cabeça para a posição neutra.

7. Repita dez vezes, terminando com a cabeça na posição neutra.

Os movimentos de sua cabeça devem ser lentos e curtos, de modo que, tanto na flexão (queixo para baixo) quanto no alongamento (queixo para cima), seu pescoço esteja apoiado. Durante os movimentos com a cabeça, certifique-se de não negligenciar a posição neutra; essa posição se aproxima de como você deve manter sua postura quando estiver de pé.

Inclinando-se para a frente e para baixo: para renovar sua maneira de ser e seu ambiente

Todos os dias você caminha sob uma perspectiva vertical – que é a postura comum de um ser humano. Às vezes, porém, sua visão de mundo precisa ser virada de cabeça para baixo! Você deve ver as mesmas coisas de uma outra perspectiva, para crescer. Com essa inclinação para a frente e para baixo, traga uma nova perspectiva ao que seus sentidos percebem.

1. Fique de pé, em uma posição neutra, com os pés afastados e alinhados ao quadril; com os braços alongados ao lado do corpo. Entre em sintonia com seus sentimentos.

2. Ao expirar, incline lentamente, e para a frente, a parte superior do corpo, começando com a cabeça, seguida pelo pescoço e depois pela parte superior das costas, pelo meio das costas e, por fim, a parte inferior das costas. Curve a coluna aos poucos até que suas mãos alcancem o chão. Se elas não chegarem ao chão, coloque-as na frente das pernas para se apoiar.

3. Relaxe quando atingir sua curvatura máxima, seja ela qual for. Certifique-se de que não há tensão na cabeça ou em seu pescoço. Você pode fechar os olhos.

4. Repita vários acenos de cabeça na posição "sim". Balance a cabeça na posição "não". Acene novamente com a cabeça na posição "sim".
5. Permaneça inclinado por mais alguns segundos, permitindo que o sangue flua em direção à cabeça.
6. Se seus olhos estiverem fechados, abra-os para olhar ao seu redor por uma nova perspectiva. Pare por um momento para esse novo olhar.
7. Ao inspirar, volte lentamente para a posição normal, invertendo a direção do alongamento, uma parte de cada vez, a parte inferior das costas, o meio das costas, a parte superior das costas, o pescoço e a cabeça.
8. Quando você retornar à sua posição normal, em pé, feche os olhos e faça uma pausa. Perceba qualquer diferença na maneira como você se sente agora em comparação com o que sentiu no início do exercício. Por exemplo, você sente algum formigamento? Está mais receptivo? Mais relaxado?

Meditação sonora: para a consciência ativa de seu ambiente
Mova-se para além de seus diálogos internos, mova-se para uma consciência expandida. Uma consciência maior sobre você mesmo e sobre seu ambiente, que já está dentro de você; e, às vezes, você só precisa acalmar a mente para acessá-la. A meditação acalma a mente por meio de um foco disciplinado. Pesquisadores especulam que as sociedades primitivas formadas por caçadores e coletores podem ter descoberto um foco meditativo enquanto olhavam para as chamas de suas fogueiras. Nos séculos e nas sociedades seguintes, a meditação evoluiu para uma prática mais estruturada. Por exemplo, algumas das primeiras escrituras hindus, chamadas de *Vedas*, já mencionavam técnicas de meditação há cerca de 5 mil anos, e o Buda fez da meditação a prática central da sua filosofia por volta do ano 500 a.C. Existem muitas maneiras de meditar e ainda muito mais técnicas para manter o foco. A meditação a seguir concentra sua atenção ativa nos sons de seu próprio ambiente. Dessa maneira, a mente se afasta de suas histórias e se aproxima de seu ambiente, de modo mais expandido.

1. Escolha um local e um período em que você não será interrompido. Desligue ou coloque o telefone no modo "silencioso" e defina um alarme para alertá-lo depois de dez minutos, quando a meditação terminar.

2. Sente-se confortavelmente no chão, sobre uma almofada, um colchonete ou um bloco de ioga, se necessário, e cruze as pernas (se não for possível cruzar as pernas, sente-se no chão e encontre uma posição confortável; se não se sentir confortável no chão, sente-se em uma cadeira). O melhor lugar é aquele que o deixe confortável pelos próximos dez minutos.

3. Descanse as mãos no colo, com as palmas voltadas para cima. Feche os olhos suavemente.

4. Concentre sua mente em um som que esteja ao seu redor, como o som do trânsito, de grilos, ou de uma torneira com água corrente. Mantenha sua atenção no som simplesmente o ouvindo.

5. Quando sua mente vagar, recupere-a o mais rápido possível e traga-a de volta, concentre-se novamente em um som do ambiente. Não se sinta frustrado se sua mente vagar – isso é muito comum. Manter o foco requer um treino regular e é por esse motivo que a meditação é considerada uma prática.

6. Depois do alarme, passados os dez minutos, permaneça sentado com os olhos fechados e dê uma pausa por um momento. Reflita sobre a experiência antes de continuar seu dia.

Se uma meditação de dez minutos parecer assustadora para você, sinta-se à vontade para praticar essa meditação em qualquer intervalo de tempo que lhe pareça possível (por exemplo, dois ou cinco minutos). A parte mais importante de qualquer meditação é simplesmente estar disponível para praticá-la. A duração da sua meditação aumentará naturalmente com o tempo.

Higienizador nasal (neti pot): para limpar suas vias nasais
O neti pot, lota ou nasal pote vem sendo usado pelos iogues para *jala neti*, ou higienização nasal, há milhares de anos. Talvez você esteja mais familiarizado com sua versão moderna: irrigação nasal. Sejam as de outra época ou as de agora, as práticas são semelhantes e envolvem o fluxo de uma solução salina através de suas narinas. Embora seja uma prática simples, requer certa coragem para experimentá-la.

Os benefícios, no entanto, valem muito o esforço, e acredita-se que incluem a redução dos sintomas das alergias respiratórias e da sinusite, limpando as secreções nasais e melhorando seu olfato e paladar. Veja por si mesmo como essa prática ancestral ajuda a manter suas fossas nasais limpas e sua cabeça mais leve. Veja como – mesmo que você não sinta incômodo algum em seu rosto e cabeça – sempre há a oportunidade de torná-los mais receptivos e sentir coisas que você nunca sentiu antes.

1. Em um neti pot, misture não mais que 1/4 de colher de chá de sal com água morna. Use o sal mais puro que você puder para minimizar os riscos de irritação (como sal marinho não refinado).
2. Incline-se para a frente sobre a pia e vire a cabeça para um lado.
3. Insira, gentilmente, o bico do neti pot na narina, até que se forme uma vedação confortável.
4. Respire pela boca.
5. Levante o neti pot lentamente, para que o líquido entre pela narina, vá às fossas nasais, circule no interior do nariz, saia pela narina oposta, e caia na pia. Use metade do conteúdo do neti pot.
6. Quando você tiver usado metade do conteúdo do neti pot, aperte gentil e repetidamente para que se limpe as narinas e o líquido escorra pela pia. Não aperte suas narinas.
7. Repita todo o procedimento a partir da outra narina usando a metade restante da solução.
8. Depois de assoar na pia, seque o nariz com um lenço ou toalha.

Nota: Iniciantes devem experimentar essa técnica algumas vezes antes de encontrar a melhor posição, a mais confortável. Enquanto você ainda estiver no início da prática, a água pode escorrer por sua garganta, provocando uma sensação semelhante àquela de quando entra água por seu nariz, em variadas situações. Para minimizar as chances de isso acontecer, não fale nem ria enquanto estiver usando o neti pot. Apesar de você, provavelmente, sentir algum desconforto durante a prática, por ser uma sensação nova e desconhecida, caso sinta um desconforto muito intenso, interrompa o uso.

Máscara esfoliante: para mostrar o melhor de você
Suas células da pele se regeneram, aproximadamente, a cada 27 dias, o que significa que, a cada mês, você está, literalmente, apresentando

uma nova face para o mundo. A importância dessa regeneração tem sido compreendida ao longo dos tempos e colocada em prática sob a forma de máscaras faciais. Por exemplo, tudo leva a crer que Cleópatra usava lama do Mar Morto como uma máscara de argila, e a realeza, nas dinastias chinesas, utilizava pedras preciosas como pérola e jade, em tônicos para o rosto. Se você não tem acesso a pedras preciosas, não se desespere. Ingredientes simples como aveia e mel também funcionam muito bem. Essa máscara de aveia irá esfoliar suavemente sua pele, incentivando sua renovação natural. Use-a para renovar sua maneira de ser ou quando você quiser recorrer a ela.

1. Compre flocos de aveia.
2. Faça um mingau com uma porção de aveia conforme indicado na embalagem.
3. Deixe a aveia esfriar até que fique morna.
4. Lave e seque seu rosto como de costume. Aplique a aveia formando uma camada em todo o rosto e deixe agir de dez a 15 minutos.
5. Retire a máscara lavando com água fria e com uma bucha suave.

Bônus: Você pode adicionar mel (cerca de duas colheres de sopa) entre as etapas 2 e 3 para maior hidratação.

O exercício do "eu sou": para a confiança em quem você é
O lema de Áries é: "Eu sou". E, em alguns momentos, você tem de dizer isso para acreditar. Use os três adjetivos que melhor descrevem você (selecionados das duas perguntas principais na página 44), ou escolha outros três que você deseja reforçar, para se lembrar de quem realmente é.

> Uma frase semelhante a "Eu sou" foi cunhada pelo filósofo, matemático e ariano René Descartes: "Penso, logo existo". Dado seu signo solar, faz todo sentido que esse gênio usasse o pensamento para validar a existência; certamente, existem muitas alternativas, como: "Eu sinto, logo existo", "Eu respiro, logo existo", e assim por diante.

Por exemplo: "Eu sou poderoso", "Eu sou bonito", "Eu sou inteligente". Quaisquer que sejam as palavras escolhidas, diga-as para si mesmo – em voz alta – enquanto se olha no espelho. Repita quantas vezes forem necessárias para você acreditar nessas palavras. Então, saia para o mundo e seja quem você realmente é!

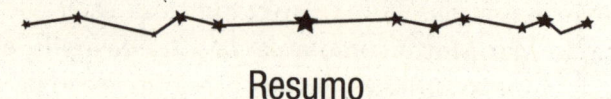

Resumo

Sua cabeça é a região relacionada a Áries. Apresentando cinco sentidos (e a mente que os processa), ela governa sua percepção do mundo e de seu lugar nele.

Áries é o primeiro signo do ciclo do zodíaco. Sua energia está relacionada a quem você é e o que você veio fazer neste mundo... juntamente com a vontade de fazer acontecer.

Se sua natureza agressiva de Áries for reprimida, ou no extremo oposto, estiver descontrolada (por você!), a região de sua cabeça pode apresentar sintomas diferentes (como, por exemplo, congestão nasal, coriza, dores de cabeça).

Alinhe seu Áries interior por meio de questionamentos, exercícios e atividades que se concentram em sua cabeça. Use-os para a autorrenovação, que vem com o Carneiro e sua estação de nascimento: a primavera.

3

Pescoço do Tauro

♉ TOURO

Data de nascimento: 20 de abril – 20 de maio
Região do corpo: Pescoço
Afirmação: Transcenda o Mundo Material pela Exaltação do Sensual

Touro, como o segundo signo do zodíaco, fundamenta-se sobre o que já é conhecido por Áries. Ele cresceu um pouco desde seus dias como um recém-nascido de Áries e agora é uma criança. Capaz de identificar a *si mesma,* ela pode transmitir essa percepção para o mundo e faz isso pegando, tocando e provando tudo o que está à vista. Áries vem ao mundo com o lema "Eu sou", e Touro vem na sequência com "Eu tenho" – ele vê o que a terra tem para oferecer e quer tomar posse. De fato, como um signo do elemento terra, Touro, por natureza, ama os domínios materiais e todos os tesouros que existem neles – como, por exemplo, muito dinheiro, arte, boa comida e um bom sexo. A Terra é um parque de diversões para os sentidos e para a apreciação da experiência sensorial nos níveis mais sublimes; e Touro está aqui para expressar tudo isso.

Seu corpo: pescoço

O touro é um bovino de aparência distinta, notável por sua grande estrutura (pesando quase uma tonelada) que inclui um pescoço robusto. O pescoço do touro é uma região tão notável que, no jargão médico, *pescoço de touro* é um termo comum – referindo-se a um problema caracterizado pelo aumento do tamanho do pescoço (normalmente provocado por causa de músculos hipertrofiados, ou inchaço dos gânglios linfáticos). Dada a associação entre o touro e seu pescoço, não é de se surpreender que essa seja a região de nosso corpo relacionada ao touro no zodíaco.

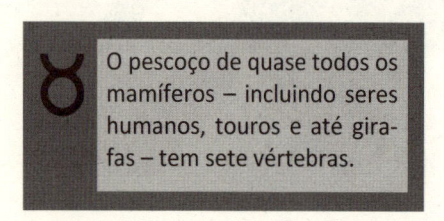

> O pescoço de quase todos os mamíferos – incluindo seres humanos, touros e até girafas – tem sete vértebras.

O pescoço é uma estrutura estreita localizada entre a cabeça e as costas, composta por sete vértebras (vértebras cervicais).

Esses ossos são apenas uma parte da coluna vertebral, que se estende pelas costas e pescoço e é habitualmente chamada de espinha dorsal. A coluna tem diferentes tipos de vértebras, e as do pescoço são as mais delicadas. Cada vértebra cervical tem uma estrutura fina para facilitar a amplitude de movimentos, pontuada por orifícios para permitir a passagem dos nervos e vasos ascendentes e descendentes. No entanto, embora delicado, o pescoço não é fraco: seu pescoço apoia sua cabeça, que é do tamanho de uma bola de boliche,

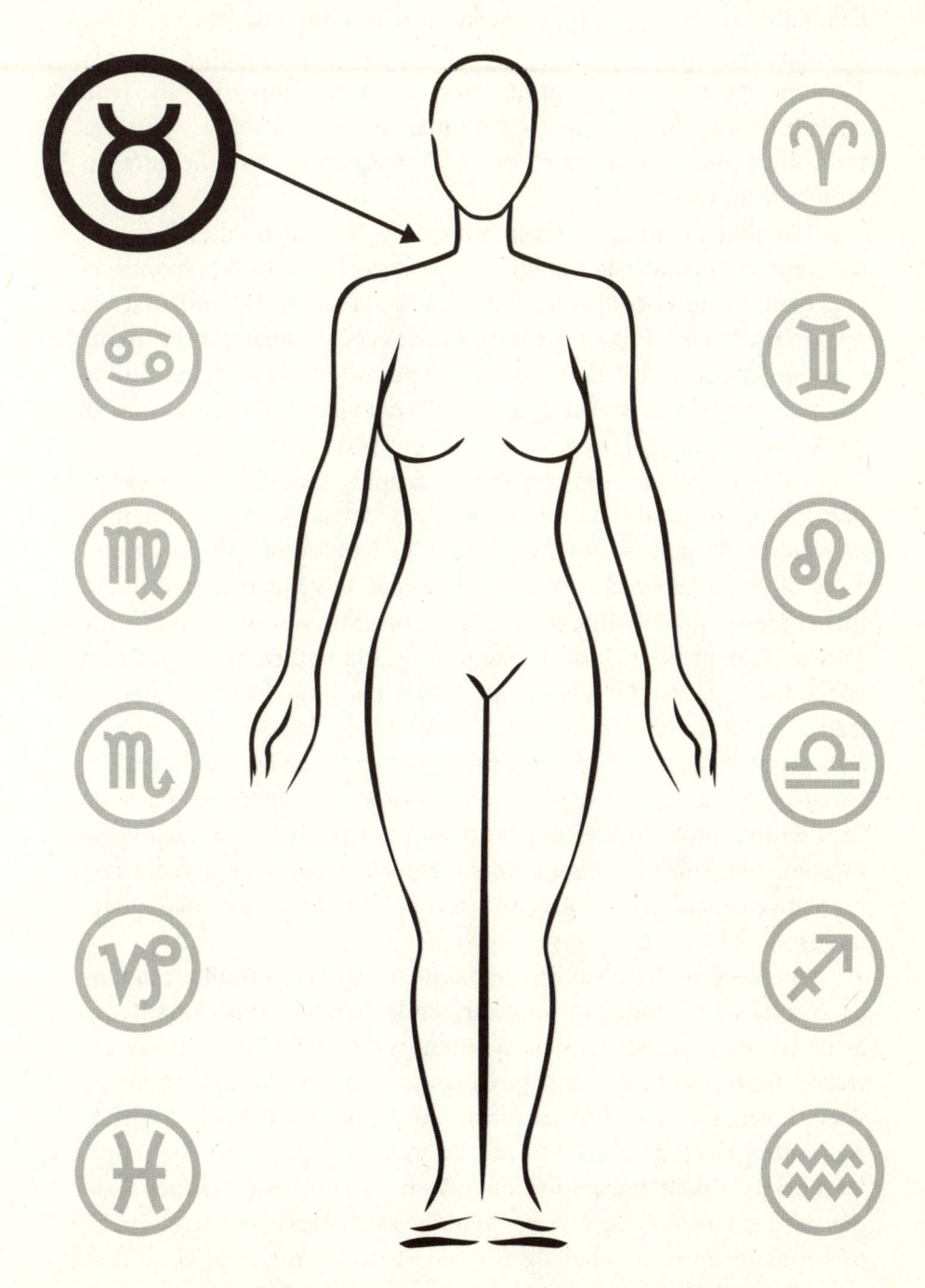

Veja o apêndice C para a estrutura esquelética do pescoço.

enquanto, ao mesmo tempo, permite o movimento. Na verdade, a região cervical tem a maior amplitude de movimentos de toda a coluna; permite até 90 graus de rotação em cada direção. Essa amplitude angular permite o movimento de sua cabeça – junto a seus olhos, ouvidos, nariz e boca – e uma percepção suficiente do ambiente ao redor.

Auxiliar sua mente a receber informações sensoriais, no entanto, é apenas metade da batalha. O pescoço também é responsável pela comunicação, com o resto do mundo, a partir das informações sensoriais. Isso é feito por meio das cordas vocais, duas dobras membranosas encontradas na traqueia, que permitem o evoluído dom da fala. Mecanicamente, as dobras vibram em virtude da pressão do ar vinda do pulmão, geram os sons e os sons produzem palavras.

As palavras são um de seus principais modos de expressão. Palavras comunicam seus pensamentos, sensações e sentimentos ao mundo. As palavras que você escolhe, bem como o modo como as escolhe, não apenas refletem como você se vê, mas também dão forma a esse olhar. É imprescindível, portanto, que as palavras que Touro diz expressem toda a extensão de sua natureza, da prática à apaixonada, da física à intelectual. Não apenas um dos lados dos extremos, mas ambos. Touro tem a necessidade de pesquisar a fundo as taxas de juros dos empréstimos, bem como a de exaltar a bela decoração de sua casa. Se seu Touro interior expressar apenas parte de seus sentimentos, você estará expressando somente uma parte de si mesmo. Seus outros pensamentos e emoções não desaparecerão de maneira mágica; pelo contrário, continuarão em seu pescoço, guardados sob a forma de estresse ou tensão.

A tensão no pescoço, infelizmente, ocorre com muita frequência e pode ser causada por uma variedade de razões. Fisicamente, as articulações, os músculos e os ligamentos de seu pescoço sofrem estresse como resultado da má postura – como, por exemplo, quando você se senta, fica em pé, caminha ou lê com a cabeça involuntariamente projetada para a frente ou inclinada para um dos lados. Como a expressão vocal ideal envolve o posicionamento adequado das cordas vocais (que ocorre quando o pescoço está corretamente alinhado entre a cabeça e o tronco), se você alterar o alinhamento correto do pescoço (e, por consequência, das cordas vocais), também estará alterando sua capacidade de se expressar. Faça uma pausa para verificar as condições de seu pescoço. Veja por si mesmo como está o alinhamento entre sua cabeça e seu tronco:

1. Fique de pé na frente de um espelho e vire-se de lado para observar o reflexo de seu perfil. Fique na posição que você normalmente ficaria se não estivesse prestando atenção à sua postura (sem trapaças!).
2. Virando a cabeça o mínimo possível, olhe para o espelho e observe se sua cabeça e seu pescoço estão projetados para a frente.
3. Se estiverem, traga-os de volta ao alinhamento correto: cabeça, pescoço, tronco e as costas em uma linha reta, com os lóbulos das orelhas alinhados com os ombros. Se seus ombros estiverem curvados para a frente, endireite-os também.
4. Observe a diferença entre essa postura e a anterior. Esse alinhamento e essa postura estão mais próximos do ideal.

Muitas pessoas na sociedade moderna mantêm uma flexão da cabeça para a frente. Nessa postura, a cabeça e o pescoço se projetam para a frente do tronco, como se estivessem conduzindo seu corpo. Talvez você assuma essa postura enquanto caminha pela rua ou está sentado em frente à tela de seu computador. No entanto, a cabeça, como parte importante da equipe, não está destinada a se projetar com frequência. Destina-se a estar alinhada ao centro do peito, ao coração, com o pescoço fazendo a ligação entre os dois. Desse modo, o pescoço pode expressar o melhor dos dois mundos – os sentimentos do coração e a racionalidade da mente.

As estrelas: Touro

Transcenda o mundo material pela exaltação do sensual

Transcender é superar alguma forma de limitação. Na matemática, por exemplo, números transcendentais como Π ou *e* superam os limites algébricos; na meditação transcendental, o praticante entra em estados de consciência que ultrapassam os da consciência rotineira; na filosofia transcendental (cujo pai e fundador, Immanuel Kant, tem Touro como signo solar e ascendente), o conhecimento é transcendental se vai além de um objeto para seu modo de conhecer o objeto. Não interessa de que maneira você o coloca em prática, o transcendentalismo permite que a mente perceba sua realidade física e então diga: "Ei, ainda há muito mais". Essa maneira de pensar é especialmente pungente para nossa natureza taurina. Touro aprecia o mundo material, mas o deleite é convidado a se estender para além do assunto em questão.

A energia de Touro em cada um de nós sente prazer com coisas materiais que ela pode ter e manter; e ela trabalha duro por elas. Como a constelação relacionada a ela, a de Touro, todo taurino possui uma natureza perseverante e prática. Não é de se admirar, portanto, que Touro ame todas as coisas boas que o dinheiro pode comprar. Elas representam recompensas por sua perseverança, por manter um árduo trabalho, por garantir que ele seja bem feito. No entanto, a energia plena de Touro transcenderá a realidade material e apreciará sua natureza mais elevada, indo muito além da forma física e entrando nos domínios das emoções, da mente e do espírito.

Pegue, por exemplo, a comida. A comida, como tudo no mundo material, é feita de matéria e é algo que pode ser consumido simplesmente por sua própria existência. Ou pode proporcionar uma experiência transcendental; não há melhor maneira para exemplificar do que com *la madeleine*, o bolinho que o autor Marcel Proust (com Touro no signo lunar) tornou famoso em sua obra clássica *Em Busca do Tempo Perdido*. Um dia, depois de degustar uma *madeleine* com seu chá, Proust descreve sua experiência com o bolinho não apenas como a ingestão de uma massa e manteiga, mas como algo que o transportou através do tempo e do espaço. Uma deliciosa refeição traz de volta o sabor do café da manhã de sua infância aos domingos, o som dos campanários de uma igreja e os sentimentos de carinho por uma tia afetuosa. Em outras palavras, a *madeleine* proporcionou a Proust uma festa para seus sentidos. Um vasto campo de experiências que foi muito além da capacidade dos carboidratos.

É claro que, em alguns momentos, parafraseando o psicanalista taurino Sigmund Freud, uma *madeleine* é apenas uma *madeleine*. Todas as coisas podem ser desfrutadas por si mesmas, sem que evoquem algo mais. De fato, a vida diária seria muito desafiadora se cada mordida do almoço trouxesse a você um estado elevado de consciência. No entanto, essa é a realidade que nosso Touro interior é chamado a expressar. Pelo temperamento dela estar tão intimamente ligado à terra, a energia de Touro deve ensinar os taurinos a não ficar tão presos em sua natureza terrena. Em vez disso, ela está aqui para usar a forma física como base para as experiências ainda maiores que existem além do que as mãos podem tocar e do que os olhos podem ver.

> Átomos são quase inteiramente vazios. E, no entanto, se você pegasse todos os átomos de nosso mundo e removesse o espaço entre eles, ainda assim, uma única colher de chá da massa resultante pesaria cerca de 5 bilhões de toneladas.

Do livro em suas mãos para as mãos que o seguram – você é tanto o mundo material quanto o que está ao seu redor. Os blocos de construção deste mundo material são os átomos, bilhões e bilhões que criam o mundo que você pode ver, saborear, tocar, ouvir e cheirar. E, embora os átomos não sejam organismos sólidos, a interação de suas forças eletromagnéticas apresenta a ilusão de solidez, de modo que você perceba um mundo cheio de coisas.

Touro está em casa no mundo das coisas, especialmente das coisas luxuosas. De joias finas a luvas de couro, e de comida *goumert* a fragrâncias exóticas, ele adora ter luxo. Ele obtém grande conforto por meio de sua característica perseverante e de sua natureza aparentemente sólida. É como se ter muitas coisas a ajudasse a permanecer conectada a algo maior – a Terra.

> Buda tem sido associado a Touro. De fato, acredita-se que ele tenha nascido, tornou-se iluminado e morreu nos meses regidos pelo signo de Touro (abril e maio). Se isso for verdade, então, ao criar uma filosofia centrada no desapego, ele aprendeu – e ensinou – a mais elevada das lições de Touro.

Estar conectado à terra traz coisas boas. No entanto, vale uma advertência! Nossa natureza de Touro pode se apegar a nossos pertences. Podemos nos esquecer de que o prazer não é a posse do objeto em si, mas a experiência ou o aprendizado que ele traz. Somos maiores que qualquer um – ou até mesmo do que a soma – de nossos pertences. Nossos pertences, nossas posses podem ajudar a facilitar experiências que nos fazem felizes, mas a felicidade, afinal, vem de dentro.

Portanto, não se torne seu próprio rei Midas, o rei mitológico que transformou tudo ao seu redor em ouro (incluindo sua própria filha!) e foi incapaz de desfrutar desse poder. Você deve desfrutar totalmente dos lucros de seu trabalho. Mas, se obtê-los é seu objetivo principal, você nunca se sentirá satisfeito, não importa o quanto tenha. Por exemplo, você trabalha duro para comprar um carro de luxo, fica no mesmo emprego para pagar a manutenção de tudo isso, fica por mais tempo para comprar outro carro e, dez anos depois, percebe que nunca dirigiu seus carros em viagens de lazer ou passeios descontraídos. Você estará tão concentrado em adquirir coisas materiais que sentirá falta dos maiores prazeres que elas proporcionam.

O nível fenomenal oferece prazeres muito maiores. Como foi abordado no capítulo sobre Áries, seus sentidos recebem informações por meio de seus órgãos dos sentidos (olhos, ouvidos, língua, pele, nariz) e o cérebro as processa. Por exemplo, quando você lê um poema, os raios de luz refletem as palavras e elas viajam através da córnea, íris e do cristalino dos olhos para encontrar a retina, onde as células nervosas (bastonetes e cones) convertem a luz em impulsos elétricos. Então, o nervo óptico envia esses impulsos para o cérebro, onde uma imagem é produzida, permitindo que você leia. Essa complexa cadeia de eventos é notável por si só. No entanto, se você já leu um poema – ou qualquer palavra escrita –, sabe que sua experiência com o que está lendo é ainda muito mais intensa. Pois, além de ver as palavras em um nível físico, você provavelmente pensou ou sentiu algo. Talvez tenha formado uma opinião com base em um artigo, tenha apreciado um livro ou tenha sido inspirado a continuar estudando a partir de um texto que você leu. Um conjunto infinito de impressões acompanha as palavras que seus olhos veem.

Dessa forma, os poemas são mais do que palavras escritas no papel, assim como as imagens são mais do que imagens. A beleza maior dos poemas e das pinturas – assim como a de qualquer outra expressão classificada como arte – está nas histórias que expressam e nos sentimentos que inspiram. O que significa que há muito mais em seus sentidos do que apenas uma reação fisiológica, pois seus sentidos físicos também provocam sensações mentais, emocionais e espirituais. Com essas capacidades, seus sentidos tornam-se exaltados, elevados – vão muito além do que os olhos podem ver, do que o nariz pode sentir, do que o ouvido pode escutar, etc. Sentidos

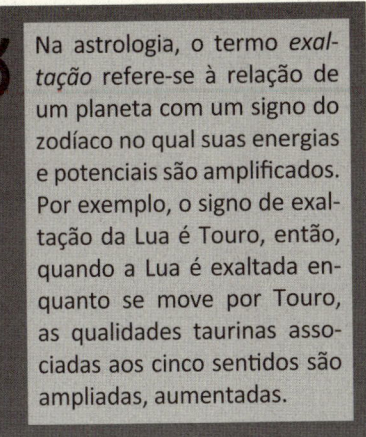

> Na astrologia, o termo *exaltação* refere-se à relação de um planeta com um signo do zodíaco no qual suas energias e potenciais são amplificados. Por exemplo, o signo de exaltação da Lua é Touro, então, quando a Lua é exaltada enquanto se move por Touro, as qualidades taurinas associadas aos cinco sentidos são ampliadas, aumentadas.

elevados, apurados são, portanto, mensageiros tanto do plano material quanto do plano superior, nos domínios dos pensamentos, sentimentos e inspiração.

Ver, cheirar, saborear, tocar... enquanto Touro é uma ótima experiência dos sentidos em seu nível básico, a energia está aqui para evocar suas formas exaltadas. Ela não precisa necessariamente incentivar a escrita de poemas ou pintura de quadros, mas se beneficia de estar cercada pelas belezas da Terra – de todas as magníficas cores, texturas e sons. A sensibilidade sensual, sensorial, proporciona o complemento perfeito para sua natureza resistente, aplicada no trabalho, orientada para os aspectos materiais. É o lado da energia taurina que consegue parar e cheirar as rosas depois de passar meses cuidando do jardim. E na sociedade moderna – ainda mais para o taurino pé no chão em cada um de nós –, fazer uma pausa para cheirar alguma coisa não é tarefa fácil. É preciso intenção e prática. No entanto, até um legítimo bovino ergue o pescoço vez ou outra para contemplar os céus; assim funciona para Touro ao elevar nossos desejos do nível físico para uma exaltação do sensual.

O que aprender

Apreciar os presentes que seus sentidos percebem não requer milhões de dólares ou a rotina de alguém que já se aposentou. Trata-se de encontrar prazer por meio do material *versus* sentir-se sobrecarregado pelo mundano. E, embora o mundano também importe, há muito mais na vida do que apenas isso. Tudo o que seus sentidos contemplam possui um valor que vai muito além de sua existência física. Contém uma experiência, um pensamento, uma emoção, uma lição ou alguma sensação para que você extraia algo. Dessa forma, tudo é matéria e energia, espírito, permitindo que você encontre um pouco do céu em cada coisa aqui da Terra.

Esse exaltado sistema sensorial é como um sexto sentido – uma percepção maior da beleza, que é inerente à natureza taurina presente em todos nós. Não se deixe enganar pela maneira como você comumente vê o touro, já que os bovinos, em geral, não são vistos como refinados. O touro-Touro é muito mais do que um focinho preso ao chão, ou pés no chão. Esse signo é um dos mais ternos, românticos e sensuais do zodíaco. Embora conhecida por seus esforços persistentes e resistentes, a energia, a vibração, os maiores dons de Touro residem em sua capacidade de olhar além e aproveitar o que está por perto.

É de extrema importância, portanto, que a energia taurina que vive em você, abrace a tendência de ir em direção a um ideal mais elevado e expresse quem realmente é, em toda a sua plenitude de uma mente material *e* sensorial. A energia taurina precisa falar sobre os méritos tangíveis de um objeto e, ao mesmo tempo, se deleitar com um apelo maior. Ela precisa expor a ordem prática e também promover um jogo sobre algo além. Se essa parte de sua natureza falhar, não apreciando a amplitude da experiência que cada sentido pode proporcionar, sua autoexpressão será limitada, como se sua parte taurina fosse mantida a distância. A parte que está aqui para desfrutar dos prazeres não será encontrada em nenhum lugar ou será reprimida pelo medo de perder seu terreno. Claro que o touro é um animal naturalmente preso à terra, aterrado, mas até mesmo esse bovino pode ser excessivamente preso à terra.

As manifestações físicas de uma energia fixa de Touro podem incluir:

★ Tensão no pescoço
★ Rigidez ou dor
★ Limitação de movimentos
★ Estalos provocados por movimentos
★ Outras: Tosse, infecção na garganta, desequilíbrio da tireoide, alterações vocais

As profundas raízes de Touro são essenciais para sua necessidade de segurança – que é sua base mais bem arraigada. No entanto, se a segurança for confundida com os prazeres que a sensualidade traz, a energia taurina se encontrará em uma eterna busca inútil. Posses e mais posses serão acumuladas, como se Touro tentasse reunir toda a estabilidade. Seja comprando muitos sapatos ou comprando relógios após relógios, sua natureza taurina pode passar a depender de um influxo contínuo de bens materiais na tentativa de se conectar com seu sentido de estabilidade. No entanto, sem o terreno adequado, a ansiedade e o medo implícitos – relacionados à falta de segurança – acabarão vencendo.

As manifestações físicas de uma energia oscilante de Touro podem incluir:

- ★ Músculos do pescoço com pouco vigor
- ★ Hipermobilidade
- ★ Desequilíbrio, fraqueza
- ★ Estalos constantes ou impulso de estalar o pescoço
- ★ Outras: Desequilíbrio da tireoide, garganta irritada, alterações vocais

Quão expressivo é seu pescoço? Quer se sinta estável, oscilante, ou, ainda, alguma coisa entre esses sentimentos, a chave é ouvir seu corpo e lhe dar aquilo de ele que precisa. Para alongar um pescoço rígido ou fortalecer uma musculatura fraca, desperte seu Touro interior com as perguntas e exercícios a seguir.

Seu corpo e as estrelas

Os itens a seguir servirão como seu guia pessoal para trazer as estrelas e a energia de Touro até você. Use-os para transcender o mundo material pela exaltação do sensual.

Questionamentos

- ★ Quanto de seu dia (pense em porcentagem) você gasta para obter coisas (por exemplo, com o trabalho ou fazendo compras)? Quanto do seu dia você aproveita para coisas que lhe dão prazer?
- ★ Existe uma sensação de depender mais de uma coisa ou outra? Existe alguma sensação de negligência? Como você poderia aproveitar mais seus sentidos ao longo do dia?
- ★ Com que facilidade você encontra uma beleza maior em seus afazeres diários? Qual é seu momento diário de parar para "cheirar as rosas"?
- ★ Quando você se sente mais livre para se expressar? Quem está com você? Onde você se sente "em casa"?

- ★ Quais pessoas, lugares e coisas impedem sua liberdade de expressão? Tente perceber se, quando sua expressão parece ser prejudicada, você tem a tendência de tocar o pescoço.
- ★ Quando você fala, o que suas palavras costumam expressar? Algum tipo de planejamento, preparação ou lembrete? Ou algum tipo de apreciação, prazer e sentimento?

Exercícios

Fortalecimento isométrico do pescoço: para uma condição física vigorosa

Cuide de suas necessidades físicas. Mantenha uma estrutura forte para que o restante possa se ampliar de modo seguro. Até o girassol mais alto tem suas raízes muito profundas. O exercício isométrico a seguir fortalece o pescoço por meio de toda a sua amplitude de movimentos, dando maior suporte aos sentidos e uma maior capacidade de expressá-los.

1. Comece ficando relaxado em uma posição.
2. Calmamente coloque as palmas das duas mãos em sua testa. Mantendo o queixo paralelo ao chão, pressione a testa para a frente, criando uma resistência com as mãos, e segure essa posição durante uma contagem lenta até dez.

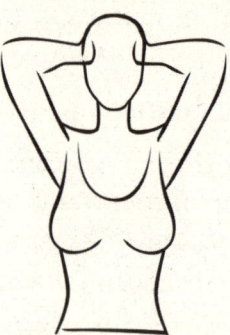

3. Coloque as mãos na parte de trás da cabeça, pressione a cabeça criando uma resistência com as mãos, mantendo o queixo paralelo ao chão. Mantenha essa posição durante a mesma contagem lenta até dez.

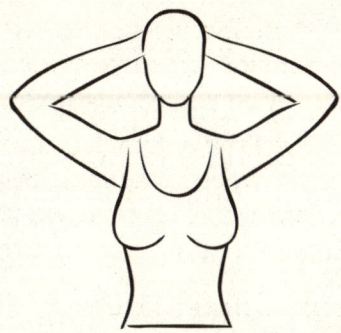

4. Coloque a mão direita no lado direito da cabeça, acima da orelha direita. Empurre a cabeça criando certa resistência com a mão, como se estivesse trazendo a orelha para o ombro. Mantenha essa posição durante a mesma contagem lenta até dez. Repita no lado esquerdo.

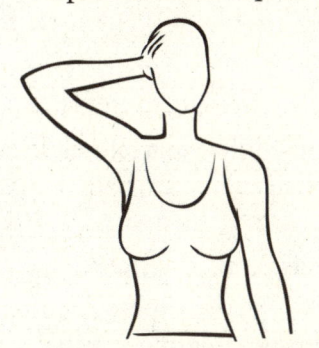

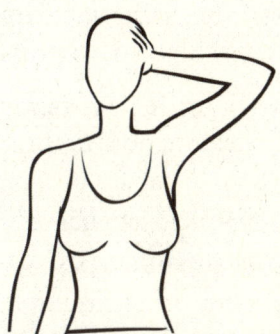

5. Coloque a mão direita no lado direito da cabeça, na região de sua têmpora. Mantendo seu queixo paralelo ao chão, gire a cabeça para a direita, pressionando a têmpora em direção à sua mão e criando certa resistência com a mão. Mantenha essa posição durante a mesma contagem lenta até dez. Repita no lado esquerdo.

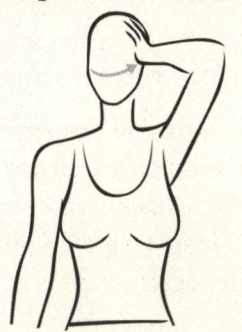

6. Relaxe as mãos na lateral de seu corpo e chacoalhe, *suavemente*, a cabeça e o pescoço.

Essa série de exercícios fortalece seu pescoço por meio da resistência criada por suas mãos. E, por consequência, você tem a capacidade de dosar o nível de resistência que quiser. Quanto mais resistência for criada por suas mãos para os movimentos de sua cabeça, menores serão os movimentos de sua cabeça e do pescoço. Não importa a intensidade da resistência que você cria, mantenha os ombros relaxados e afastados das orelhas.

Giros de cabeça e pescoço: para dar início a uma maior sensibilidade

Há um vasto mundo lá fora, e um pescoço flexível ajudará você a sentir e apreciar o que seus sentidos captam. Mova seu pescoço em toda a amplitude de movimentos para que você veja, saboreie, toque, cheire e ouça mais do que antes. E esteja preparado para expressar tudo o que assimilar! Um pescoço flexível também torna mais fácil sua capacidade de expressão.

1. Fique de pé com seus pés afastados, com os joelhos levemente flexionados. Os braços permanecem alinhados à lateral do corpo. A cabeça permanece em uma posição neutra, com o queixo paralelo ao chão.
2. Mantendo o pescoço e os ombros relaxados, flexione o pescoço com o queixo em direção ao tórax e gire a cabeça *lentamente* para a direita, certificando-se de movimentar a cabeça em todas as direções – frontal, lateral, para trás, lateral e frontal. Faça os movimentos em círculo como se você tivesse uma bola de tênis entre sua cabeça e o pescoço (isso evitará que movimente sua cabeça em uma amplitude excessiva). Repita cinco vezes, terminando com sua cabeça na posição neutra.
3. Inverta as direções, virando a cabeça para a esquerda. Repita cinco vezes, terminando com sua cabeça na posição neutra.

Assim que se sentir mais à vontade para realizar os giros, feche os olhos para tornar o exercício mais intenso. Como um bônus, trabalhe a respiração: toda vez que sua cabeça girar em direção às costas, inspire lenta e profundamente; quando sua cabeça girar para a frente, desfrute de uma expiração lenta e profunda.

Mantra: para uma expressão mais plena
Aprenda a expressar sua voz de novas maneiras usando mantras. Entoar mantras é uma técnica antiga que usa sons primordiais para transmitir significados sagrados. Por exemplo, o mantra *HAM* invoca as qualidades do centro de energia conectado ao pescoço (o chacra *vishuddha*). Ao repetir o som, você sintoniza a energia e os aprendizados de seu pescoço. O mantra, embora conhecido por suas raízes hindus, também é encontrado no budismo, siquismo e jainismo. E o conceito de hinos e cânticos é encontrado em círculos ainda maiores, incluindo a cultura judaico-cristã, em expressões como "No princípio era o Verbo" e "Amém". No antigo Egito, o Touro era chamado de "o intérprete da voz divina". Use a prática mântrica a seguir para expressar sua essência.

1. Escolha um local e um período em que você não será interrompido. Desligue ou coloque o telefone no modo "silencioso" e defina um alarme para alertá-lo após dois minutos, quando a meditação terminar.
2. Sente-se confortavelmente no chão, sobre uma almofada, um colchonete ou um bloco de ioga, se necessário, e cruze suas pernas (se não for possível cruzar as pernas, sente-se no chão e encontre uma posição confortável; se não se sentir confortável no chão, sente-se em uma cadeira). O melhor lugar é aquele que o deixe confortável pelos próximos dois minutos.
3. Descanse as mãos no colo, com as palmas voltadas para cima. Feche os olhos suavemente.
4. Sentindo a vibração vir de seu peito, pronuncie o som *HAM* (pronunciando o *a* aberto, como em *pai*). Permita que o som se prolongue e se expanda na medida em que se eleva do peito até sua garganta. Sinta a vibração *mmm* saindo de seus lábios, como na palavra *zumbido*, ou *âmbar*. Repita o mantra, permitindo que uma pronúncia flua após a outra.
5. Após o alarme soar, depois dos dois minutos, permaneça sentado com os olhos fechados e dê uma pausa por um momento antes de se levantar. Sinta a vibração em todo o seu corpo.

Para intensificar os efeitos, pratique o mantra todos os dias por, pelo menos, 40 dias. Na medida em que você cria familiaridade com o som e seu ritmo, sua meditação pode progredir de modo que você entoe o mantra com mais suavidade. Por fim, ao se sentir à vontade com o som e sua vibração, você pode entoar o mantra silenciosamente, para si mesmo.

Caminhada na natureza: para transcender o mundo material
O Touro nasceu para apreciar a generosidade da Terra. Desfrute de sua essência terrena com um passeio na natureza – qualquer parque, colina, riacho, o que o inspirar mais. Enquanto caminha, envolva todos os seus sentidos ao se conectar com o ambiente: sinta o cheiro no ar, ouça os pássaros, observe os raios do Sol e sinta o calor dos raios em sua pele. Agora vá além e aplique o sexto sentido de Touro para exaltar a beleza. Por exemplo, além do calor, quais as outras sensações que o Sol provoca em você? Memórias de infância? Felicidade? Relaxamento? Observe quais sensações surgem enquanto você caminha, as que não estavam presentes antes de você começar a caminhada. Essa capacidade de entrar em sintonia com seus sentidos pode tornar-se natural com a prática. Depois de algumas caminhadas na natureza, você se descobrirá cada vez mais íntimo, não apenas de seus sentidos básicos, mas também dos domínios mais elevados aos quais eles o conduzirão.

Bônus: Expresse-se assobiando ou cantarolando uma música, enquanto você caminha. A cantora taurina Ella Fitzgerald disse uma vez: "Eu não quero dizer a coisa errada, o que sempre acabo fazendo... Acho que me saio melhor quando canto."[3]

Embeleze seu pescoço: para uma expressão realçada
A parte superior, e de maior destaque, do corpo de uma mulher é composta por seu pescoço, ombros, parte superior das costas e peito. E mesmo sendo apenas uma parte de seu corpo, o que ela diz – por meio de como é realçada e adornada – vai muito além da aparência. Seja com o busto exposto da era barroca ou com os pescoços alongados da era vitoriana, o que uma mulher faz com seu decote pode

---

3. Jim Moret, "Ella Fitzgerald Dies at Age 78", Arquivo *on-line* da CNN, 15 de junho de 1996, http://web.archive.org/web/20061129231320/http://www.cnn.com/SHOWBIZ/9606/15/fitzgerald.obit/index.html.

servir como uma expressão tanto da estética da moda quanto das normas sociais. E o mesmo se aplica para aos homens. Usar uma gravata pode ser apropriado em um local, mas inadequado em outro, e, em ambos os casos, a atitude de usar ou não diz muito mais sobre a pessoa do que ela possa imaginar. Considere o que seu busto diz sobre você:

- ★ Como você destaca seu decote (gola alta, colares, gravata-borboleta, blusas com decote em V, cachecol)?
- ★ O que o realce de seu busto (ou a falta dele) expressa? Como você poderia realçar, expor, ou esconder seu busto para expressar sua essência com mais verdade?
- ★ Quais sensações surgem quando você veste uma camisa decotada, afrouxa a gravata ou cobre o pescoço com um lenço de seda? Mesmo sem ter de usar artifícios ou acessórios, quais impressões eles provocam em você?

Durante uma semana, todos os dias, preste especial atenção em como você veste ou realça seu busto. Brinque com isso e veja como usar – ou não usar – algo diferente que provoca mudanças sutis em seu estilo e grau de expressão. Sem dúvida, a plateia, os que estão ao redor terão suas próprias opiniões. Observe-as, mas, por fim, decida por si mesmo como seu busto pode ser mais bem realçado e expressar sua essência.

Pare e cheire as rosas: para exaltar o sensual
Para apreciar as coisas boas da vida, é preciso praticar, criar hábitos, e não há melhor momento para começar do que agora. Aqui está uma maneira de fazer isso:

1. Compre um buquê de rosas apenas por comprar.
2. Coloque as flores em um vaso, em cima de uma mesa que fique próxima a um lugar por onde você passa com frequência.
3. Ao passar por elas, faça uma pausa e delicie-se com uma sinfonia de sensações – as cores intensas, o toque aveludado de suas pétalas e seu aroma marcante.

4. Concentre-se no aroma das rosas fechando os olhos. Incline-se em direção a um botão de rosa e inspire profundamente, sentindo seu perfume. Sinta por onde o aroma leva você.
5. Repita o gesto.
6. Nada dura para sempre e um dia suas rosas perderão o viço. Aprecie-as enquanto você as tiver.
7. Prolongue o prazer com suas rosas mesmo depois que murcharem, decorando sua casa com as pétalas secas (coloque-as sobre a cama, sobre uma mesa de jantar ou em um banho de espuma).

Essa prática não deve ser realizada por pessoas que tenham alergia a flores.

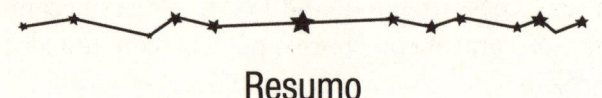

Resumo

★ Seu pescoço é a região relacionada a Touro. Com as cordas vocais localizadas dentro dele, expressa como você se vê e, ao mesmo tempo, dá forma às suas ideias sobre você.

★ Touro é o segundo signo do ciclo do zodíaco. Sua energia diz respeito a viver e celebrar toda a extensão de quem você realmente é, dos aspectos materiais aos sensuais.

★ Se a natureza estética de Touro se torna excessivamente preocupada com a segurança ou com o desejo de prazer sensual, seu pescoço pode experimentar diferentes sintomas (por exemplo, tensão, fraqueza muscular, tosse).

★ Alinhe seu Touro interior por meio de questionamentos, exercícios e atividades que se concentram em seu pescoço. Use-os para ajudar sua essência taurina a agarrar a vida pelos chifres... e aproveite!

4

Mãos dos Gêmeos

♊ GÊMEOS

Data de nascimento: 21 de maio – 20 de junho
Região do corpo: Braços, Antebraços e Mãos
Afirmação: Sirva como Mensageiro de Sua Mente Iluminada

Áries e Touro, os dois primeiros signos do zodíaco, definem você como um indivíduo, como uma gota de água separada do resto do oceano. Essa base da personalidade é importante porque, com a chegada de Gêmeos, seu *eu* constituído começa agora a reconhecer que pertence a possibilidades maiores de *nós*. Ele reconhece que você realmente habita um corpo superior composto por água – embora se mantendo distinto, você pertence, simultaneamente, a um todo maior. Gêmeos é, portanto, o primeiro signo do zodíaco a não ver o *eu versus* o *outro*, mas começa a uni-los. Abençoado com uma mente brilhante e com uma destreza para compartilhá-la, Gêmeos está aqui para transmitir suas ideias como indivíduo a um mundo maior.

Seu corpo: braços, antebraços e mãos

No título do capítulo, "Mãos dos Gêmeos", *mão*, na verdade, tem um significado amplo e intencional para definir toda a extremidade superior; você tem duas extremidades superiores, ou membros, e cada um é composto de braço, antebraço e mão. Gêmeos é o único signo do zodíaco relacionado a mais de uma região musculoesquelética do corpo.

> O foco mais autocentrado de Áries e Touro é representado pela singularidade dos signos – definem um *eu*, são representados por *uma* constelação (como a de Áries e de Touro) e têm uma região do corpo relacionada a eles (a cabeça em Áries e o pescoço em Touro). Gêmeos, por outro lado, dá origem ao conceito de *dois*, de *dual*. Ele apresenta *dois* indivíduos (o outro além do eu), é representado por uma constelação de *dois* seres e está relacionado a uma região do corpo constituída por *duas* extremidades superiores (incluindo dois braços, dois antebraços e duas mãos).

No entanto, essas regiões diferentes trabalham juntas para atingir o mesmo objetivo – permitir que as mãos alcancem o que for necessário no ambiente. Seus braços e antebraços, úteis por natureza, existem para que você possa acenar, dar um aperto de mão, abrir portas, acender fósforos e realizar toda uma série de gestos e ações que permite que os seres humanos se comuniquem com seu ambiente de uma maneira que só os seres humanos são capazes.

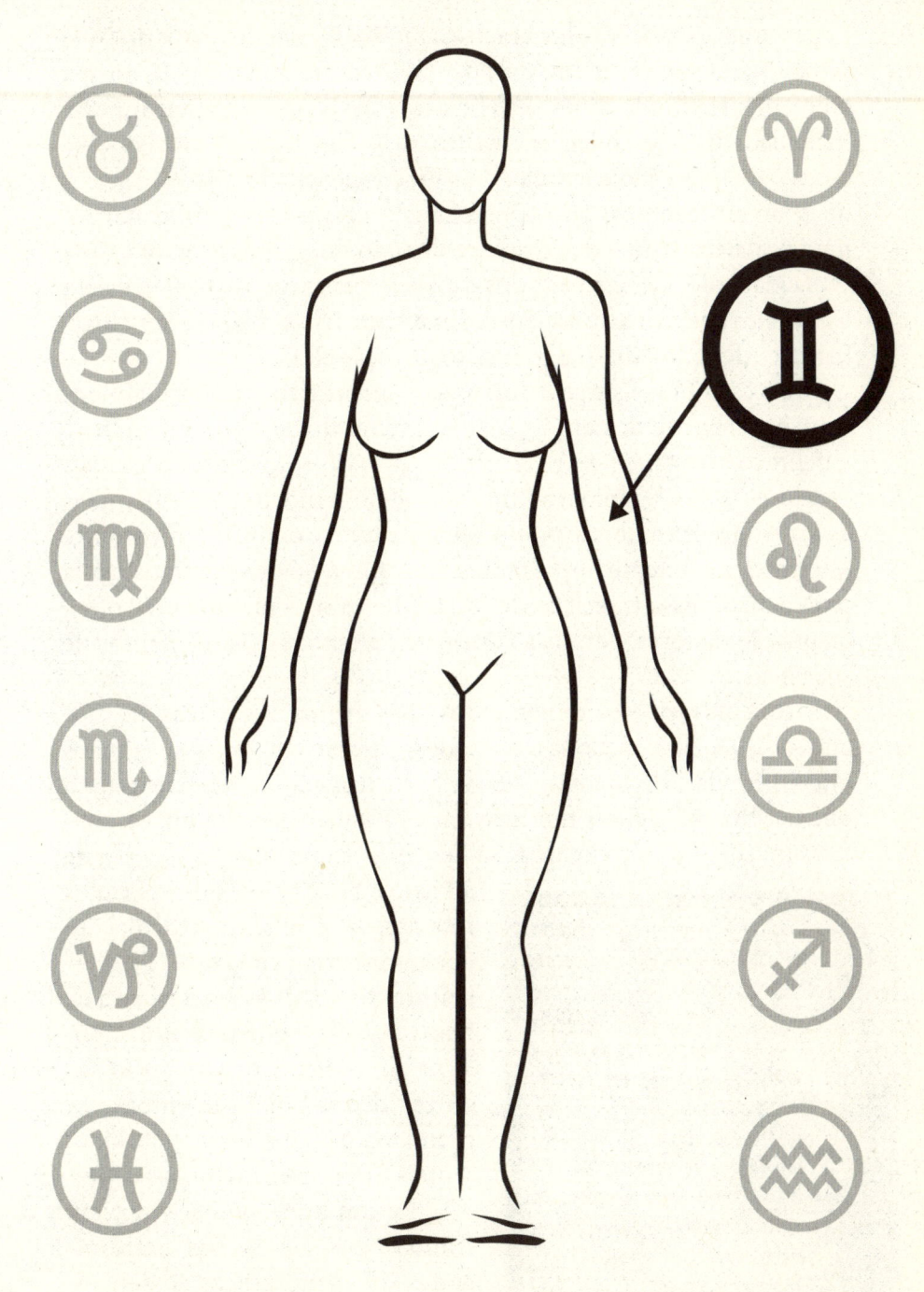

Veja o apêndice C para a estrutura esquelética do braço, antebraço e mão.

Vamos começar pelos braços, a região do membro superior que se conecta ao resto de seu corpo, assim como conecta você ao seu ambiente. Há muito tempo, nossos ancestrais primatas usavam essa habilidade para se conectar a vastas áreas das florestas movendo-se de cipó em cipó. Hoje em dia, seus braços permitem que você se conecte ao ambiente de outras maneiras – pegando mantimentos em uma prateleira acima de você ou colhendo flores, por exemplo. Sua capacidade de alcance vem dos ombros, suas articulações de esfera e encaixe, que são as articulações mais móveis e flexíveis do corpo (com a esfera do úmero e o encaixe na escápula).

De cada braço surge o antebraço, uma região que, normalmente, não recebe muita atenção, mas realiza muito bem seu trabalho. O antebraço se estende entre as articulações do cotovelo e do punho. Seus dois ossos, o rádio e a ulna, permitem o movimento em ambas as articulações (embora muito menos que no ombro); no entanto, seu papel igualmente importante é tirar força do braço e transferi-la para a mão. Essa transição de força e impulso – juntamente com a atenuação da força – ajuda a controlar e a refinar os movimentos de suas mãos.

Ao contrário dos movimentos mais brutos dos braços, os movimentos de suas mãos são refinados – pense em como suas mãos podem mudar, de maneira suave, a intensidade de aderência para que você possa segurar um lápis, inserir uma chave em uma fechadura ou costurar um botão. Essa destreza é permitida pelos cerca de 30 ossos, 11 conjuntos de músculos intrínsecos e quatro articulações encontrados em cada mão. Essa estrutura complexa é característica de nossa espécie e que possui um polegar que – por não estar preso aos outros dedos por ligamentos e se prender à mão em um ângulo diferente – é oponível aos outros dedos.

> ♊ A palavra polegar é derivada do latim *pollex*. Por esse motivo, os músculos que movem o polegar têm *pollicis* em seus nomes, como, por exemplo, o músculo flexor, *flexor pollicis longus*. *Pollex* não deve ser confundido com *Pollux* (Pólux), a estrela gigante com uma tonalidade alaranjada na Constelação de Gêmeos, e com o mitológico irmão de Castor.

Resumindo, as mãos servem como mensageiras nas extremidades do corpo graças ao seu infinito conjunto de movimentos

> ♊ Não é de surpreender que a raiz latina para a palavra mão, *manus*, também seja a raiz da palavra *manifestação*... que é exatamente o que suas mãos fazem quando captam pensamentos (como uma ideia para uma empresa) e os tornam claros para os olhos (palavras de um plano de negócios em um papel).

e de possibilidades de manipulações. É incrível! As mãos são tão úteis na comunicação que milhões de pessoas as usam para expressar inúmeros idiomas por meio da linguagem dos sinais.

Vale repetir, porém, que as mãos – como estrelas no show de Gêmeos – não trabalham sozinhas. Elas trabalham em conjunto com os braços e antebraços para conectar suas ideias e pensamentos com o mundo exterior. Por exemplo, se você tem uma ótima ideia para uma nova empresa de internet, um de seus primeiros passos é escrevê-la... depois que seus braços, antebraços e mãos permitirem que você, para começar, pegue papel e caneta. Usar seus dedos para segurar uma caneta permite trazer pensamentos para uma realidade tangível, palavras, plano de negócios em um papel. Com o plano de negócios em mãos, você está pronto para apresentar sua ideia a um investidor.

Imagine uma apresentação perfeita – conforme seus lábios defendem suas ideias, provavelmente você estará usando seus braços, antebraços e mãos para fazer gestos apaixonados, dando vida e um brilho maior às suas ideias. Agora imagine a mesma apresentação com você se expressando com seus braços firmemente cruzados sobre o peito. Mesmo que esteja dizendo as mesmas palavras, seu corpo está transmitindo uma mensagem completamente diferente, e isso por conta da posição de seus ombros, cotovelos e punhos.

Nesse exemplo, seus membros superiores serviram para desenvolver suas ideias e entregá-las ao mundo de duas maneiras diferentes, o que nos leva de volta ao papel de Gêmeos como mensageiro. Qual é sua mensagem? Como você a está transmitindo? Como você está usando (ou não) seus braços, antebraços e mãos para comunicar suas ideias às pessoas que precisam delas? Muitas pessoas passam o dia ignorando a utilidade de suas extremidades; e, como resultado, os braços e os dedos estão fechando portas. Como você está conectado aos movimentos de suas extremidades superiores? Avalie você mesmo com este exercício simples:

1. Escolha uma posição, pode ser sentado ou de pé. Cruze os braços sobre o peito.
2. Qual braço você cruzou primeiro? O direito ou o esquerdo? Você precisou de um momento para pensar na resposta, ou você já sabia instintivamente?
3. Repita o gesto bem devagar, em "câmera lenta", e observe qual braço você cruza primeiro.
4. Relaxe os braços na lateral do corpo.
5. Agora, cruze os braços sobre o peito usando o outro braço primeiro.

> Sabe-se que a mão direita é controlada pelo lado esquerdo do cérebro e vice-versa. A realidade da lateralidade, no entanto, é muito mais complexa, e parece que toda uma confluência de fatores está envolvida – fatores neurológicos, genéticos, comportamentais, fisiológicos, sociais –, mas são necessárias mais pesquisas antes de qualquer conclusão definitiva.

As chances são de que você está mais bem conectado ao braço que cruzou primeiro, e ele é seu braço dominante (que, estatisticamente falando, é seu braço direito); cruzar seu braço não dominante primeiro poderia exigir uma pausa momentânea antes de iniciar o movimento. Isso ocorre porque seus dois membros são assimétricos. Você desenvolveu um lado mais do que o outro porque você come, escreve e escova seus dentes usando predominantemente uma das mãos. No entanto, isso não significa que você não possa tirar proveito das riquezas do outro lado. Esse é o malabarismo de Gêmeos. Com sua natureza dual (e lateralidade), como você acessa os dois lados de sua natureza para que possa se beneficiar de A *e* B, não apenas de um ou de outro? E se você tem facilidade para desfrutar de ambos, o que você ganha confiando apenas em um e excluindo o outro?

As estrelas: Gêmeos
Sirva como mensageiro de sua mente iluminada

Há muitas maneiras de servir, de ser útil. Coloque-se disponível para coisas maiores que as de seu interesse. Tornar-se útil, servir, pode acontecer de muitas maneiras diferentes (como ajudar um amigo a se mudar, dirigir e transportar pessoas, tornar-se um político) e em muitos níveis diferentes (por exemplo, uma pessoa por vez, um grupo, o mundo todo). "Serviço" é uma ação que vai muito além de algo útil para si mesmo ou de promoção pessoal. É uma ação que se estende de si mesmo para o outro.

Gêmeos traz o conceito de "serviço" para o zodíaco, apresentando o "outro". O outro representa todas as pessoas do mundo que são diferentes de você, com seus próprios pensamentos, sentimentos, esperanças e sonhos. Em geral, por volta dos 2 anos, uma criança reconhece que não está brincando sozinha no tanque de areia. No fundo, ela aprende que pode servir melhor a si mesma – e aos outros – não aos gritos, mas comunicando com palavras, como *quero* ou *não*, seu desejo de compartilhar um brinquedo. Na idade adulta, o aprendizado é o mesmo: você pode falar para ouvir sua própria voz ou compartilhar seus pensamentos de uma maneira que reconheça aqueles com quem está conversando – geralmente uma maneira muito mais eficaz de ser ouvido, seja por amigos em um coquetel ou por clientes em uma reunião de *marketing*.

Na verdade, Gêmeos está aqui para servir aos outros por meio da comunicação. A energia de Gêmeos está aqui para criar e conectar comunidades por meio de ideias. No entanto, vale a pena repetir que a contribuição mais importante para o serviço, a missão, envolve a apresentação, o reconhecimento do outro. Gêmeos não é a estação pública de transmissão do zodíaco, nem sua energia deve ser usada aqui para persuadir em nome de um bem maior – essas empreitadas se relacionam com lições aprendidas ao longo da roda do zodíaco. Gêmeos está aqui simplesmente para compartilhar o que está em sua mente com o mundo ao seu redor, mesmo que suas razões sejam egoístas. E está tudo certo. Todos podem se beneficiar, não apenas para beneficiar o outro – e nosso Gêmeos interior está aqui para nos lembrar dessa realidade dual.

Nessa etapa do jogo, não é mais você *versus* eles, mas você *e* eles, uma parceria que consiste em um grupo complementar. Assim, enquanto alguns indivíduos talvez vejam o mundo como preto ou branco, céu ou terra, masculino ou feminino, bom ou ruim, maior ou menor, etc., Gêmeos vê os dois lados de qualquer equação. Essa dualidade forma a base de sua natureza e, como parte do zodíaco, essa natureza também existe dentro de você. Invocar seu Gêmeos interior o ajudará a viver em um mundo que é bom e ruim, espiritual e terreno, simultaneamente.

A beleza de reconhecer a dualidade é que você não precisa escolher entre si mesmo e o outro, mas pode acolher ambos. Você pode cultivar e desfrutar de seus próprios dons e também compartilhá-los de uma maneira que beneficie outras pessoas. Por exemplo, Walt Whitman era um poeta geminiano cujos poemas, como os de sua famosa coletânea *Folhas de Relva* (*Leaves of Grass*), transformaram o mundo da poesia ao introduzir versos livres. O mundo da poesia poderia ter sido limitado ao ritmo e rima se Whitman tivesse mantido seus poemas como um passatempo pessoal e se concentrado em sua carreira como tipógrafo de um jornal local.

Claro, você não precisa ser um Whitman para contribuir com sucesso. Você pode fazer sua parte a um estranho envolvendo-se em conversas animadas no metrô, pode fazer sua parte na família contando histórias fantásticas na hora de dormir, ou contribuir com colegas escrevendo um memorando inspirador. Prestar um serviço é prestar um serviço, independentemente do tamanho da audiência. E estar envolvido com comunicação funciona muito bem para a nossa natureza geminiana.

> Um dos poetas contemporâneos e dedicado fã de Walt Whitman, Allen Ginsberg, também era geminiano. Como Whitman, ele era um inconformado e usava seu intelecto apurado para introduzir uma nova ideologia, um novo estilo no meio literário, tornando-se um ícone da Geração Beat e do subsequente movimento de contracultura que ela inspirava.

Um mensageiro comunica um pensamento ou ideia por meio de um suporte, uma mídia. Quer o suporte seja um telegrama, carta, palavras faladas ou escritas à mão, os mensageiros transmitiram notícias de todos os tipos desde o início dos tempos. Os anjos são alguns dos mensageiros mais antigos do mundo e, de fato, a palavra anjo vem da palavra grega clássica *ángelos*, que significa "mensageiro". Mesmo se você não acredita em anjos, é bem provável que saiba que o papel deles é entregar a mensagem dos céus para a humanidade – não muito diferente dos Gêmeos.

O signo de Gêmeos é representado por gêmeos que não são anjos, mas são tanto terrenos quanto divinos. É por meio dessa natureza dual que eles são capazes de contribuir, com bons resultados, como mensageiros entre os dois reinos. Na verdade, eles estão aqui para trazer os mais elevados ideais divinos para a vida terrena. Estão aqui para inspirar a humanidade a ser e fazer melhor com novos pensamentos e novas perspectivas. A origem de sua missão é bem ilustrada por um mito grego que, como a natureza versátil de Gêmeos, tem muitas versões. A mais típica versão começa com o nascimento dos Gêmeos de uma mãe, Leda, mas de dois pais diferentes. Castor, o gêmeo nascido de um rei espartano, era mortal. Pólux, nascido do deus grego Zeus, era imortal.

Os gêmeos se amavam e desfrutavam de muitas aventuras juntos, inclusive da aventura de Áries em *Busca pelo Velo de Ouro* (veja Capítulo 2: "Cabeça do Carneiro"). No entanto, em uma de suas aventuras por terras estrangeiras, Castor é morto. Alguns mitos relatam que sua morte aconteceu por causa de uma disputa por rebanho, enquanto outros dizem que foi por mulheres. De qualquer forma, Pólux fica inconsolável e reza para também morrer. Zeus concede seu desejo, mas com a condição de que Pólux viveria metade de seu tempo sob a terra (no Hades) e a outra metade no céu. Em outra versão do mito, os gêmeos estariam juntos o tempo todo no céu e na terra. Ainda em outra versão, eles nunca estariam juntos, pois um ocuparia a terra, enquanto o outro ocuparia o céu e, então, mudariam de lugar, alternando as posições. Qualquer que seja a maneira como a história é contada, os Gêmeos dançam entre o céu e a terra, entre o mortal e o divino. Quando no céu, eles comunicam as histórias da terra, e, enquanto na terra, eles comunicam as histórias do céu.

E assim, Gêmeos está em toda parte ao mesmo tempo. A natureza de Gêmeos é adaptável e pode nos ajudar a passar por qualquer ambiente, tanto para adquirir informações quanto para distribuí-las. A energia de Gêmeos é auxiliada em todas as iniciativas pelo planeta Mercúrio, que está associado ao deus romano da comunicação. Potencializado pela energia rápida do planeta, Gêmeos capta de imediato, sintetiza e analisa as situações.

Ele também é abençoado com o dom da palavra para comunicar sua perspectiva de maneira convincente. Lembre-se de que a perspectiva dele pode parecer um tanto fugaz para quem a ouve, pois hoje ele diz uma coisa e depois diz outra amanhã. No entanto, isso acontece apenas porque, em qualquer situação, ele observa todos os aspectos juntos – não se trata de um paradoxo, como pode parecer aos de fora, mas da realidade multifacetada de Gêmeos. E essa

> ♉ O planeta Mercúrio recebeu esse nome por causa do deus romano que se lançava de um lugar para o outro. A palavra mercurial também vem do nome e se refere a um comportamento instável, volúvel ou imprevisível.

natureza em cada um de nós pode nos ajudar a fazer o mesmo.

Uma boa comunicação leva em consideração as perspectivas dos outros; de maneira inevitável, suas palavras afetarão aqueles com quem você está falando e você deve investir de maneira intencional no efeito que quer provocar. Em outras palavras, um bom comunicador está ciente não apenas do que está sendo comunicado, mas também de como as informações estão sendo recebidas. De onde vem sua mensagem? Como você a está transmitindo? Para quem você a está transmitindo? E qual o objetivo? Com a habilidade natural de conectar ideias, pessoas e ideias às pessoas, é de extrema importância que envolvamos nossa essência geminiana para que cumpra esse papel em nossas vidas com integridade. Para ser transmitida com integridade, uma mensagem precisa de alinhamento entre o meio, o público e a origem. Por exemplo, se a mensagem é "ame ao próximo", é bem provável que tenha um efeito maior se for transmitida por um sacerdote em um púlpito, a uma congregação, como um ensinamento de Jesus Cristo. Por outro lado, a mesma mensagem, impressa em um *outdoor* ao lado de uma rodovia, como parte de uma campanha de *marketing* imobiliário, provavelmente será considerada de pouca credibilidade e não surtirá o efeito pretendido.

Uma mensagem incisiva tem o poder de mudar o mundo. Tomemos, por exemplo, a frase inesquecível do discurso de posse do presidente geminiano John F. Kennedy, em 1961: "Não pergunte o que seu país pode fazer por você, pergunte o que você pode fazer por seu país".[4] Com algumas palavras simples, Kennedy convocou seu país à ação. Sua mensagem era de esperança, enquanto ele pedia aos seus compatriotas que se levantassem para enfrentar os desafios futuros. Ele invocou coragem, coletividade e paz, conceitos que são imortais, e, de fato, o poder da mensagem sobreviveu ao mensageiro.

---

4. White House Signal Agency, "Inaugural Address, 20 de janeiro de 1961", John F. Kennedy Presidential Library and Museum, último acesso em 12 de junho de 2015, http://www.jfklibrary.org/Asset-Viewer/BqXIEM9F4024ntFl7SVAjA.aspx.

Uma mensagem incisiva – especialmente a que se perpetua – em geral é aquela que foi criada por uma mente iluminada. Talvez você pergunte: o que é uma mente iluminada? Você está acostumado com sua mente básica, famosa por sua capacidade de pensar, racionalizar, separar as coisas e, além disso, dar sentido ao seu mundo. É a parte em você que está lendo este livro e formando opiniões sobre ele. É a parte em você que percebe. Agora imagine que sua mente é capaz de ampliar as possibilidades para obter as informações. Esse modo mais elevado de percepção pertence aos domínios de uma mente iluminada. É a parte em você que apenas sabe, sem ter de descobrir, compreender; a parte em você que pode dar sentido à sua realidade de uma maneira mais ampla, expansiva, integrativa – e misteriosa –, é a parte que vai além das maquinações de sua mente comum, sua mente inferior. É a parte em você que está conectada a... quem sabe, de fato? A apenas uma fonte de sabedoria aparentemente muito maior do que apenas você mesmo. É a parte em você que, sem ter de pensar sobre isso, permitirá que as informações deste capítulo sejam acessadas, de modo que, em poucos dias ou semanas, o que você está lendo faça sentido sob uma nova perspectiva.

Você precisa tanto da mente mais elevada, iluminada, quanto da mente comum, pois elas trabalham juntas. Em condições ideais, as conexões de ordem superior de sua mente iluminada são filtradas por meio de sua mente regular, inferior, de modo que o que você sabe vem de algo elevado, e, então, você é capaz de comunicar essa informação de uma maneira que seja compreensível para as outras pessoas. Hoje em dia, no entanto, essa parceria de mente superior e mente inferior é mais a exceção do que a regra. No mundo ocidentalizado, como muitos de nós passamos horas em cubículos que chamamos de escritório, temos a tendência a confiar na mente inferior para a origem de nossos pensamentos, questionamentos e respostas, bem como para a execução de todos eles. Essa é uma das razões pelas quais tantas pessoas estão exaustas ao final do dia – elas estão usando apenas a metade de seus recursos mentais! Portanto, é o momento de reequilibrar a equação estimulando a mente superior.

Felizmente a energia de Gêmeos está pronta para a tarefa. Afinal de contas, a mente iluminada é o "superpoder" de Gêmeos. Essa é a fonte da criatividade e da inspiração de Gêmeos, o *locus* de onde suas mensagens devem surgir. É assim que Gêmeos nos ajuda a servir a um bem maior – conectando-se a uma parte mais elevada de seu eu e comunicando-a. Para ativar essa qualidade, porém, você deve invocar seu Gêmeos interior para reconhecer sua natureza dual. Assim como a energia de Gêmeos é calma e ansiosa, forte e fraca, ocupada e preguiçosa, ela também vem da mente superior e inferior – e você deve, de maneira consciente, estimular a mente superior.

Parece mais fácil falar do que fazer, claro, mas é possível com a prática. A prática de receber um lampejo de inspiração e confiar nele; ter uma ideia brilhante e ousada e compartilhá-la, mesmo que seja inédita ou fora dos padrões. A princípio, trabalhar com duas mentes pode parecer um malabarismo – sem a certeza do que está fluindo, com várias bolas, a qualquer tempo, entre o ar e o chão. No entanto, no final do dia, malabarismo é apenas um jogo. Felizmente, seu Gêmeos interior é abençoado com a habilidade natural para o malabarismo, tem mãos hábeis para isso!

O que aprender

Um malabarista usa as duas mãos para manter as bolas no ar. Ele, provavelmente, não nasceu ambidestro, mas estimulou a habilidade de usar os dois lados, igualmente, ao longo do tempo. Essa é a lição que aprendemos com nosso Gêmeos interior: reconhecer nossa natureza dual e trazer todos os aspectos em equilíbrio. E, no geral, os aspectos que nós precisamos equilibrar são os mais elevados, com destaque para nossa mente superior e nossa conexão com a outra, ambas as quais estão ali esperando para serem desenvolvidas. Nossos outros aspectos – como a conexão com o eu e a capacidade com a mente inferior – são provavelmente mais fáceis.

Se nosso Gêmeos interior for incapaz de cumprir essa missão, então pode se sentir limitado em sua própria natureza e em suas capacidades, como se tivesse grandes ideias para dar ao mundo e ainda assim parecem não funcionar, pois não deixam o mundo mental. Por exemplo, se sua natureza geminiana depende muito da mente inferior como fonte de ideias, então as ideias podem falhar porque não são realmente compatíveis com o que você tem como missão, com o que você tem para comunicar, ou podem não ressoar com as ideias mais elevadas da coletividade. Ou, talvez, suas ideias podem ser bem aceitas e até mesmo rentáveis financeiramente, mas deixam seu Gêmeos interior insatisfeito, pois elas atendem, de modo firme, ao *status quo,* em vez de colocar algo novo no mundo. Você pode, então, se sentir aterrado, sobrecarregado, limitado – o que vai contra a própria natureza desse brilhante signo de ar.

As manifestações físicas de uma natureza limitada de Gêmeos podem incluir:

★ Tensão nos ombros
★ Dor nos ombros, cotovelos, antebraços, punhos ou mãos
★ Sensação de estalos das articulações dos membros superiores
★ Tensão entre as omoplatas (escápula)
★ Restrição de movimentos ou rigidez nos ombros, cotovelos, punhos ou mãos
★ Dificuldade motora

Seu lado geminiano também se sentirá insatisfeito se prejudicado em sua habilidade de se conectar com as pessoas, ao ignorar sua outra metade, o outro. Por exemplo, se suas ideias são maravilhosamente criativas, mas empregadas apenas para o interesse próprio ou para benefício próprio. Nesse cenário, você pode acabar afastando as outras pessoas e sentindo-se disperso, sem nenhuma conexão interpessoal sólida. Ou suas ideias podem simplesmente ficar no plano mental, sem aplicação prática. Esse cenário surge quando Gêmeos se envolve com o brilho ou o potencial das ideias sem questionar se elas realmente atendem a um público mais amplo. Não há dúvida de que muitas ideias – não importa de onde elas surgem – são excelentes. No entanto, se não cumprirem um propósito maior, elas deixarão seu lado geminiano insatisfeito.

As manifestações físicas de uma natureza dispersa de Gêmeos podem incluir:

★ Hipermobilidade articular, especialmente nos ombros, cotovelos ou dedos
★ Fraqueza ou instabilidade dos membros superiores
★ Protusão posterior ou "escápula alada"
★ Estalos excessivos nas articulações

★ Dificuldade motora
★ Aperto de mão fraco

Quão bem seus membros superiores se comunicam e se conectam? Quer se sinta limitado, disperso ou, ainda, alguma coisa entre esses sentimentos, a chave é ouvir seu corpo e lhe dar aquilo de que precisa. Para alongar os membros superiores rígidos ou fortalecer uma musculatura fraca, desperte seu Gêmeos interior com as perguntas e exercícios a seguir.

Seu corpo e as estrelas

Os itens a seguir servirão como seu guia pessoal para trazer as estrelas e a energia de Gêmeos até você. Use-os para servir como mensageiro de sua mente iluminada.

Questionamentos

★ Quais mensagens elevadas você está aqui para compartilhar? Para quem elas são destinadas (indivíduos, comunidades)?
★ Como você compartilha suas mensagens (por meio de poemas, confecção de peças de cerâmica, *PowerPoint*)? Como você gostaria de compartilhar?
★ Quando você se comunica, você gesticula, fala com as mãos? Quando você aperta a mão de outras pessoas, qual a mensagem que você transmite (confiança, passividade)?
★ De que maneiras você usa seus braços, antebraços e mãos para dar vida às suas ideias?
★ Qual foi sua inspiração ou ideia mais recente? Com que frequência você compartilha suas ideias? Com que frequência você as coloca em prática?

Exercícios

Símbolo do infinito com mãos e punhos: para transmitir mensagens com facilidade e fluidez

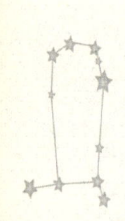

Esse exercício é uma variação dos círculos básicos com mãos e punhos. O movimento fluido envolvido no desenho de um símbolo do infinito com a mão proporciona um alongamento simples que move o pulso com uma amplitude no movimento que não acontece todos os dias... mas deveria. Esses movimentos são rápidos e fáceis, e podem ser feitos em vários locais, até mesmo em um ambiente de escritório, como uma breve pausa no computador.

1. Sente-se em uma cadeira com os dois pés no chão, as costas retas, o queixo alinhado com o chão.
2. Flexione o cotovelo direito em 90 graus e desenhe um símbolo do infinito com a mão direita. Permita que seus dedos conduzam o movimento enquanto desenham o símbolo no ar.
3. Faça dez símbolos com movimentos lentos. Então, inverta as posições.
4. Repita no lado esquerdo, em ambas as direções.
5. Chacoalhe as duas mãos.

Depois de se sentir confortável com o exercício, brinque com a energia dos movimentos. Desenhe o símbolo usando diferentes energias que deseja comunicar – como graça (com os dedos elegantemente espalhados) ou raiva (com os dedos em garra). Observe como – usando somente seus dedos, mãos e pulsos – você pode transmitir uma enorme quantidade de mensagens diferentes!

Prancha de flexão: para se conectar e se comunicar com intensidade
Essa posição vigorosa é uma grande fortalecedora de toda a extremidade superior, especialmente dos músculos que envolvem a articulação dos ombros. Braços fortes irão ajudá-lo a conectar suas ideias ao seu ambiente, com convicção (é o que você precisa especialmente ao propor ideias da mente iluminada!). Se você não for capaz de realizar esse exercício com o alinhamento proposto, use a variação mostrada na sequência para diminuir o peso que seus ombros, cotovelos e punhos irão suportar.

1. Comece na posição de mesa sobre suas mãos e joelhos. Seus pulsos devem estar diretamente alinhados com os ombros, formando uma linha reta entre os pulsos, cotovelos e ombros; os dedos devem estar abertos e firmes no chão. Seu tronco, cabeça e pescoço devem estar paralelos ao chão, os olhos devem estar olhando para baixo e um pouco à frente.

2. Divida seu peso entre as extremidades superiores e inferiores. Contraia seu abdômen, flexione os dedos dos pés e estenda suas pernas. Agora você está na posição prancha. Mantenha a posição, pelo menos, por um ciclo de respiração.

3. Ao expirar, flexione os cotovelos até o limite de 90 graus. Curve-se apenas até conseguir manter a resistência da posição prancha (não é permitido ceder para a frente ou para trás!). Mantenha a posição, pelo menos, por um ciclo de respiração.

4. Ao expirar, volte os cotovelos para a posição original da postura prancha.

5. Permaneça na posição por mais um ciclo de respiração, mantendo o alinhamento adequado (o segredo é contrair seu abdômen – veja "Ventre de *Virgo*").
6. Saia da postura abaixando todo o seu corpo – como uma prancha, uma tábua – lentamente até o chão.

Variação: na posição original da prancha, você deve apoiar os joelhos no chão e manter as pernas e os pés elevados durante o restante do exercício. Para facilitar, a flexão pode ser feita contra uma parede, em vez de apoiar no chão.

Mudra: para invocar a mente iluminada

Mudras são posições simbólicas dos dedos que podem invocar e evocar diferentes estados de consciência. Enquanto sua origem permanece um mistério, sabe-se que os gestos dos dedos são considerados sagrados por muitas culturas. Você pode vê-los retratados em desenhos de deuses hindus e feitos como bênçãos durante os cultos da igreja cristã. Na tradição da Yoga Kundalini, cada área da mão se correlaciona com outras partes do corpo e da mente, permitindo que você use suas mãos para acessar outras áreas do corpo. Se deseja ter acesso à sua mente iluminada – antes de dar uma palestra ou enquanto estiver escrevendo um livro –, faça o mudra *uttarabodhi*, o mudra da iluminação suprema. Você descobrirá que, além de expandir sua consciência, realizar esses gestos e movimentos também expande as habilidades de seus dedos e mãos.

1. Em uma posição de pé ou sentado, coloque as mãos em uma posição de oração, em frente ao seu coração.
2. Mantendo os dedos indicadores e os polegares tocando um no outro, entrelace os outros dedos.
3. Aponte os polegares para baixo – eles podem tocar o esterno – enquanto aponta os dedos indicadores em direção ao céu.
4. Feche os olhos e conecte-se com a grande sabedoria que você deseja alcançar. Relaxe e respire.

Esse mudra pode ser realizado a qualquer momento, pelo tempo que você desejar.

Massagem: para praticar o servir e expandir a comunicação não verbal

Uma ótima maneira de transmitir seu carinho é fazer uma massagem em alguém com quem você se importa. Você escolhe o tipo de massagem – nos pés, pescoço e ombros, costas, mãos ou uma combinação de massagens. Nem é preciso dizer que a massagem deve ser agradável para ambas as partes e respeitar os limites de quem vai recebê-la. Qualquer que seja a parte do corpo com a qual você escolha se conectar, envolva seus braços, antebraços e mãos, de modo consciente, durante todo o processo. Como acontece com qualquer dualidade, o ato de dar vem com o ato de receber e, ao fazer uma boa massagem, você também recebe; ganha o fortalecimento de suas extremidades superiores. Se quer incluir mais harmonia à experiência, tanto para você quanto para o massageado, utilize óleos essenciais que têm afinidade com Gêmeos, como o de lavanda, capim-limão ou bergamota.

Bolas Baoding: para unir suas consciências mais e menos elevadas
Acredita-se que essas bolas de exercícios chinesas tenham se originado em Baoding, na China, na época da dinastia Ming. Hoje, você pode encontrá-las com facilidade em lojas físicas ou *on-line*. Muitos exercícios diferentes podem ser realizados com essas bolas. Esses exercícios não apenas fortalecem os dedos e o antebraço, ao mesmo tempo em que melhoram sua agilidade, mas também acredita-se que acessam meridianos energéticos que se conectam aos sistemas orgânicos em todo o corpo. O uso dessas bolas ajuda a conectar corpo, mente e espírito. Um exemplo de exercício: gire as bolas, no sentido horário, na palma de sua mão, por algumas rotações, e, em seguida, no sentido anti-horário; faça quantas sequências puder, de modo confortável; os mais avançados nos exercícios podem realizar esses mesmos movimentos em círculos com espaço entre as duas bolas, de modo que não haja atrito enquanto giram. Independentemente de quantas sequências você faça, você deve: (a) praticar com cada uma das mãos e (b) prestar atenção na postura de seus ombros e cotovelos, enquanto manipula as bolas chinesas. Em condições ideais, você deve estar sentado com os ombros e cotovelos relaxados, as mãos no colo, as palmas voltadas para cima; ou sente-se com os cotovelos flexionados em aproximadamente 90 graus, enquanto seus antebraços descansam sobre uma mesa ou almofada. Ao girar as bolas, suas mãos podem inclinar-se naturalmente para buscar apoio.

Escrita Livre: para manifestar suas ideias
Como mensageiro do zodíaco, Gêmeos é uma fábrica de ideias. Ele tem ideias aos borbotões... mas nem sempre tem a habilidade de colocá-las em prática. Muitos livros, *startups*, empresas e dispositivos brilhantes surgiram na mente de um geminiano, mas não tiveram

continuidade. E, no entanto, somente quando uma ideia é trazida do mundo mental para o mundo real ela pode ser compartilhada, pode servir a alguém que não seja o próprio criador da ideia. Anotar suas ideias é o primeiro passo para lhes dar vida, amplitude. Então, deixe sua consciência fluir e use suas mãos para escrever (ou digitar) por cinco minutos. Defina um alarme para indicar quando você deve terminar (embora possa escrever por mais tempo, caso escolha assim). Tudo o que sair na sequência da escrita é permitido. Neste exercício, o estilo e a gramática não importam, nem a mente superior *versus* a mente inferior – o que importa é simplesmente colocar suas ideias para fora! Guarde o que escrever para futuras consultas. Suas reflexões provavelmente trarão um grande prazer.

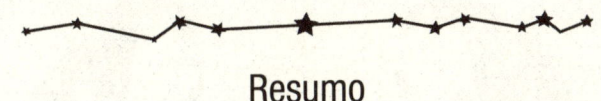

Resumo

- ★ Seus membros superiores são as regiões relacionadas a Gêmeos. O conjunto formado por seus braços, antebraços e mãos permite que você se conecte ao ambiente ao seu redor, transmitindo aos outros o que você tem de melhor.

- ★ Gêmeos é o terceiro signo do ciclo do zodíaco. Sua energia está relacionada ao acesso à sua iluminação interior e sua criatividade, para transmitir mensagens que inspiram de alguma maneira.

- ★ Se sua brilhante energia de Gêmeos for cerceada, limitada em excesso em sua natureza originalmente expansiva ou, ao contrário, for expandida em excesso, seus membros superiores podem experimentar sintomas variados (por exemplo, tensão muscular, instabilidade articular).

- ★ Alinhe seu Gêmeos interior por meio de questionamentos, exercícios e atividades que se concentram em seus membros superiores. Use-os para acessar ambos os lados de uma dualidade – ser ele próprio/o outro ou inferior/superior – lidar, com leveza, com um mundo de infinitas possibilidades.

5

Peito do Caranguejo

♋ CÂNCER

Data de nascimento:
21 de junho – 22 de julho
Região do corpo: Tórax, Peito
Afirmação: Iniciar o Ciclo de
Dar e Receber

Os primeiros signos do ciclo do zodíaco – Áries, Touro e Gêmeos – trazem tudo o que está relacionado ao seu nascimento neste mundo: quem você é, como você se expressa e a percepção de que você não está sozinho. Os três signos seguintes – Câncer, Leão e Virgem – desabrocham com o verão.* A dinâmica do autoaprendizado da primavera tornou-se um pouco mais madura, e a semente que começou em Áries germinou e agora ganhou forma, já tem raízes e folhas.

Câncer começa essa nova fase. É uma fase que leva a dança do eu e do outro, iniciada em Gêmeos, e a coloca em um ciclo. Esse ciclo é o de dar e de receber, conceitos complementares que formam a base da maioria dos relacionamentos neste mundo, começando por si mesmo e expandindo-se em relações interpessoais no lar e na comunidade. Câncer não apenas inicia esse ciclo de dar e de receber, mas também garante que todos os aspectos sejam bem apoiados, equilibrados e nutridos em seus processos.

Seu corpo: tórax, peito

Para o caranguejo, sua concha é, literalmente, sua casa. Para o "caranguejo humano" e para todos nós com o foco em nossa energia de natureza canceriana, o lar é onde o coração está – no peito. O tórax, a região do corpo relacionada ao signo de Câncer, é a representação física do carinho, cuidado e nutrição, o lugar onde nossa sensível energia de Câncer pode ser transformada para transmitir apoio e proteção. Desde quando éramos um bebê, o peito é considerado o lar, nós éramos amamentados nos peitos de nossa mãe.

Por meio da amamentação, a criança recebe o leite materno nutritivo de sua mãe e, ao mesmo tempo, é formado um elo de carinho com ela. Esse icônico vínculo entre mãe e filho dura a vida toda e, com toda certeza, também será decisivo para o comportamento durante a vida. Muitas pessoas repetem ou buscam o nível de nutrição, cuidado, que lhes foi dado ou não, refletindo essa realidade em relacionamentos durante a vida. Por exemplo, se o canceriano cresceu com uma mãe que foi incapaz de influenciar com nutrição e carinho, ele provavelmente repetirá essa dinâmica em relaciona-

---

* N.T.: Os autores se referem às estações no Hemisfério Norte.

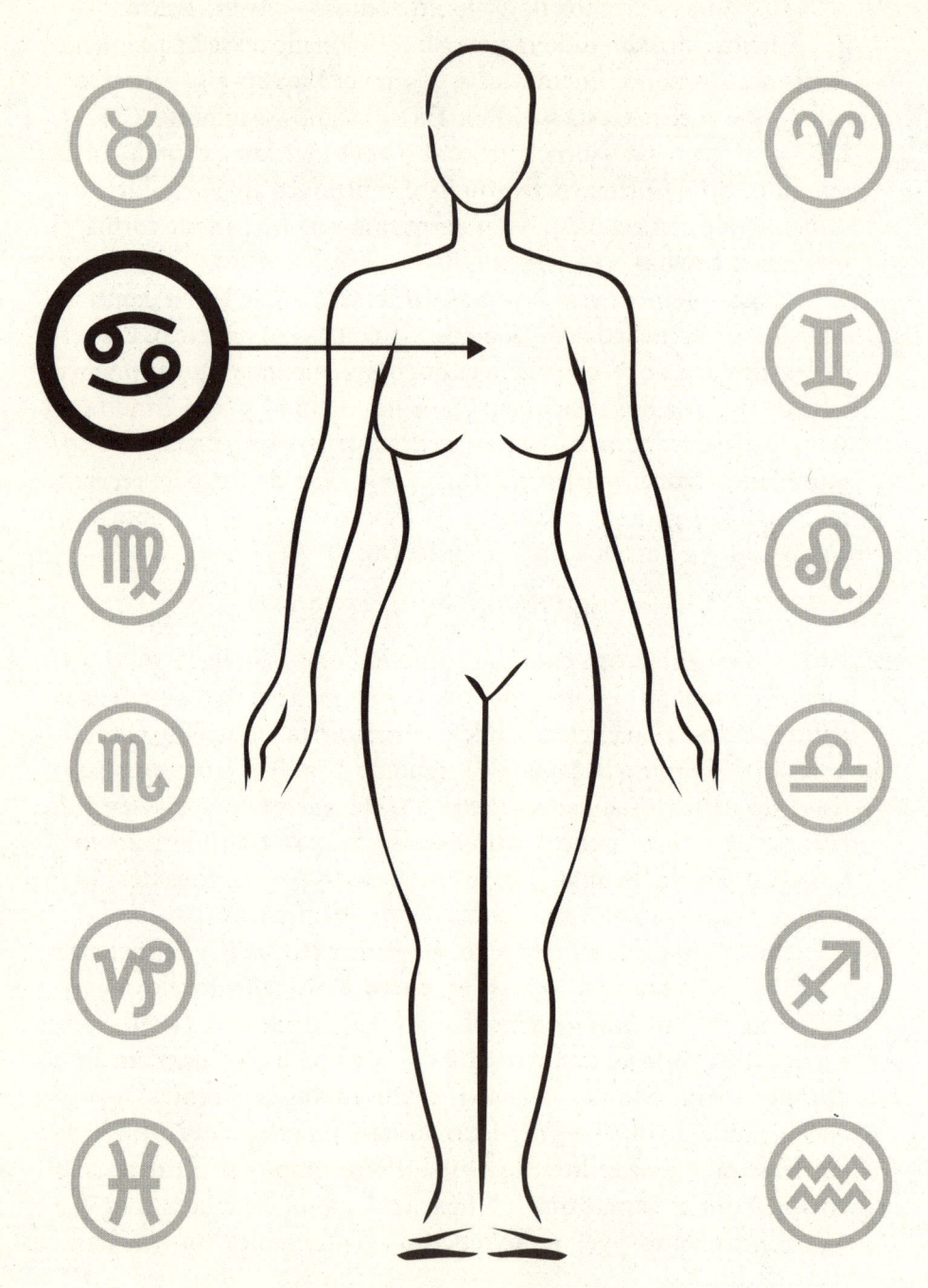

Veja o apêndice C para a estrutura esquelética do tórax.

> Note que o coração – apesar de sua localização dentro da caixa torácica – reside em um compartimento separado dos pulmões e está, com a parte superior das costas, relacionado ao signo de Leão (veja "Coração do *Leo*").

> Embora o processo de digestão em si não ocorra no esôfago, ele desempenha um papel crucial no processo, pois transporta a comida entre a faringe e o estômago. Daí em diante, a digestão que ocorre no estômago e nos intestinos está relacionada ao signo de Virgem.

mentos em que o parceiro está física ou emocionalmente ausente e não o nutre. Mais do que os outros signos do zodíaco, a natureza de Câncer procura um lar protetor, onde encontrará apoio, um lar para onde retornar.

Do ponto de vista musculoesquelético, o tórax é esse lugar. Ele possui uma gaiola protetora – uma caixa torácica – que guarda seu precioso conteúdo. Sua armadura, proteção, é composta por 12 pares de costelas que começam na frente de seu corpo, na região peitoral (esterno), envolvendo cada lado do tronco, formando um círculo completo em suas costas, para articular com a coluna (coluna vertebral). E, embora haja um pouco de mobilidade (as costelas se elevam e recuam enquanto você inspira e expira), o ponto forte da caixa torácica é a estabilidade. Isso acontece para manter em segurança o que está dentro da caixa torácica: pulmões, traqueia, tubo digestivo (esôfago) e coração.

A presença dessas estruturas respiratórias e digestivas indica que dois importantes processos biológicos acontecem aqui – a respiração e a digestão.

Como acontece com os seios, ambas estão relacionadas ao tema central de Câncer: o ato de prover, proporcionar nutrição. A digestão é nutrir, pois está relacionada ao ato de alimentar. No nível físico, você está dando às suas células o alimento de que elas precisam para desenvolver e dar suporte ao seu corpo, a você. E depois há o contexto que envolve os momentos das refeições, que também podem ser acolhedores e nutrir com segurança, apoio – como um bom banquete na companhia de bons amigos. O termo *comfort food* (comida afetiva) existe por um motivo!

O trato respiratório também é considerado nutritivo, pois, como o trato digestivo, fornece o combustível, o alimento para as células.

Seu alimento, no entanto, está na forma de oxigênio que – por via oral, pela traqueia, brônquios e pulmões – se espalha pelo sangue para ser transportado para todas as células de seu corpo. Esse valioso oxigênio, que você recebeu do ambiente por meio das árvores e das plantas, é usado para gerar um tipo de energia chamada trifosfato de adenosina (ATP). O ATP é a energia que corre por seu corpo – ele alimenta todas as células, permitindo que você ande, respire e viva. É sua verdadeira energia vital.

Não é surpresa, então, que a respiração seja considerada o veículo da força vital por muitas tradições e filosofias. Por exemplo, ela é conhecida como *prana* pelas tradições ayurvédica e iogue e como *Qi* pela medicina tradicional chinesa. No cristianismo, a respiração está relacionada a uma força divina, *anima*, ou espírito, alma, pela etimologia do século XIII; a palavra espírito deriva do latim *spiritus*, que significa "alma, vigor, respiração" e também está relacionada a *spirare*, "respirar". Da mesma forma, a origem etimológica da palavra *inspiração* (termo técnico para a inalação de ar para os pulmões) refere-se à influência de Deus ou de um deus. O dicionário *Lisan al-Arab* concorda, observando que a raiz para a palavra *espírito/alma* é a mesma raiz da palavra *respiração*, conceito compartilhado e aceito pelas etimologias hebraica, alemã e grega.

Assim, a respiração nutre o corpo e a alma – mas apenas se você respirar de modo acolhedor, cuidadoso. Você recebe o que precisa com longas e completas inspirações e expirações? Ou você está em um estado permanente de ansiedade, com respirações curtas e superficiais? Se você se identifica com a última opção, enquanto está convencido de que pode viver com uma respiração abaixo do ideal, você está se privando de sua energia vital em todos os níveis. Por essa óptica, quão bem você respira pode ser um teste decisivo sobre quão bem você se cuida, você se nutre. Use os seguintes parâmetros para avaliar a qualidade de sua respiração:

1. *Frequência respiratória.* Registre o número de ciclos respiratórios que você normalmente completa em um minuto. (Um ciclo respiratório inclui uma inspiração e uma expiração.) A frequência respiratória média é de 12 a 16 ciclos por minuto.

2. *Intensidade.* Uma respiração completa deve envolver não apenas o peito, mas também distender o abdômen. Sua respiração regular entra completamente em seus pulmões ou para ao redor de suas clavículas? Seu abdômen se expande a cada inspiração, ou permanece sem alteração perceptível?
3. *Qualidade.* Feche seus olhos, relaxe e observe o fluxo natural de sua respiração, sem alterá-lo durante o processo. Ele deve ser suave e contínuo. O fluxo é assim? Ou é irregular? Interrompido? Ofegante?

Quando foi a última vez que você parou por um tempo para observar sua respiração? Para a maioria das pessoas a resposta é nunca, pois com frequência é percebido como um processo automático, algo dado como certo. Não é de se surpreender, portanto, que, para a nossa sociedade moderna, onde muitas pessoas renunciam a uma respiração saudável por um estado crônico de estresse, a má qualidade da respiração seja a regra e não a exceção. O resultado é um ciclo respiratório mais curto, mais rápido e mais superficial que se assemelha ao corre-corre! E ao excesso de atividades que influenciaram e padronizaram sua respiração. A boa notícia é que você tem a capacidade de mudar a maneira de respirar. Você pode escolher tirar sua respiração do piloto automático, pois a respiração é um dos poucos sistemas biológicos que funcionam sob um controle voluntário e involuntário. O que significa que você pode redescobrir e redefinir o processo natural de sua respiração. Uma respiração mais longa, mais profunda é, de modo geral, muito mais nutridora. Você tem apenas de querer dar a si mesmo e receber de si mesmo.

As estrelas: Câncer
Iniciar o ciclo de dar e receber

Iniciar é começar um novo projeto ou empreendimento com algum toque de motivação ou formalidade. Considere, por exemplo, a frase *iniciar lançamento* apenas momentos antes do lançamento de um ônibus espacial. Ou pense nos rituais cerimoniais nas sociedades de caçadores-coletores que iniciavam adolescentes na idade adulta, ou pense nos ensinamentos sagrados revelados a um iniciado depois de ter andado sobre o fogo em sua escola iniciática de mistérios. Com relação à energia de Câncer, a iniciação vem na forma de uma nova fase do ciclo do zodíaco. Embora a primeira fase tenha sido sobre si mesmo, a próxima fase dá início a um relacionamento mais significativo com as outras pessoas, na forma de relacionamentos sensíveis às necessidades de todos. Essa fase ajuda você a formar uma estrutura sólida para lidar com essas necessidades; por exemplo, começar um negócio relacionado com cuidados de saúde, tornar-se voluntário em trabalhos sociais, ou vir a ser um pai ou uma mãe que fica em casa.

Para a sensível natureza do Caranguejo, o impulso para iniciar significa que há momentos nos quais ele precisa emergir de sua concha, há momentos em que necessita expor seu corpo sensível ao mundo cruel, apesar de todas as desculpas que possa dar para justificar o contrário (em geral, vindas de uma combinação de memórias da infância "poderia ter", "poderia ser", "deveria", e de culpas dos pais). Libertar-se de apegos e de memórias do passado, e sair da zona de conforto, não é tarefa fácil para ninguém – e nossa energia emocional e intuitiva de Câncer pode tornar as coisas ainda mais desafiadoras, na medida em que nos movemos para fora do núcleo familiar e vamos em direção ao medo. Para melhor ou para pior, o único caminho é atravessar o medo, bem, ir através dele... e a luz no fim do túnel anuncia a próxima fase de crescimento. Portanto, embora a concha do caranguejo proporcione um refúgio maravilhoso, se uma pessoa nunca se aventurar, ela se torna apenas um refúgio, em vez de alguém acolhedor que nutre com segurança e apoio.

A luta de Câncer entre o interior e o exterior é um componente essencial da vida. Todas as pessoas precisam de um tempo em sua concha para se fortalecer, lamber feridas, acumular energia para o crescimento e, por outro lado, estar prontas para o mundo. Há uma necessidade de se conectar com as outras pessoas, experimentar ambientes, meios sociais maiores, melhores, e compartilhar a energia acumulada... até que seja o momento de, mais uma vez, retornar à concha. A chave para o Caranguejo é não ficar preso dentro de sua concha (em um estado de dependência, autocomiseração, vulnerabilidade) ou totalmente fora dela (dando, nutrindo, sacrificando). Em vez disso, a energia de Câncer está aqui para nos ensinar tudo o que precisamos saber sobre encontrar o equilíbrio entre cuidar de si e cuidar dos outros. Dessa forma, Câncer inicia um ciclo entre dois.

> ♋ Além dos muitos ciclos internos que afetam seu corpo, também existem os externos. Por exemplo, enquanto você lê este texto, a Terra está girando em seu eixo, criando o ciclo da noite, quando orbita ao redor do Sol cria o ciclo anual, e orbita (junto ao nosso sistema solar) ao redor do centro da Via Láctea a cada 225 milhões de anos. Sim, até nossa galáxia possui ciclos.

> ♋ O ciclo da vida foi um tema recorrente no trabalho do artista canceriano Gustav Klimt. Em *As Três Idades da Mulher* (1905), por exemplo, as três figuras femininas representam etapas do ciclo, expressas por meio de uma criança, a mãe e a mulher mais velha.

Um ciclo é um conjunto de eventos ou ações que ocorrem repetidas vezes na mesma ordem, como os ciclos sazonais ou econômicos. Não se engane, no entanto, pensando que "mesma ordem" significa "mesma coisa". Por exemplo, as quatro estações compõem um ciclo, começando com a primavera, terminando com o inverno e recomeçando com a primavera. Sabendo disso, embora as estações sejam conceitualmente as mesmas, na realidade elas não são. Claro, cada primavera envolve fatores semelhantes, como o crescimento, o florescimento das folhas nas árvores. No entanto, as folhas que brotam a cada ano são totalmente diferentes das que brotaram no ano anterior, nenhuma folha é a mesma, e você também não é. De uma primavera para a outra, você é uma pessoa diferente, com outros pensamentos e emoções fluindo para as várias células de seu corpo.

Mesmo sem você mexer uma palha, seus ciclos bioquímicos são abundantes! Claro, você pode interromper momentaneamente seu ciclo respiratório prendendo a respiração, no entanto, seu ciclo circadiano está sempre em movimento, comandando seus processos fisiológicos 24 horas; como acontece com seu ciclo cardíaco (que gera um batimento cardíaco), com o ciclo da ureia (que ajuda a desintoxicar seu fígado e seu sangue), e muito mais.

Os ciclos nos dão a chance de aprender com o passado – com os pensamentos, emoções, ações e situações do passado. Pense sobre você há um ano. Você é capaz de reconhecer circunstâncias, padrões ou lições parecidas em sua vida agora? Se sim, você consegue observá-las agora de uma perspectiva diferente? Tanto faz se você está ciente ou não das diferenças ou semelhanças, você não passa por nenhum ciclo sem mudar. Inevitavelmente você se transformou de quem era para quem é neste exato momento – e você tem a oportunidade de se transformar novamente. Cada ciclo é, na verdade, uma forma de morte e renascimento, um fluxo e refluxo de dar e receber que condiz com a natureza compassiva do signo de Câncer que é servir, reconhecer e assumir responsabilidade por esta vida.

Os ciclos começam em um lugar e levam você a outros, tanto em níveis físicos quanto metafísicos. Tomemos, por exemplo, o ciclo do herói (também chamado de a jornada do herói). Ele ocorre quando um herói, como o rei Odisseu, ou Ulisses, por exemplo, se aventura de sua terra natal em direção a outros reinos. Ao longo do caminho, ele encontra provações e tribulações de todos os tipos – de ciclopes a sirenes (sereias) – que exigem que ele tenha grande força física e muita força de vontade. O herói é assim transformado e retorna de sua aventura com poder renovado e conhecimento para compartilhar. Em uma abordagem do cotidiano, até o treino mais mundano proporciona um exemplo notável: depois de correr algumas voltas em uma pista, seu corpo termina em um estado físico diferente do de quando começou (provavelmente cansado, mas revigorado), e seus pensamentos e emoções também são transformados. Desse modo, a orientação mais comum para superar alguma forma de estresse físico ou psíquico é afugentá-lo ou correr; você começa sua corrida em um estado de corpo e mente e retorna em outro estado.

O poder do ciclo – tanto faz se o leva para uma ilha com ciclopes ou para uma pista de corrida – vem de um processo abrangente que envolve elementos aparentemente em desacordo. Se você leu o capítulo "Mãos dos Gêmeos", irá se lembrar de que o superpoder de Gêmeos é o olhar não para o *ou*, mas para o *e* – bem e mal, certo e errado, céu e terra. Nossa natureza de Câncer nos ajuda a entender melhor que esses elementos duais não apenas existem, mas também funcionam em conjunto. Um, na verdade, leva ao outro. Bem e mal, certo e errado – essas qualidades não são necessariamente opostas nem são duas faces da mesma moeda; elas são dois pontos no mesmo ciclo.

> *Vazante* e *montante* são termos tipicamente atribuídos às marés do oceano, que circulam entre baixa (vazante) e alta (montante, enchente da maré, preamar). As marés são regidas pelos ciclos da Lua, assim como a muda dos caranguejos, que ocorre com as marés altas associadas à Lua Cheia. A Lua também rege o signo de Câncer, o Caranguejo; é o planeta regente desse signo de água. Nem é preciso dizer que os ciclos da Lua proporcionam inúmeras oportunidades para se desfazer do velho e revelar o novo.

Tomemos, por exemplo, o ciclo de dar e receber relacionado a Câncer. Em nossa sociedade, colocamos uma ênfase positiva na doação; pessoas que doam são consideradas boas. Por outro lado, pessoas que recebem podem ser vistas como egoístas. E, no entanto, se todos estivessem apenas dando, quem estaria disponível para receber? Um sinônimo do verbo *receber* é acolher, que se refere a aceitar de uma maneira graciosa e convidativa. Ao receber de coração, quem recebe proporciona uma grande satisfação a quem doa, que, então, sente que está recebendo por meio do que está dando. Uau! Então, dar se transforma em receber, receber em dar e, de repente, não há dicotomia entre os dois atos. Não há mais pontos distintos, mas apenas o próprio ciclo.

Um dos benefícios desse ciclo de dar e receber é o cuidado inerente a Câncer – uma troca dinâmica que proporciona cuidado, nutrição para você e para os outros. Essa é uma maneira de você se sentir completo e totalmente apoiado, bem como um meio de permitir que outras pessoas sintam e façam o mesmo... contanto que a intenção por trás e a ação sejam legítimas. Devido ao conceito de doação, aceito pela sociedade, pode ser fácil dar (mesmo sem intenção) como uma atitude que valida a autoestima, estabelece controle ou evita a intimidade. Nessas circunstâncias, o ato torna-se um falso ciclo de autorrealização quando você dá, e dá, e dá cada vez mais em busca de algo maior, que você tem a sensação de nunca receber. Quando isso acontece, na verdade, você está colocando para fora seu sentimento de proteção, e é uma indicação de que precisa se voltar para dentro e encontrar realização, apoio e proteção dentro de sua própria concha.

O ciclo natural de dar e receber deve ser equilibrado. O conceito de que "o que você dá volta para você" é encontrado ao longo do tempo, do espaço e das escrituras, desde as escrituras da doutrina budista, quando aborda o carma, até o Novo Testamento com "Dai e ser-te-á dado" (Lucas 6:38). Até mesmo o Barão Ladrão*e filantropo do século XIX, sr. John D. Rockefeller, escreveu: "Acredito que é um dever religioso de todos os homens conseguir tudo o que puder honestamente e dar tudo o que puder".[5] E, de fato, esse canceriano vivia ambas as realidades igualmente. Embora a maneira como ele "conseguiu tudo o que pôde" continua controversa, seus enormes ganhos foram equilibrados com enormes doações. Com sua morte, Rockefeller doou quase a metade de sua fortuna de bilhões de dólares para a criação de centros médicos, universidades, igrejas e fundações de arte que servem à sociedade até os dias de hoje.

Certamente que o dinheiro está longe de ser a única opção que pode ser dada e recebida. Quase tudo se encaixa na intenção, pois o mais importante não é a quantidade, mas como é doado. Eis a razão pela qual dar um sorriso amoroso pode ser um grande presente, ou ainda melhor do que uma nova peça de porcelana chinesa. Pois o que importa é o coração, o sentimento com o qual é dado (até para você mesmo!). E com o qual é recebido. Então, se o presente é um sorriso, ou um conjunto de pratos, ou o que quer que seja; o que realmente está sendo dado e recebido é alguma forma de amor. O qual, no fim do dia, é o que completa o ciclo do apoio e acolhimento para todos.

O que aprender

Não é fácil dar com um verdadeiro sentimento de doação e, muitas vezes, é ainda mais difícil receber. Estar aberto à doação de outra pessoa pressupõe vulnerabilidade; cria uma situação na qual você permite que outra pessoa o influencie. E se essa pessoa o fizer sentir algo? E se fizer você chorar? As perguntas em si já podem ser suficientemente assustadoras, quanto mais o caminho a percorrer para encontrar as respostas. No entanto, se não estiver percorrendo o caminho do ciclo da vida, você está parado nele. E se ficar parado por muito tempo, você corre o risco de ficar preso. Preso em algum lugar no submundo entre dar e receber, o que é uma receita infalível para nunca se sentir totalmente provido.

---

* N.T.: **Barão Ladrão** ou **Barão Gatuno** é um termo pejorativo aplicado a ricos e poderosos empresários norte-americanos do século XIX.
5. Rockefeller Family & Associates, "John D. Rockefeller 1839–1937", Rockefeller Archive Center, setembro de 1997, <http://www.rockarch.org/bio/jdrsr.php>.

Então, Câncer nos ensina a aprender a receber melhor, para dar melhor... para nós mesmos, em primeiro lugar. Toda a energia de Câncer é de carinho, apoio, nutrição, e é de suma importância que o Caranguejo em você se sinta internamente acolhido, a fim de ajudá-lo a direcionar essa energia interna para o exterior, uma energia empática para a família, amigos e comunidade. No entanto, a vulnerabilidade implícita em receber ajuda ou cuidado é um ponto fraco de Câncer, fazendo com que o Caranguejo recue novamente, e por muitas vezes, para sua concha, para que sua natureza sensível não seja explorada ou exposta.

Isso também é verdadeiro, mesmo quando é ela quem está dando o presente! A resistência com a qual nossa energia canceriana recebe dos outros é apenas um reflexo da nossa incapacidade de receber graciosamente de nós mesmos. Presentear a si mesmo em sua forma mais elevada é o reflexo do amor-próprio, do autocuidado, e Câncer está aqui para criar essa realidade. A cereja do bolo? Quanto mais você for capaz de atender às suas próprias necessidades, mais bem preparado estará para atender às necessidades dos outros. Se for incapaz de satisfazer suas próprias necessidades, então, sua natureza canceriana talvez fique permanentemente presa, recuando para sua concha, retraindo seus sentimentos com perguntas como "por que eu?", com questões que culpam circunstâncias externas por seu estado de paralisia.

As manifestações físicas de uma energia retraída, internalizada de Câncer podem incluir:

★ Sensação de aperto no peito
★ Peito escavado
★ Postura cifótica
★ Respirações curtas ou falta de ar
★ Inflamação nas costelas
★ Outros: Doenças respiratórias, doenças do esôfago, nódulos mamários (por exemplo, cistos, fibroadenomas)

Em contraste com o fato de ser reservado e visceral, Câncer – tentando encher sua própria concha com amor e carinho – pode recorrer a tudo e a todos, em vez de recorrer a si mesmo. Emocionalmente carregada, a energia de Câncer pode se concentrar em "ele, ela ou eles" como a fonte de seus problemas e soluções. Uma vez que você renuncie ao seu próprio poder no ciclo de dar e receber, sua energia canceriana, então, se torna uma vítima de modo desapercebido, e suas emoções podem fluir sem limites, na medida em que você falha em perceber que o ciclo é seu e não de mais ninguém.

As manifestações físicas de uma energia de Câncer externalizada em excesso podem incluir:

- ★ Lesões nas costelas (por exemplo, deslocamento e separação)
- ★ Peito dolorido
- ★ Peito escavado
- ★ Outros: Doenças respiratórias, catarro excessivo, descontrole alimentar, azia, nódulos mamários (por exemplo, cistos, fibroadenomas)

Como nutrir seu peito, seu tórax? Quer se sinta reservado, visceral ou com excesso de emoções externalizadas, ou, ainda, alguma coisa entre esses sentimentos, a chave é ouvir seu corpo e lhe dar aquilo de que ele precisa. Para alongar um tórax rígido ou fortalecer uma musculatura fraca, desperte seu Câncer interior com as perguntas e exercícios a seguir.

Seu corpo e as estrelas

Os itens a seguir servirão como seu guia pessoal para trazer as estrelas e a energia de Câncer até você. Use-os para iniciar um novo ciclo de dar e receber.

Questionamentos

- ★ O que você considera ser sua concha pessoal, o lugar ou situação que acha mais acolhedor (quarto, praia, durante a meditação)? O que o motiva a entrar em sua concha? O que o motiva a sair de sua concha?
- ★ O que você precisa para se sentir seguro, satisfeito e apoiado? O que você necessita receber dos outros para se sentir seguro, satisfeito e apoiado?
- ★ Até que ponto você se dá a si mesmo? E aos outros? Até que ponto você recebe de si mesmo? Quão bem você recebe de si mesmo? E dos outros?

★ Quais percepções e comportamentos podem impedi-lo de dar amavelmente? E de receber amavelmente?

★ Qual a conexão que você percebe entre sua respiração e como você se acolhe, se nutre (ou não)? Você tem uma respiração calma e relaxada ou ofegante e cortada?

Exercícios

A respiração integral: dar e receber através da respiração

Quando você inspira, recebe oxigênio do ambiente e ele supre as células do que elas precisam. Quando você expira, envia o que não precisa mais (dióxido de carbono) de volta ao ambiente, para que ele seja suprido do que precisa. Dessa forma, o ciclo da respiração emula o ciclo de dar e receber – então, faça com que cada ciclo da respiração seja o melhor! Crie um padrão com a respiração adequada, com a respiração integral, que lembre ao seu tórax como facilitar uma respiração nutridora:

1. Encontre um local calmo e confortável para ficar deitado no chão, com as pernas estendidas.
2. Coloque suas mãos no peito (na linha mediana, abaixo das clavículas), uma em cima da outra. Respire profunda e lentamente, sentindo a expansão *anterior* do tórax à medida que suas mãos são elevadas a cada inspiração. Repita cinco vezes.
3. Alongue os braços ao lado do corpo, com as palmas das mãos voltadas para baixo. Respire profunda e lentamente, sentindo a expansão *posterior* do tórax à medida que a parte superior de suas costas exerce uma pressão em direção ao chão a cada inspiração. Repita cinco vezes.
4. Coloque uma mão em cada lado da caixa torácica (de modo geral é mais confortável colocar as mãos abaixo do nível das mamas, com os dedos apontando para dentro). Respire profundamente e devagar, sentindo como cada lado da caixa torácica se move *lateralmente* (para o lado de fora) em cada uma de suas mãos, expandindo-se de modo que suas mãos se afastem uma da outra em cada inspiração. Repita cinco vezes.
5. A Respiração Integral: é hora de juntar tudo! Coloque as mãos ao lado do corpo, com as palmas das mãos no chão. Respire profunda e lentamente, sentindo como sua caixa torácica se

expande na parte anterior, posterior e lateralmente, ao mesmo tempo (como um balão), a cada vez que você inspira. Repita cinco vezes.

Como indicado pelas etapas anteriores, a caixa torácica se expande em várias direções a cada inspiração: anterior, posterior, lateralmente. É por isso que há tantos músculos nas costelas e entre elas – para movê-las. Perceber algumas das direções será mais fácil para você do que outras, o que é natural. Não há necessidade de julgar, apenas observe. Praticar esse exercício irá ajudá-lo a expandir sua caixa torácica de uma maneira mais equilibrada. E, além de criar um padrão para a respiração, você também pode aproveitar do efeito relaxante da respiração integral, usando-a como uma ferramenta para acalmar, aprimorar o foco mental e aumentar a energia. Note que na primeira vez levará mais tempo para aprender e aplicar as instruções. Depois de praticá-las, você poderá realizar essa sequência em cerca de cinco minutos, embora seja altamente recomendável não se apressar.

Cachorro olhando para cima: para emergir de sua concha
Enquanto Câncer adora ser caloroso e acolhedor dentro de sua casa, há momentos em que ela deve emergir. De que outra maneira ela pode ensinar às outras pessoas a importância de um cuidado equilibrado? Sabendo disso, é muito mais fácil para o Caranguejo ficar recolhido do que se expor (onde todos os predadores estão). Use essa posição da ioga para ajudá-lo a sair – e a ficar fora – de sua concha com o peito forte e aberto. Quando é capaz de se expor, você não precisa ter medo de que os outros o exponham.

1. Deite-se de barriga no chão. Suas pernas devem ficar completamente estendidas com a parte de cima dos pés voltada para o chão. Seus cotovelos devem ficar dobrados na lateral do corpo e as palmas das mãos devem estar apoiadas no chão, alinhadas com cada ombro.
2. Pressione as mãos igualmente no chão enquanto estica os braços. Levante o tronco para que ele se arqueie. Sua cabeça e o pescoço devem seguir esse arco, de modo que seu olhar esteja direcionado para cima e para fora (mas seu pescoço não pode estar comprimido). Ao mesmo tempo, pressione o topo de seus pés no chão para ajudá-lo a levantar as pernas alguns centímetros.

Nesse ponto, apenas as palmas das mãos e os pés estão tocando o chão.

3. Enquanto estiver na postura, mantenha as coxas levemente voltadas para dentro e os braços levemente voltados para fora, de modo que o cotovelo fique voltado para a frente. Mantenha os ombros inclinados para baixo e para trás. Relaxe a parte inferior das costas. Relaxe suas nádegas.
4. Respire na postura por dez ciclos (inspiração e expiração) antes de abaixar-se lentamente de volta ao chão.

Se você quiser diminuir a intensidade da postura, honre a compaixão do canceriano e fique mais confortável, mantendo os cotovelos ligeiramente flexionados.

Kundalini – abertura de peito: para iniciar seus próprios ciclos
Quando um caranguejo-rei muda, ele cresce e sai de sua velha casca para outra nova. O processo começa um dia antes da muda, quando o caranguejo absorve a água do mar que ajuda a expandir a casca antiga, que começa a se desfazer nas articulações. Seguindo por cerca de 15 minutos puxando e empurrando, expulsando e puxando, o caranguejo emerge de sua antiga casa abrigado em uma nova. É um ciclo de renascimento que ocorre cerca de 20 vezes durante sua vida. E isso pode acontecer na sua também. Essa prática da Kundalini, conhecida como "postura fácil com alongamento da parte superior das costas", é uma ótima maneira de entrar intencionalmente no ciclo e manter o fluxo de energia para que você não fique preso, impotente.

1. Sente-se em uma posição confortável no chão, com as pernas cruzadas sobre os tornozelos. Estenda seus tornozelos cruzados o mais à frente de você, conforme necessário para se sentar ereto. Se for preciso, para uma posição mais confortável, sente-se sobre almofadas. Coloque-as abaixo de seus ísquios.
2. Segure firmemente os tornozelos com as mãos, mantendo os cotovelos em linha reta.
3. Mantendo os cotovelos retos, arqueie o tórax para a frente de modo que ele se alongue na frente dos braços e curve-o de volta, para trás de seus braços. Essa é uma sequência. Pratique essa

postura por cinco sequências, mantendo o queixo paralelo ao chão, de modo que sua cabeça permaneça alinhada e não se mova com sua coluna.

4. Nas próximas sequências, toda vez que você alongar seu tórax para a frente, inspire. Toda vez que mover seu tórax para trás, expire. Mantenha sua atenção no tórax, como a região de seu corpo que inicia o movimento. Os movimentos devem ser rápidos e vigorosos, mas fluidos.

5. Quando sentir que encontrou um fluxo confortável, faça trinta sequências com a respiração adequada.

Uma vez que domine o ritmo no movimento, e você faça os ciclos, as sequências, com facilidade, brinque com sua respiração. Em vez de incluir a respiração a cada movimento, veja se consegue iniciar o movimento por meio da respiração. Essa variação provavelmente será mais desafiadora, mas é igualmente gratificante.

Torção lateral deitado: para o autocuidado e acolhimento
Como mencionado anteriormente, os humanos modernos estão bem condicionados às reações do sistema nervoso simpático, coloquialmente conhecidas como reações de lutar ou fugir (resposta ao estresse agudo). Verificar sua lista de tarefas enquanto vai de sua casa para o trabalho, para a academia, para o supermercado e volta para sua casa, mantém seu sistema nervoso simpático ativado. Essa parte da sua fisiologia, no entanto, está mais bem preparada para fugir de um leão, não para manter um estado de alerta de longo prazo. Isso é equilibrado pela função de descanso e digestão do sistema parassimpático, que permite que você respire profundamente, coma com vontade e faça uma digestão completa. Em outras palavras, é a parte de você que tem tudo a ver com ser *versus* fazer. É a parte em você que tem tudo a ver com nutrir *versus* realizar. Permita-se nutrir, acolher a você mesmo enquanto relaxa nessa torção para abertura do peito:

1. Deite-se de costas com os joelhos flexionados e os pés apoiados no chão. Estenda os braços até você ficar na forma de um *T*, com as palmas voltadas para cima; permita que o alongamento flua por todos os seus dedos.

2. Gire os joelhos para a direita ao expirar, mantendo o ombro, o braço e a mão esquerdos firmemente no chão. Gire-os apenas até que consiga manter o ombro, o braço e a mão esquerdos no

chão. Tente manter os joelhos em um ângulo perpendicular ao seu tronco. Se os joelhos não chegarem ao chão, coloque um bloco para ioga abaixo deles, para apoiar.
3. Gire sua cabeça suavemente para a esquerda, na direção oposta que seus joelhos estão apontando. Permaneça nessa posição por dez respirações profundas.
4. Inverta os lados girando os joelhos de volta ao centro e depois para a esquerda. Seu torso permanece reto, apoiado no chão. Certifique-se de manter o ombro, o braço e a mão direitos no chão, enquanto os joelhos giram para a esquerda. Quando os joelhos estiverem na posição correta (usando um bloco de ioga, se necessário), gire a cabeça suavemente para a direita. Permaneça nessa posição por dez respirações profundas.
5. Para sair da posição, volte a cabeça e os joelhos para o centro. Faça uma pausa por um momento, para aproveitar seu estado de relaxamento antes de se levantar.

Seu tempo: para priorizar o autocuidado
O exercício anterior – torção lateral deitado – abriu para você um caminho em direção ao acolhimento, à nutrição. Com este exercício, é o momento de apreciar mais profundamente o autocuidado e priorizá-lo em sua vida diária. O *autocuidado* pode ser qualquer atividade que você considere acolhedora – ler um bom livro, tricotar, cozinhar, fazer exercícios, etc. O detalhe principal é comprometer-se com o que quer que seja um bom plano para modificar sua rotina e incluir alguns novos hábitos saudáveis em seu dia:

1. *Conscientização.* Faça três listas para identificar (1) o que lhe dá prazer e bem-estar em seu estilo de vida *ideal*, (2) de que maneira nutrir hábitos estimulantes em seu estilo *atual* de vida saudável, e (3) quais *obstáculos* existem entre as duas opções anteriores. Por exemplo, se a leitura de um livro na hora de dormir for prazerosa, observe que, mesmo que você queira fazê-la todas as noites (ideal), você só a faz uma vez por mês (atual) pois fica enviando *e-mails* até tarde da noite (obstáculo).
2. *Compromisso.* Escolha um item de sua lista *ideal*, de coisas que você quer – e pode – fazer. Dê o primeiro passo em direção à sua desejada mudança no estilo de vida escrevendo, gravando um vídeo, contando para um colega de trabalho, ou firmando um compromisso com você mesmo de qualquer outra maneira desejada.

3. *Planejamento.* Para cumprir seu compromisso, crie um plano que atenda suas reais expectativas. Não importa se seu plano o compromete com algo uma vez por semana ou cinco vezes por semana; o que importa é que seja factível, que seja possível e fácil de realizar. Comece devagar, e, na medida em que os resultados falarem por si, sua prática de bem-estar irá se intensificar naturalmente.

4. *Apoio.* Peça ajuda aos seus familiares para colocar seu plano em prática. Em qual aspecto eles podem apoiá-lo? Seja o mais específico possível. Você pode se surpreender ao descobrir que, assim que pedir ajuda de uma maneira clara, você a receberá.

Elogio: para receber com gratidão e graça

Este exercício fala por si mesmo... e, provavelmente, é ainda mais difícil do que você pensa. Descubra o porquê ao realizá-lo!

★ Parte I: Pense em uma coisa que você é ou que faz muito bem. Por exemplo, você pode ser uma pessoa muito generosa ou ótima em tricô. Deve ser algo com o qual já se sinta bem. Olhe no espelho – mantendo contato visual – e elogie a si mesmo com frases parecidas com estas: "Eu sou [coloque aqui o adjetivo escolhido]! E isso é incrível. Na verdade, sou incrível". Sorria enquanto fala essas frases, e depois disso. Pare por um momento e permita-se sentir-se bem.

★ Parte II: Na próxima vez que alguém o elogiar – independentemente de sua magnitude ou da veracidade do elogio – receba-o com todo o seu coração, como você fez na Parte I. Responda com um sorriso genuíno e palavras que mostrem gratidão em vez de renúncias, explicações, atenuações ou argumentos com "mas".

★ Parte III: Faça um elogio a alguém. Não importa se é um amigo, um colega de trabalho ou um estranho – deixe o momento inspirá-lo. Não há necessidade de planejar com antecedência. Assim que você vir alguém que você acha estar ótimo em sua roupa, ou alguém que fez um bom trabalho na empresa, ou preparou uma ótima refeição, diga-lhe isso. Diga isso de modo direto, simples e com um sorriso. Observe como a pessoa reage e como você se sente, independentemente da resposta que receba.

Resumo

★ Seu tórax é a região relacionada a Câncer. Envolvendo estruturas que permitem que você, literal e figurativamente, respire fundo, seu baú do tesouro pessoal representa o ato de prover, receber, acolher e nutrir.

★ Câncer é o quarto signo do ciclo do zodíaco. Sua energia está relacionada aos dons de dar e receber, unidos em um ciclo que é realimentado tanto por você mesmo quanto pelos outros.

★ Se sua natureza sensível de Câncer se retrair muito facilmente em sua concha, ou se expuser com muita frequência, seu tórax pode apresentar sintomas diferentes (por exemplo, respiração superficial, aperto no peito).

★ Alinhe seu Câncer interior por meio de questionamentos, exercícios e atividades que se concentram em seu tórax. Use-os para mergulhar profundamente no ciclo de dar e receber, lembrando que o autocuidado é necessário para melhor ajudar, nutrir e prover os outros.

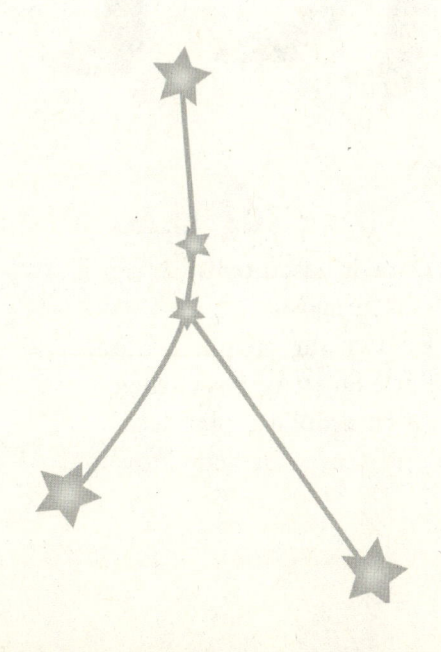

6

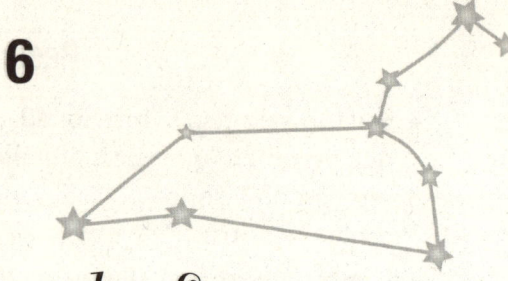

Coração do Leo

♌ LEÃO

Data de nascimento: 23 de julho – 22 de agosto

Região do corpo: Coração, Parte Superior das Costas

Afirmação: Resplandeça a Luz de Seu Coração

O signo anterior, Câncer, nos leva ao torso de nosso corpo, uma jornada na qual, agora, Leão continuará mergulhando profundamente no coração – um coração que representa coragem, devoção, generosidade e o mais pungente, o amor. E é o amor – principalmente na forma de amor-próprio – que Leão está aqui para dar, receber e resplandecer. Sua constelação possui uma das estrelas mais brilhantes no céu noturno (Regulus), uma estrela que reflete exatamente a missão de Leão, o que Leão está aqui para fazer: resplandecer a luz de seu coração em todos e em tudo ao seu redor.

Seu corpo: coração e parte superior das costas

> Por cerca de 2.160 anos, a estrela Regulus tem sido parte integrante da constelação do signo de Leão. No entanto, no fim de 2011, Regulus mudou-se para o signo de Virgem, onde permanecerá por mais 2.160 anos antes de se mudar para Libra. Note, no entanto, que a estrela permanece na constelação de Leão. Essas mudanças estão relacionadas com o movimento aparente das constelações e estrelas através dos signos do zodíaco.

O coração e a parte superior das costas são as regiões do corpo relacionadas a Leão. Anatomicamente falando, seu coração é um órgão vital que bombeia o sangue através de seus vasos e artérias. Esse sangue fornece oxigênio e nutrientes para todas as células de seu corpo enquanto, simultaneamente, remove seus resíduos (como o dióxido de carbono). Sem essa circulação, seu cérebro não resistiria por mais de quatro a seis minutos; ossos, pele e tendões resistiriam um pouco mais: por apenas até 12 horas. No total, é um grande trabalho para um músculo com apenas uma média de 300 gramas.

Seu músculo cardíaco está localizado perto do centro da caixa torácica, entre seus pulmões. Situado no meio dos pulmões, o coração está separado deles pelo pericárdio, um saco fibro-seroso, muito fino, que envolve o coração, o mantém no lugar e o protege. Fisicamente ele está separado dos pulmões, e isso também acontece energeticamente, pois a astrologia associa o coração com a área da parte superior das costas de Leão, em contraponto com a região do tórax de Câncer. Observe, no entanto, que o tórax e a parte superior das costas são, na verdade, apenas dois lados da mesma moeda, com o tórax correlacionado com a caixa torácica anterior e a parte superior

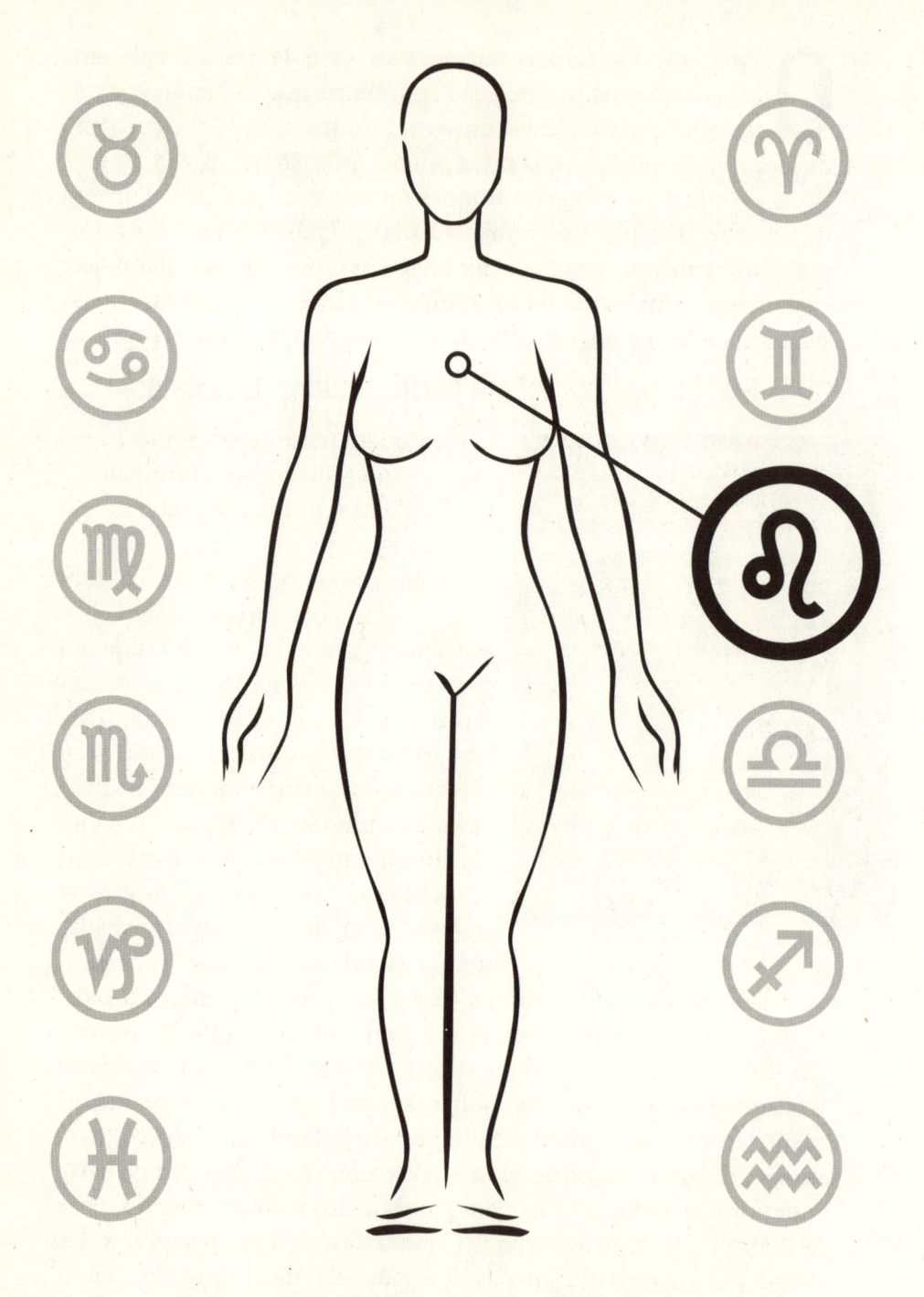

Veja o apêndice C para a estrutura esquelética da parte superior das costas.

das costas com a posterior. Juntos, eles proporcionam um abrigo de 360 graus para o coração, porém, mais uma vez, a astrologia associa a parte superior das costas ao órgão.

A parte superior das costas é composta por vértebras torácicas – os ossos de sua coluna vertebral, que se prendem às suas costelas. Esses 12 ossos vertebrais localizam-se entre o pescoço (coluna cervical) e a parte inferior das costas (coluna lombar). As costas podem ser habitualmente consideradas um conjunto que compreende três partes – superior, média e inferior – ou duas – superior e inferior. Em ambos os casos, "superior e médio" ou "superior" refere-se à região delimitada pela coluna torácica. A região da parte inferior das costas é definida pela coluna lombar (veja Capítulo 8: "Coluna da Balança").

Considerando que o pescoço e a parte inferior das costas são projetados para proporcionar mobilidade, a parte superior das costas se destaca em força e estabilidade. Faz parte do que mantém seu tronco ereto. Além disso, como as vértebras torácicas se conectam às costelas, a parte superior das costas ajuda a proteger os órgãos dentro da cavidade torácica, como o coração.

A parte superior das costas pode ser facilmente notada em nossa sociedade quando se curva mais do que deveria, por causa de uma postura inadequada ressaltada por uma predisposição genética. Essa curvatura excessiva da coluna torácica é chamada de cifose e é caracterizada pelos ombros curvados e uma curvatura da parte superior das costas. Você talvez esteja sentado nessa postura imprópria agora, enquanto lê este livro, ou enquanto se senta e debruça-se sobre o computador. Nessa posição, a parte superior das costas está desalinhada e seu centro do coração, oculto. A cifose desvia a região de seu coração de seu centro para a parte posterior de seu corpo, como um leão recuando para sua caverna. Esse recuo ou a flexão excessiva da coluna torácica é uma postura com origem no medo; é um mecanismo evolutivo que, diante de uma ameaça, como o ataque de um leão, por exemplo, projeta seu tórax para trás para proteger seus órgãos vitais. No entanto, você não foi feito para manter essa postura de recuo, com origem no medo, ao longo do dia. Você está destinado a ficar em pé, com os ombros para trás e o coração alinhado com o centro.

Para muitos de nós, esconder nossos corações tem sido um padrão construído ao longo de tantos anos que parece assustador destacar a postura e aguentar por tanto tempo... mesmo quando o recuo é mantido, seu corpo simplesmente retorna o tórax ao seu alinhamento natural e estável. Essa posição pode ser mais expansiva do que as que você está acostumado, mais exposta. O que significa que, estando com o coração aberto, talvez você possa se sentir vulnerável – vulnerável ao julgamento de outras pessoas. No entanto, ninguém tem o poder de fazê-lo se sentir bem ou mal, a menos que permita. Então, se você se sentir magoado, irritado ou criticado de alguma maneira pelos comentários de outra pessoa, isso pode ser porque uma parte de você ainda não se aceitou completamente – suas sombras e, também, seu próprio lado crítico (mesmo que involuntariamente). Essas sombras são o motivo pelo qual seu Leão pode não querer olhar para dentro. Em vez disso, ele pode perceber que é mais fácil esconder completamente o coração ou encobri-lo com uma falsa confiança e orgulho. E, assim, ele pode, de modo paradoxal, estufar o peito para parecer grande, a fim de compensar a sensação de inferioridade. Talvez a representação mais icônica dessa postura seja percebida por meio dos retratos do imperador leonino Napoleão Bonaparte, e o complexo que recebeu seu nome: "complexo de Napoleão".

> ♌ O complexo de Napoleão é um termo popular para a crença de que homens de baixa estatura podem compensar a pouca altura com um extremo ímpeto, narcisismo e megalomania. Sabendo disso, embora o imperador Napoleão não fosse um homem alto, alguns historiadores acreditam que ele, na verdade, tinha a estatura média presente na França na época, mas parecia mais baixo em retratos porque era representado cercado por guardas mais altos.

Como você conduz o centro de seu coração? Olhe para sua parte superior das costas para descobrir:

1. Fique de pé na frente de um espelho e vire-se de lado para observar o reflexo de seu perfil. Fique na posição que você normalmente ficaria se não estivesse prestando atenção à sua postura (sem trapaças!). Girando o minimamente possível sua cabeça, olhe em direção ao espelho e observe a proeminência – ou ausência dela – da curva da parte superior das costas.

2. Force a curva natural em C da parte superior das costas para que os ombros se arredondem para a frente. Nessa posição, a cabeça e o pescoço também virão para a frente e para baixo. Agora, repita uma frase de Leão: "Aqui estou eu!". Observe como isso soa para você e como se sente.
3. Volte sua postura para o que você consideraria seu alinhamento ideal. Sua cabeça deve estar alinhada ao seu coração, seu coração, no centro, alinhado aos seus quadris, seus quadris alinhados com seus joelhos e seus joelhos alinhados com seus pés. Essa postura deve parecer com o que seria seu corpo pendurado em uma linha reta, por uma corda. Agora, repita uma frase de Leão: "Aqui estou eu!". Observe como isso soa para você e como se sente.

É possível que sua postura natural (passo 1) fique entre a postura cifótica (passo 2) e a ideal (passo 3). Se esse é o caso, então, você está escondendo seu coração ao longo do dia. Consequentemente, está renunciando à extensão total de força e estabilidade que sua parte superior das costas daria ao restante de seu corpo, daria a você e, por essa razão, foi mais difícil dizer a frase no passo 2. A boa notícia é que você sempre tem a capacidade de acessar essa região, com mais intensidade. Você tem, todos os dias, a oportunidade de endireitar sua coluna, expandir-se em seu coração e dizer com segurança: "Eu sou Leão, ouça-me rugir!".

As estrelas: Leão

Resplandeça a luz de seu coração

O Sol é o centro de nosso sistema solar. Sua força gravitacional atrai oito planetas, pelo menos cinco planetas anões, dezenas de milhares de asteroides e milhões de cometas ao redor de si. Quer estejamos considerando um planeta que orbita, uma planta que cresce em direção a ele, um ancestral que o cultuou ou um banhista que se deleita com seus raios, o Sol chama a atenção. As pessoas são atraídas pela luz. E o Sol é, no que diz respeito ao nosso sistema solar, a luz mais brilhante. Você sente todo o seu poder com o calor de seus raios em sua pele e ao ver sua luz com seus olhos. De planetas a pessoas, o Sol ilumina a tudo e a todos.

Sua qualidade luminosa representa o signo de Leão, cujo planeta regente é, de fato, o Sol – a relação entre o Sol e o leão é de longa data, evidenciada em todo o folclore persa, semita, e na antiga tradição egípcia. Assim, a energia de Leão representa o brilho que o Sol possui, presente e resplandecente dentro de todos nós. Brilhar, resplandecer, significa dar, enviar luz. Leão o faz ficando em pé, confiante em quem ele é e em seu desejo de mostrar sua glória ao mundo. É como se ele estivesse ensaiando nos bastidores durante o ciclo dos últimos cinco signos do zodíaco e, agora, está pronto para comandar o centro do palco. A energia de Leão sabe quem ele é e em que ele é bom, e ele está tão confortável em sua própria pele que quer mostrar isso a qualquer um ao seu redor. E como o Sol, a energia que Leão resplandece é imensa – tanto que, quando brilha, ele não apenas se ilumina, mas também ilumina aos outros. Essa natureza solar irá bajulá-los, encorajá-los e também ajudá-los a preservar seu brilho, contanto que nosso Leão interior, como o Sol de outrora, seja reverenciado.

Se o nosso Leão interior não recebe o que percebe que merece, então, atente para explosões solares! Assim como o Sol pode, abruptamente, emitir um raio de alta intensidade, Leão também pode explodir se não conseguir o que deseja. Ele quer – ou melhor, sente-se merecedor – o elogio, os floreios, a adulação que acompanham o centro do palco. Com um rugido arrogante, esse rei inconstante – da selva e além – reivindica seu próprio caminho. E mais nada. Pense em antigos governantes mundiais como Napoleão, Mussolini e Castro. Todos eram leoninos cuja megalomania os representava de maneira muito dramática no cenário mundial, exigindo o respeito e a admiração de militares e nações. E, embora os partidários fossem recompensados com o posto mais alto, se o nível desejado de subserviência exigido pelo líder não fosse bem cumprido – ou se seu sistema de crenças criasse alguma oposição –, a retaliação era rápida e decisiva. A arrogância de Leão é tão nociva que sua própria luz o torna cego, ele não consegue enxergar sua sombra.

> ♌ Além do Sol, o leão é tradicionalmente associado à realeza, como o rei dos animais. Os leões podem, portanto, ser vistos em muitas bandeiras, insígnias, brasões de armas da Grã-Bretanha ao Sri Lanka, Irã, Austrália e além. Até mesmo a Constelação de Leão está intimamente associada à realeza, pois o nome de sua estrela mais brilhante é Regulus, que significa "pequeno rei". Essa estrela, localizada na parte inferior da juba celestial de Leão, brilha 140 vezes mais que o Sol.

Sua luz interior serve ao mesmo propósito que o do Sol – ela ajuda a enxergar. É uma chama interna que resplandece com o brilho de quem é você, em uma expressão mais saudável, feliz e superior de si mesmo. E irradia não apenas sua verdade pessoal, mas também a verdade maior que se encontra dentro da luz do universo. É a parte em você que se sente divino, especial, mágico. Como se tudo estivesse exatamente como deveria estar, e isso está certo. É comparável a estar em uma região, um espaço em que o tempo deixa de existir – assim como as preocupações, medos e problemas. Se acredita nisso, você pode chamar essa luz de espírito ou alma. E quando você está abrigado nela, pode dizer que está i-lu-mi-na-do.

Sim, sua luz interior é laços e fitas, arco-íris e tudo de bom. No entanto, é também a fonte de suas sombras mais profundas e escuras. Uma sombra é a área onde a luz não pode alcançar, por causa de bloqueios. Quando está ao ar livre, andando pela rua à tarde, esse bloqueio é você – impedindo que a luz do Sol toque o chão em seu caminho – e por ser esse bloqueio você cria uma sombra. Internamente, esse bloqueio é a parte de você conhecida como seu lado negro, a parte de você que é menos que a pura luz. Seus obstáculos pessoais nos caminhos de sua vida representam características, traços e situações que você não aceitou, que se recusou a ver, ou, por outro lado, características, traços e situações de que você não gosta, mesmo que não saiba exatamente o que são ou como chegaram a você.

É um desafio muito comum aceitar as partes menos do que perfeitas de si mesmo. É muito mais fácil andar pela estrada com o rosto voltado para o Sol, fingindo que sua sombra não existe. Como dizem, a ignorância é uma bênção. No entanto, uma das tarefas de Leão é usar sua luz para reconhecer sua escuridão – caso contrário, nossa natureza leonina pode ficar fora de controle, como mostrado nos exemplos dos governantes mencionados anteriormente. E faz todo sentido que ninguém menos que o psicoterapeuta leonino Carl Jung tenha sido o único a lançar luz sobre esse assunto com sua teoria do arquétipo da sombra. "A sombra", escreveu Jung, "é aquela personalidade oculta, recalcada, frequentemente inferior e carregada de culpabilidade, cujas ramificações extremas remontam ao reino de nossos

> O universo nos conta sua história principalmente por meio da luz, que é emitida ou absorvida por todos os seres vivos ou inanimados na Terra, bem como pelas estrelas, planetas e galáxias circundantes. Também nos mostra a maior parte do universo (96%) que é constituído por matéria escura e energia escura, que de outra forma não podemos ver.

ancestrais animalescos, englobando também todo o aspecto histórico do inconsciente."⁶ É uma parte de seu eu primordial, uma escuridão tão arraigada em você quanto a luz. Negar sua sombra é negar um aspecto de si mesmo. Acredite ou não, mesmo as partes de que você não gosta, que considera sombrias, serviram ao propósito de ajudá-lo a chegar exatamente onde você está hoje (lembre-se da lição de Gêmeos, na qual não há luz *ou* escuridão, mas luz *e* escuridão). Esses aspectos sombrios tiveram seu próprio papel a desempenhar, e Leão está aqui para ajudá-lo a envolvê-lo ativamente no processo.

> Em seu primeiro dos 12 trabalhos – uma punição autoinfligida por matar sua família –, o antigo herói grego Hércules foi encarregado de matar o leão da Nemeia, uma fera que nenhuma arma poderia ferir. Então, Hércules teve de encará-lo olho no olho e enfrentá-lo corpo a corpo. Por fim, Hércules matou a fera – que representava sua sombra interior – e saiu vitorioso, vestindo a pele do animal como um casaco, como um sinal de orgulho.

Envolver-se com esses aspectos mais profundos e sombrios de si mesmo exige muita luz (novamente, porque é impossível ver sombras sem luz) – juntamente com uma boa dose de coragem. Em troca, depois de olhar para sua sombra, sua bravura de Leão o ajudará a não fugir dela, mas encará-la diretamente nos olhos. E, depois de enfrentá-la uma vez, seu Leão irá ajudá-lo a fazer isso por muitas e muitas vezes na medida em que sua sombra reaparecer. Uma sombra, como a luz que a cria, pode assumir uma variedade de formas; para aqueles com Leão em destaque em seu mapa, essas formas geralmente surgem como orgulho excessivo, arrogância e narcisismo – ou você pode experimentar essas situações se simplesmente estiver com áreas bloqueadas. Independentemente da maneira como se manifestam, Leão o ajuda a fazer a escolha de assumir a responsabilidade por melhorar esses aspectos menos importantes de sua natureza ou evitá-los. Se você escolher a primeira opção, então, sua natureza leonina pode se sentir vitoriosa à medida que evolui tanto interna quanto externamente. Se escolher a segunda opção, então, Leão pode projetar suas características indesejáveis para os outros ou ser dominado por elas, mesmo sem perceber. Em outras palavras, ou você mata sua fera interior ou ela mata você.

---

6. Stephen A. Diamond, "Shadow," *in* **Encyclopedia of Psychology and Religion L–Z**, ed. David A. Leeming *et al.* (New York: Springer Science+Business Media, 2010), p. 836.

No entanto, tenha coração! Em contraponto, esse aspecto de sua natureza leonina está aqui para ajudá-lo a superar seus obstáculos internos. Ao longo do tempo e das culturas, o coração tem representado nossas qualidades mais elevadas. Pegue o *Livro dos Mortos*, dos egípcios, que equacionou nossos corações aos nossos traços de caráter. No final de nossas vidas, nós seríamos julgados de acordo com o peso de nossos corações, contra o peso de uma pena. Se nosso coração fosse mais leve, teríamos acesso ao mundo depois da morte, ao paraíso. Se o coração fosse mais pesado, então, estaríamos condenados à inexistência. É claro que os antigos egípcios não foram nem os primeiros nem os últimos a usarem o coração como um símbolo, como um portal para o divino. Dentro da medicina tradicional chinesa, o coração abriga o espírito *(shen)*, dá um propósito elevado, presença e significado à sua vida. Em uma frase atribuída aos *Upanishads* hindus, também se afirma, de modo muito semelhante, que o espírito reside no coração: "Radiante na luz, ainda que invisível no lugar mais secreto do coração, o espírito é a morada suprema onde habita tudo o que se move, respira e vê". E até mesmo o garoto-propaganda da separação entre mente e corpo, René Descartes, acreditava que o coração era a fonte do calor do corpo e um exemplo do "corpo como uma máquina criada pelas mãos de Deus".[7]

Nem é preciso dizer que, ao longo das inúmeras culturas, o coração é muito importante, está relacionado com *muitas* virtudes. Alegria, coragem, força – como a própria luz, a luz do coração pode adotar uma infinidade de formas. Talvez, porém, sua forma mais famosa seja o amor, que, por sua vez, vem em vários formatos e tamanhos. A energia leonina está mais conectada com o amor-próprio: um estado de total autoconsciência e autoaceitação, uma apreciação de sua luz *e* de sua sombra. E também é uma prática que honra seu ser totalmente integrado por meio do alinhamento de pensamentos com ações, intenção com execução. Ele se manifesta diariamente com as escolhas coerentes com seu desenvolvimento biopsicoespiritual e com as escolhas feitas sem medo. O amor-próprio, então, é o que dá a cada Leão a coragem de brilhar à sua maneira. Quando se sente muito bem, maravilhoso, em relação ao seu eu radiante, você quer que os outros sintam o mesmo amor e regozijo por si mesmos.

---

7. René Descartes, **Discourse on Method and Meditations** (New York: Macmillan, 1960), p. 41.

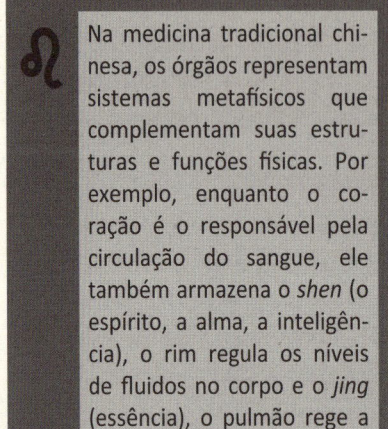

> ♌ Na medicina tradicional chinesa, os órgãos representam sistemas metafísicos que complementam suas estruturas e funções físicas. Por exemplo, enquanto o coração é o responsável pela circulação do sangue, ele também armazena o *shen* (o espírito, a alma, a inteligência), o rim regula os níveis de fluidos no corpo e o *jing* (essência), o pulmão rege a respiração, assim como a distribuição, o fluxo da energia *Qi* (a força vital).

No entanto, o amor-próprio começa dentro de você mesmo antes que possa resplandecer – esse conceito é percebido em uma das frases mais famosas do Evangelho de Mateus, no Novo Testamento: "Ame a seu próximo como a si mesmo". Essa é a beleza do amor-próprio equilibrado – está tudo em você *e* tudo no outro. Depois de se envolver com seu Gêmeos interior, você sabe que não é mais um *ou* outro, e seu Caranguejo interior ajudou a reforçar a troca que existe no dar e receber. Então, agora, Leão pode ajudá-lo a abraçar a forma mais pura de amor-próprio, que não é nem narcisismo nem arrogância. Pelo contrário, é uma apreciação de quem você realmente é e do que você tem para dar, é a conscientização da responsabilidade de fazer isso acontecer. Você sabe do que precisa e o que merece, e não aceitará menos que isso. E não deveria.

O que aprender

Viver com o coração é possível para todos, desde o praticante mais básico ao mais avançado. E, mesmo que você sinta que já está vivendo em um estado mais centrado no coração, seu trabalho não está concluído. É assim porque a luz metafísica que brilha através do órgão físico é eterna, provendo um suplemento infinito de combustível para crescer e brilhar. É infinita em sua origem, mas contrasta com o combustível finito da mente, com sua filtragem contínua, racionalizando e quantificando sua luz. A mente serve como um meio muito importante para perceber a si mesmo e ao seu entorno – mas suas opções são apenas algumas entre muitas.

A luz de seu coração oferece outro meio valioso de perceber a vida, com todo o seu sentir, ressoar, expor, explorar e celebrar. Com o apoio de seu coração, sua energia leonina está fadada a ser magnífica, grandiosa. Quando você se ama, sente-se confiante para expressar suas opiniões em voz alta, corajosamente, em abundância – em outras palavras, sente-se confiante para rugir. Seu Leão está aqui para canalizar a expansão do coração e brilhar através de você – de sua forma humana.

E quando ele faz isso, equilibra a equação mente-coração, reacendendo o fogo do coração. Ao fazê-lo, ele tacitamente dá permissão a todos aqueles ao seu redor para fazer o mesmo. *Leo* é a primeira pessoa em uma pista de dança vazia, a alma corajosa que, com seu entusiasmo, inspira os outros a se levantarem e dançarem.

No entanto, tome cuidado. Quanto mais brilho Leão resplandecer, mais sombras aparecerão. Então, quando está realmente se envolvendo com seu Leão, você deve estar pronto para expor suas sombras a si mesmo... antes de subir ao palco para que todos as vejam. Caso contrário, duas situações podem ocorrer. Primeiro, se seu Leão mantiver você apenas se concentrando no bem, ignorando o mau e o que é feio, então, o que você exibir será falso – falso orgulho, falsa coragem, falsa confiança, falso amor-próprio. O *falso* cria uma fachada cujos reflexo e expressão externos não são apoiados pela força interna. Quando ocorre essa bravata, Leão pode se manifestar como egocêntrico, narcisista, egoísta e exigente – impondo padrões sobre os outros, para que ele se sinta melhor ou superior, que são impossíveis de se atingir.

As manifestações físicas de uma natureza megalomaníaca de Leão podem incluir:

★ Peito estufado

★ Respiração presa

★ Aperto ou tensão na parte superior das costas

★ Mobilidade limitada na parte superior das costas e nos ombros, nas omoplatas

★ Outros: Doenças cardíacas

Por outro lado, se seu Leão lutar com a consciência e a aceitação de suas sombras, ele pode renunciar à falsidade, ir para um retiro completo e voltar para seu covil, e você vai acabar vivendo com uma expressão inferior de quem realmente é. Afinal, Leão tem o poder de eclipsar, ofuscar sua própria luz, assim como o Sol pode ser eclipsado pela Lua. E, assim como um eclipse, isso acabará chegando ao fim, então *Leo*, certamente, poderá brilhar de novo... mas apenas depois que a escuridão for entendida e integrada à luz.

As manifestações físicas de uma natureza acovardada de Leão podem incluir:

★ Peito escavado
★ Postura cifótica
★ Dor na parte superior das costas, fraqueza ou fadiga
★ Respiração superficial
★ Outros: Doenças cardíacas

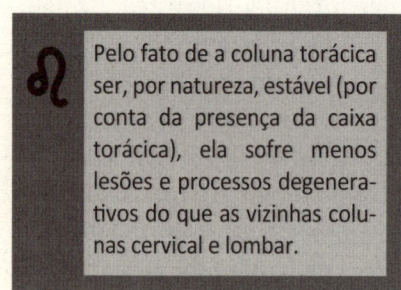

> ♌ Pelo fato de a coluna torácica ser, por natureza, estável (por conta da presença da caixa torácica), ela sofre menos lesões e processos degenerativos do que as vizinhas colunas cervical e lombar.

Quão expansivo é seu centro cardíaco? Quer se sinta megalomaníaco, acovardado ou, ainda, alguma coisa entre esses sentimentos, a chave é ouvir seu corpo e lhe dar aquilo de que ele precisa. Para alongar a parte superior das costas ou fortalecer uma musculatura fraca, desperte seu Leão interior com as perguntas e os exercícios a seguir.

Seu corpo e as estrelas

Os itens a seguir servirão como seu guia pessoal para trazer as estrelas e a energia de Leão até você. Use-os para resplandecer a luz de seu coração.

Questionamentos

★ Quando você se sente mais brilhante (quem está presente, onde você está, o que está vestindo, o que está fazendo)? O que o impede de brilhar?
★ Como você entra em contato com sua luz interior?
★ Como descreveria seu lado sombrio? De que maneiras essas características o ajudam? Atrapalham você?
★ Como você incentiva seus amigos, familiares e colegas a brilharem?
★ Você mantém suas costas retas e o coração aberto? Quais as circunstâncias que facilitam esse alinhamento? Em quais circunstâncias você se encontra com as costas curvadas e o centro cardíaco, o coração, oculto?

Exercícios
Postura da esfinge: para fortalecer seu poder

No Egito antigo, a esfinge é uma criatura mítica com o corpo de leão e a cabeça de um ser humano. Acredita-se que ela simboliza o faraó e sua regência – união de poder e de razão. O corpo do leão representa uma grande força, enquanto o rosto humano simboliza inteligência e controle. Restabeleça seu reinado entrando em contato com seu faraó interior, com seu nobre leão. A postura da esfinge trará essas forças à tona, enquanto você abre e alinha toda a extensão que envolve seu coração – tórax, parte superior das costas e até mesmo seus ombros, as omoplatas (escápulas):

1. Deite-se de barriga no chão, com as pernas estendidas lado a lado. A parte de cima de seus pés deve estar em contato com o chão.
2. Coloque os cotovelos sob os ombros para que os antebraços fiquem no chão à sua frente, paralelos um ao outro.
3. Interaja com seus pés e estique seus dedos em direção a uma parede atrás de você.
4. Ao inspirar, levante o tórax para longe do chão, em uma curvatura suave das costas.

5. Você está agora na postura da esfinge. Para ajudar e ajustar a postura, afaste os ombros das orelhas. Mantenha seus antebraços firmes e sentindo todo o percurso da força até os dedos. Sinta seu osso púbico (a frente da pélvis) empurrar o chão levemente, enquanto você relaxa a parte inferior das costas. Solte suas nádegas se estiverem contraídas. Seu pescoço deve estar posicionado como uma extensão natural de sua coluna, não como uma sobrecarga. Mantenha a postura por cinco ciclos respiratórios profundos.

6. Para sair da postura, abaixe o tórax lentamente até o chão.
7. Repita por mais uma ou duas vezes.

Apesar de essa postura ser estática, sinta como uma energia dinâmica que está em conformidade com a história real e o mistério da esfinge. Por exemplo, mesmo que seus braços e pernas não estejam se movendo, mantenha-os envolvidos e alongados.

Postura do camelo: para abrir a luz de seu coração
Os camelos são conhecidos por carregar muito peso. Eles carregam bagagens e sacolas nas costas enquanto atravessam o deserto, suportando a vida sem água por até seis meses. Embora esse fardo seja físico, ao longo dos séculos os camelos passaram a simbolizar a resistência necessária para suportar, também, as cargas metafísicas. A descrição de Friedrich Nietzsche de uma vida espiritual contém três metamorfoses, e a primeira é simbolizada pelo camelo. O segundo estágio é o do leão. Como o leão, você não está mais sujeito ao peso do mundo. Em vez disso, percebe sua vontade sobre o mundo. Desse modo você entra em sua própria luz e, ao fazê-lo, é capaz de lutar contra a escuridão (representada por um dragão). Use a postura do camelo para se mover através de seus fardos e ir em direção à luz de seu coração.

1. Ajoelhe-se no chão com os joelhos afastados. A parte de cima de seus pés e seus tornozelos devem estar em contato com o chão. Relaxe suas nádegas. Encontre uma posição neutra e alinhada para sua pélvis, de modo que não fique nem dobrada nem alongada.
2. Coloque as palmas das mãos na parte de trás de sua pélvis (quadris) – uma palma em cada lado de sua coluna – com os dedos juntos e apontando para baixo. Mantenha seus ombros alinhados, para baixo, longe das orelhas.
3. Inspire e alongue a parte superior das costas, levantando e expandindo seu coração. Sua cabeça e seu pescoço devem estar como a continuação de sua coluna, também em um arco apoiado;

seu olhar deve estar para cima e para fora. (Se essa posição for muito cansativa para seu pescoço, abaixe o queixo, encoste-o no pescoço e encontre um apoio firme.) Enquanto a parte superior de seu tronco está alongado, certifique-se de que sua região lombar não esteja, e de que a pelve permaneça em uma posição neutra, como a posição na qual você iniciou o exercício. Permaneça nessa posição por dez respirações profundas.

4. Para sair da posição, mantenha as mãos na pélvis, encontre seu centro de equilíbrio e retorne lentamente o tronco para a posição vertical. Ao fazê-lo, conduza com seu tórax, com seu coração – não com a cabeça ou com o pescoço – para maior estabilidade.
5. Repita a postura por mais duas vezes.

Para maior abertura, maior alongamento, os praticantes avançados podem entrar de modo mais profundo na postura, aumentando o alongamento das costas, para que as palmas das mãos repousem sobre as solas dos pés. Para todos: para alcançar um ótimo alongamento na postura do camelo, a posição fetal é a ideal; nessa posição você traz as nádegas para trás e, se possível, sobre os calcanhares, enquanto coloca o tronco entre as coxas para que a testa encontre apoio no chão; os braços devem permanecer alongados na lateral do corpo. A propósito, a criança é o terceiro e último estágio na metamorfose descrita por Nietzsche.

Postura do leão: para rugir com confiança
Quando foi a última vez em que você fez uma careta, uma cara engraçada? As chances de você responder que foi durante a infância, ou com uma criança, são grandes. As crianças mostram a língua o tempo todo, em parte porque não se importam com o que os outros pensam – elas fazem caretas engraçadinhas porque isso lhes agrada. É uma expressão de quem elas são naquele momento de sua vida, e elas não pensam duas vezes sobre isso – porque a criança vive muito pouco no mental e muito mais no coração, que é um lugar que não conhece medo. É uma pena que a maioria dos adultos perca essa confiança inata e recue para seus esconderijos. Afinal de contas, caretas e caras engraçadas são apenas flexão e alongamento dos músculos faciais. No nível físico, realmente é só isso. No entanto, no nível

metafísico, um adulto fazendo uma careta ou uma cara engraçada, tem muito mais a ver com o que os outros pensam. Ou, melhor: tem muito mais a ver com o que você acha que os outros estão pensando sobre você. Então, saia do mental e entre em seu emocional, em seu coração, com a postura do leão. Recupere a segurança legítima que você tinha na infância e ruja, faça barulho!

1. Ajoelhe-se no chão, com os dedos dos pés curvados para baixo e as nádegas apoiadas nos calcanhares. Coloque as mãos nas coxas, com as palmas voltadas para baixo e os dedos bem abertos.
2. Inspire profundamente pelo nariz, preenchendo o tórax e a parte superior das costas com o ar.
3. Expire com vigor e faça um completo som *ha* enquanto:

★ Abre a boca e coloca a língua para fora e para baixo, em direção ao queixo, o máximo que puder

★ Abre os olhos e olha para cima em direção ao seu terceiro olho (ponto localizado entre as sobrancelhas)

★ Pressiona as palmas das mãos contra as coxas, com os braços esticados.

4. Repita três vezes, mais alto e com mais vigor a cada vez.

Postura do golfinho: para a força do coração
Essa postura é eficaz para fortalecer e estabilizar as estruturas musculoesqueléticas que envolvem o coração. A chave é manter as costas retas, eretas (não se curve ou relaxe), o peito aberto, largo, e os ombros alinhados. Força gera força. Então, quanto mais você praticar essa postura, mais facilmente você será capaz de manter o alinhamento correto do centro do coração durante e após o exercício. Com o tempo, você perceberá que fica mais fácil não apenas ficar em pé com uma postura correta de seu centro cardíaco, mas também agir com o coração.

1. Comece na posição de mesa sobre suas mãos e joelhos.
2. Abaixe seus antebraços até o chão para que seus ombros fiquem alinhados diretamente sobre os cotovelos. A partir dessa posição,

junte as palmas das mãos (os antebraços farão um ângulo em direção à linha central) e entrelace os dedos. Certifique-se de que as laterais externas dos dedos estão firmes no chão.

3. Pressione seus antebraços no chão, curve os dedos dos pés, expire e estique as pernas, permitindo que seus ossos se elevem em direção ao teto, de modo que você esteja agora em uma posição invertida, em posição de V). Seus pés estão distantes do quadril. Sua cabeça e pescoço devem ser uma extensão da coluna, precisam estar alinhados com a coluna, em linha reta; seu olhar deve estar direcionado para o espaço entre suas coxas.

4. Pressione seus ombros para trás para que eles não se curvem (se os ombros ainda estiverem curvados, dobre levemente os joelhos). Mantenha os ombros alinhados, longe das orelhas. Todo o seu torso – da pélvis até os cotovelos – deve formar uma linha reta.

5. Respire por, pelo menos, cinco ciclos lentos e controlados.

6. Saia da postura soltando os joelhos no chão ao expirar.

Primeiro os leões, depois os camelos, agora os golfinhos... os animais têm o dom de ser ótimos professores se nos sintonizarmos com as mensagens elevadas que eles têm a transmitir. Não importa se esses animais simbólicos (totens) são encontrados dentro do folclore nativo americano ou xamânico, as mensagens são semelhantes em toda parte. O golfinho, por exemplo, representa – entre muitas qualidades – a mais pura forma de amor. Você se lembra do *Livro dos Mortos* mencionado anteriormente no capítulo? Em vez de Anúbis ter uma alma digna entregue ao além, ao outro mundo depois da morte (depois que seu coração foi pesado), em alguns antigos mitos romanos, um golfinho a levou para as Ilhas Afortunadas. E, de acordo com os gregos, o golfinho vem do mesmo lugar que Apolo, o deus do Sol e, consequentemente, um deus associado a Leão. Então, a postura do golfinho é completa – é uma maneira de fortalecer sua conexão com o coração em todos os níveis.

Faça uma lista: para encarar suas sombras
Muitas vezes, as partes de que não gostamos em nós mesmos estão tão bem escondidas de nosso olhar que as projetamos diretamente nas outras pessoas. Por exemplo, a arrogância pode ser um de seus pontos fracos, o traço que você realmente não suporta nos outros. Quando você a percebe, talvez diga a si mesmo: "Ela é tão arrogante! Eu nunca agiria assim". No entanto, com frequência, as características que mais desaprovamos nos outros representam o que mais nos desagrada em nós mesmos. É por isso que existe uma carga emocional tão intensa quando você as percebe – pois elas estão refletindo uma parte sua que você ainda precisa aceitar. Se é assim, então, a arrogância (ou o que quer que seja seu ponto fraco) está comandando sua vida muito mais do que você imagina. Isso é, até você lançar luz sobre ela e trazê-la para sua consciência. Depois de tomar consciência de seu ponto fraco, você pode fazer algo a respeito e decidir deixá-lo continuar comandando seu comportamento, ou virar a mesa e tornar-se senhor de si. Veja o que você não está disposto a ver iluminando suas próprias sombras.

1. Faça uma lista de características que você não suporta nas outras pessoas. Não se censure – tudo o que vier à sua mente é válido.
2. Escolha as três principais características que realmente o tiram do sério. Pense em exemplos específicos de como, quando e com quem você as percebeu.
3. Para cada uma dessas características, coloque um olhar atento e veja se é uma característica que você demonstrou no passado ou demonstra no presente. Pense em exemplos específicos. Seja honesto e objetivo. Esse exercício não é para provocar culpa ou autopunição. É para simplesmente observar partes de si mesmo que talvez você não tenha observado antes.
4. É isso aí! Consciência é o primeiro passo para superar suas sombras e isso, por si só, ajudará que aconteça uma transformação necessária. Você pode até se tornar mais consciente sobre como essas características surgem em suas interações diárias.

Os próximos passos envolvem a aceitação de suas sombras e assumir as responsabilidades sobre elas, seguidos por um plano de ação que lhe permita evoluir.

Acolher a si mesmo: para o puro amor-próprio
Ame a si mesmo. A energia de Leão fala sobre abundância, e sempre há muito mais amor do que o suficiente para distribuir por aí. Abra-se para receber mais amor, doando amor, recebendo e doando novamente. Você se lembra do envolvimento nesse ciclo de dar e receber, ensinado pelo signo de Câncer? Agora é a hora de envolver-se com esse ciclo. Literalmente e totalmente.

1. Sente-se ereto em uma cadeira, com os pés apoiados no chão. Feche os olhos.
2. Em uma inspiração profunda, levante o tórax, seu centro cardíaco, o pescoço e a cabeça e abra os braços para ambos os lados. Essa deve ser uma posição tão expansiva quanto possível.
3. Em uma expiração profunda, retorne seu torso à sua posição neutra, envolvendo os braços em torno de você, em um abraço em si mesmo. Sua cabeça e pescoço provavelmente abaixarão, mas certifique-se de que seu tórax, seu peito não ceda!
4. Repita por um minuto, criando um fluxo contínuo entre as inspirações e expirações. Conforme você se movimenta, sinta o amor que está expandindo, recebendo e doando. Faça isso à sua maneira. Esse movimento deve ser prazeroso, divertido... e pode até fazer você sorrir.

Um abraço transmite amor em todos os níveis. Por exemplo, acredita-se que, entre seus muitos benefícios, um bom abraço libera oxitocina, que promove sensações de conexão e confiança, ativa receptores na pele que reduzem a pressão sanguínea e reduzem os níveis de cortisol, promovendo relaxamento e calma.

Resumo

★ Seu coração e a parte superior das costas são as regiões do corpo relacionadas a Leão. Elas representam sua coragem, o amor e a devoção a quem você é e ao que você tem.

★ Leão é o quinto signo do ciclo do zodíaco. Sua energia pertence à sua luz interior e é capaz de brilhar diretamente de seu coração (apesar das sombras que possam surgir!).

★ Se sua natureza de Leão se tornar muito egocêntrica ou com medo dos holofotes, recuar; seu coração e a parte superior de suas costas podem experimentar sintomas diferentes (por exemplo, tensão muscular ou fraqueza).

★ Alinhe, equilibre seu Leão interior por meio de questionamentos, exercícios e atividades que se concentram em seu coração, no centro de seu tórax e na parte superior das costas. Use-os para ampliar seu próprio brilho e acender as chamas das outras pessoas.

7

Ventre de Virgo

♍ VIRGEM

Data de nascimento: 23 de agosto – 22 setembro
Região do corpo: Abdômen
Afirmação: Sirva com Pureza de Propósito

Vindo de Leão com uma consciência da natureza de luz e sombra, Virgem deseja destilar, remover toda e qualquer impureza – para domesticar a fera de Leão. A vida não é mais sobre ela, mas sobre o que ela está apta a dar. Afinal, é hora da colheita! As semeaduras que deram frutos sob a influência de Leão estão agora – com o fim do verão – prontas para ser colhidas. Prontas para o grão se tornar pão e a uva se tornar vinho. Mas primeiro Virgem deve separar o joio do trigo, pois a energia está aqui a serviço da generosidade da terra em sua forma mais pura.

Seu corpo: abdômen

Você já ouviu o ditado "Você é o que você come"? Bem, ele é real. A comida que você come acaba se transformando no que você é. É uma magia aplicada que ocorre via absorção, um processo do intestino delgado, um dos órgãos da região abdominal relacionado à Virgem. Aqui, uma noz que começou como algo aparentemente separado de você, acaba sendo digerida em suas moléculas, como proteína,

> Virgem é a maior constelação do zodíaco e a segunda maior no céu (depois da Constelação Hidra). Ela abrange o equinócio de outono, o ponto onde a eclíptica solar corta o equador celeste. Astrologicamente, no entanto, é Libra que celebra o início do outono no Hemisfério Norte.

gordura e assim por diante. Essas moléculas, através da corrente sanguínea, são, então, entregues ao restante de seu corpo e tornam-se, por exemplo, partes de seu cabelo ou hormônios.

Seu intestino delgado – o facilitador dessa magia aplicada – é apenas um dos componentes de sua cavidade abdominal. Na verdade, a maior parte dos órgãos de seu corpo reside ali, além do intestino grosso, fígado e estômago. Uma das raízes latinas da palavra abdômen, *abdere*, significa "esconder" e, de fato, muito está escondido dentro do abdômen. Essa é a região de seu corpo que se estende entre o diafragma e a pélvis. Embora a maioria das pessoas esteja ciente do conteúdo do abdômen, é mais provável que você esteja familiarizado com suas características externas – as quatro camadas de músculo que compõem sua parede abdominal. A camada mais famosa, o reto abdominal, é o músculo mais externo e responsável por seu "tanquinho". Quer você veja, ou não, você tem um "tanquinho",

Ventre de *Virgo* 131

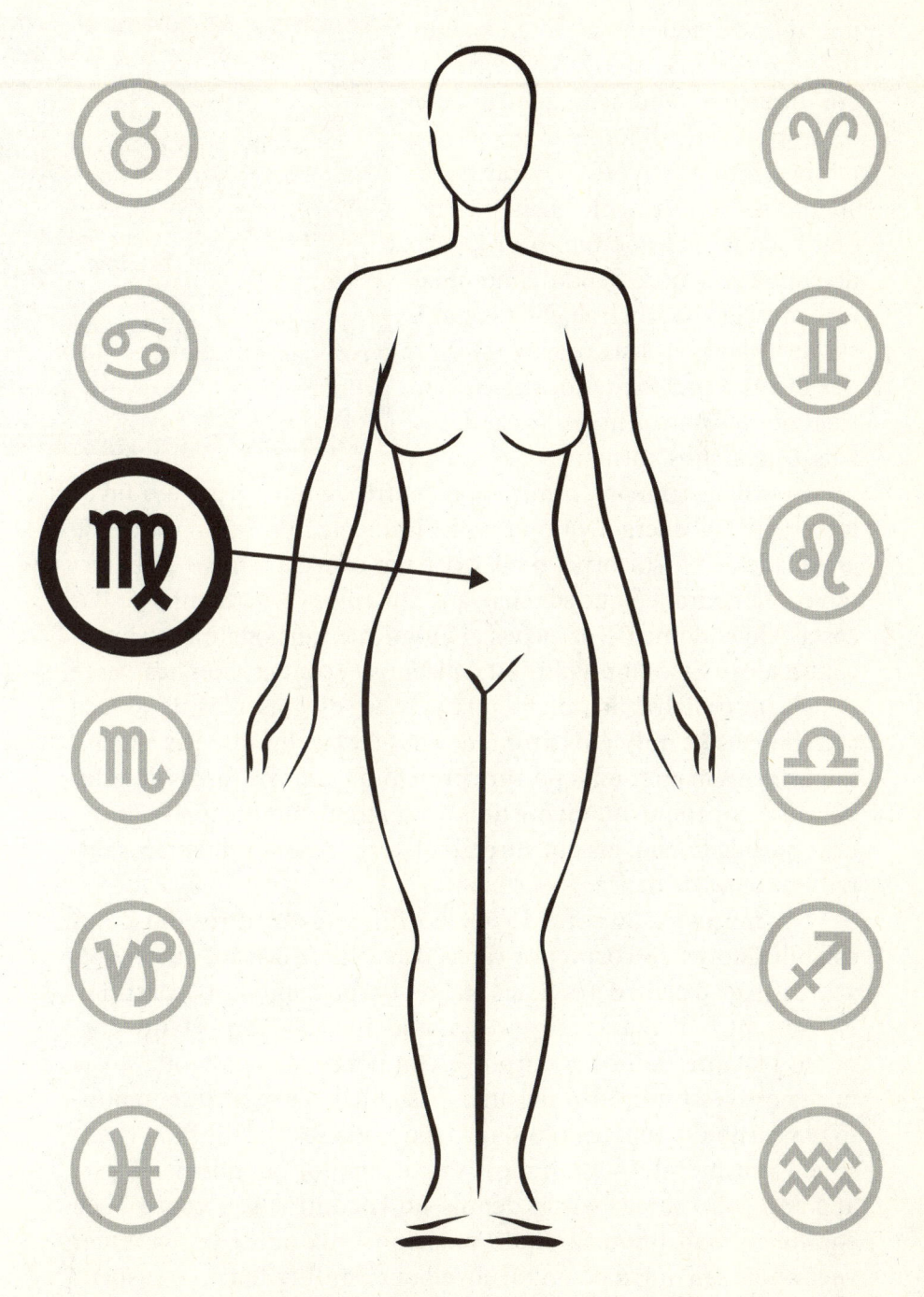

Veja o apêndice C para a estrutura do abdômen.

um músculo abdominal desenvolvido. Isso faz parte de seu DNA, formado por inserções tendíneas que dividem o músculo reto abdominal em seis ou mesmo oito inserções. O transverso abdominal é o músculo mais interno, uma bainha fina que tem o propósito de comprimir o conteúdo abdominal. Esse músculo faz um trabalho tão incrível de estabilizar seus órgãos internos que forma a parte anterior de seu centro; dois dos outros músculos abdominais, os oblíquos, formam suas laterais.

> Seu intestino tem uma mente própria. Na verdade, ele tem todo um sistema nervoso que contém 100 milhões de neurônios. Embora seja sabido que esse segundo cérebro supervisiona os processos físicos do intestino (digestão, absorção, eliminação) sem precisar de informações de seu cérebro, fica cada vez mais claro que ele também ajuda a regular as emoções.

Astrologicamente, o núcleo, o centro de seu corpo, é o invólucro para sua energia virginiana. Fisicamente, o *core* é o centro de gravidade de nosso corpo, o núcleo, é um conceito antigo e um termo contemporâneo que se refere aos músculos da parte inferior das costas, do abdômen e da pélvis anatômica e funcionalmente interconectados. Esses músculos estabilizam sua coluna sinergicamente e incluem o diafragma, diafragma pélvico, os músculos da parede abdominal e os músculos profundos das costas. Juntos, eles ajudam seu tronco a manter uma postura protetora diante de forças desestabilizadoras – como os movimentos de um trem durante uma viagem, uma bola de futebol em sua direção ou a agitação dos membros durante as aulas de dança.

Os músculos do core, do núcleo, diferem de outros músculos estabilizadores do corpo por causa de sua localização, que envolve e protege o centro gravitacional do corpo como um espartilho. Nosso centro de massa corpórea, nosso núcleo, é importante porque o restante de nosso corpo se comporta como se toda a sua massa estivesse concentrada ali. Nosso núcleo é, portanto, o ponto em torno do qual todo o seu corpo pode ser equilibrado (pense em um móbile pendurado). Por exemplo, quando você está apoiado sobre uma perna, depois de encontrar seu centro, seu equilíbrio, não importa como posiciona sua outra perna. Quer você apoie seu outro pé no tornozelo, na panturrilha ou o suspenda no ar, seu equilíbrio geral não será afetado. Da mesma forma, não será afetado se suas mãos estiverem em sua cintura ou se esticá-las acima de você. O oposto também é verdadeiro: se você não conseguir localizar seu centro, seu equilíbrio, você não será capaz de ficar sobre uma perna, independentemente da posição de sua outra perna e braços.

Encontrar seu centro gravitacional, seu equilíbrio, não é uma tarefa fácil na aula de ioga, quanto mais em outras áreas da vida, onde as forças desestabilizadoras são abundantes. Independentemente de essas forças virem de seu trabalho, de pressões familiares ou de sua autocobrança, é fácil se sentir como se tivesse perdido seu centro, seu equilíbrio, já que você é puxado em várias direções e de uma só vez. A boa notícia é que seu equilíbrio, o centro, nunca está realmente perdido. Mesmo que não consiga encontrá-lo, ele está sempre lá. Porque é seu núcleo, seu centro! É seu poder interior, seu instinto, por assim dizer. É o lugar que sabe exatamente quem você é e por que você está aqui.

Quando você está nesse lugar – em seu propósito –, também dá poder a todo o seu ser. No nível físico, usar seu coração, seu núcleo, como a origem de seus movimentos, permite que seus braços e pernas funcionem o melhor possível. Ou seja, permite que você sirva de forma mais eficiente ao seu próprio propósito. E seu Virgem interior não é nada menos que eficiente! Metaforicamente falando, quando você entra em sintonia com seu core, seu núcleo, você vai ao encontro de uma força ígnea intensa que é como um fogo queimando em seu ventre. É um profundo sentido de sua identidade, valor e poder que excede a capacidade de sua mente, vai a um nível de análise e exatidão sobre sua essência, que é parte integrante desse signo do zodíaco. Como você está acostumado a acessar seu coração, seu núcleo? Tente essa variação da posição de prancha para observar isso:

1. Comece na posição de mesa sobre suas mãos e joelhos, com os pulsos alinhados com os ombros e os joelhos alinhados com os quadris. O pescoço permanece em uma posição neutra, o olhar é direcionado para baixo e um pouco à frente.

2. Coloque os antebraços no chão, paralelos um ao outro. Contraia, envolva seu abdômen, flexione para baixo, criando resistência com os antebraços, curve os dedos dos pés e estenda seus joelhos. Agora você está na posição de prancha, apoiado em seus antebraços. Mantenha essa posição durante 60 segundos.

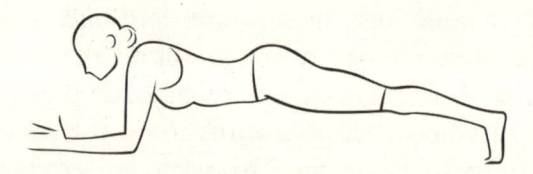

Se conseguir completar esse exercício – mantendo a postura sem soltar os ombros ou a cintura pélvica, ou, ainda, os joelhos – você tem uma boa força em seu core. Se não conseguir, sua força, seu núcleo, precisa ser melhorada.

Com frequência, você pode observar a falta de propósito de uma pessoa por meio de sua postura curvada, "caída". Sua postura curvada pode aparentar que seu corpo está com pouca energia e convicção. Não há um centro claro, equilibrado, sem que haja propósito para lhe dar forma. Nenhum centro de controle está guiando seus movimentos. Até mesmo o olhar dessa pessoa não é dirigido intencionalmente. Se você experimentar uma postura curvada, "caída", verá que não é fácil caminhar pela vida assim! É difícil aproveitar a energia de seu corpo quando ela é, de modo inconsciente, dispersada. Ainda assim, você tem apenas um corpo. E para cuidar bem dele – e de você – seus movimentos não devem acontecer ao acaso, mas com propósito. Em um dado momento, conscientize-se de como sua estrutura óssea está posicionada no espaço – e por quê. Comece por encontrar seu centro, seu core, seu núcleo.

As estrelas: Virgem

Sirva com pureza de propósito

Estar a serviço é prestar assistência, agir de maneira útil. E você decide como, pois não há especificações ou restrições sobre o que constitui o servir, o que você faz pelo outro ou pelo mundo. Enquanto você puder expressar uma ideia e prestar um serviço, ele existe – e vai de um sorriso a um sanduíche, a um discurso. A magia está em como prestar um serviço – que é o que distingue um serviço de, digamos, um mero negócio. O que importa é a forma como o sorriso ou o sanduíche é dado – a intenção, a seriedade, a honestidade e o sentimento (ou a falta dele) – o que está por trás do gesto. O servir aparece como um tema recorrente ao longo do ciclo do zodíaco, e no ciclo de Virgem, o servir não é um servir sem esses componentes.

Esses componentes definem não apenas o que você doa, mas, também, a maneira como doa, tornando inseparáveis a natureza do servir e a do que você doa. Pegue uma agricultora, por exemplo, que vende seu milho na feira local. A atenção e a dedicação com que cultivou seu milho e realizou sua colheita também ficam evidentes na maneira como ela vende em sua barraca. Ela pode lhe dar uma amostra grátis para você provar o quanto seu milho é bom, pode oferecer ideias para que você aproveite as sobras, ou apenas olhar em seus olhos e sorrir. Ela está apelando não para o lado racional de seu cliente, mas para o emocional, para seu coração. É por isso que essa experiência de compra é, provavelmente, muito diferente de uma transação, um negócio, envolvendo apenas o produto milho em um supermercado da cidade.

O conceito de servir pode, agora, ser entendido em um nível muito mais profundo. Lembre-se de que esse conceito foi apresentado a você sob o olhar de Gêmeos (veja o Capítulo 4: "Mãos dos Gêmeos"). Seu servir – na forma de ideias e mensagens inovadoras – precisava atingir um público mais amplo. Não bastava a mensagem ter um apelo apenas para a mente de Gêmeos; também tinha de beneficiar outras pessoas. Agora, com Virgem, o servir encontra suas raízes não em quem serve ou em quem é servido, mas no servir em si. É por isso que uma compra em uma feira local é, provavelmente, mais gratificante do que no supermercado – a barraca dos agricultores na feira não existe apenas por causa do vendedor ou do comprador, mas também por conta do cultivo do milho. Pois o milho não é apenas milho, mas uma representação da terra, da natureza, do sustento, da comunidade e de um trabalho duro. Assim, pela óptica de Virgem, a agricultora planta, cultiva, colhe e disponibiliza o milho porque ela se vê como um canal para o milho e para tudo o que ele representa. Ela está simplesmente facilitando um meio para o produto atingir um bem maior, o que também permite a *ela* alcançar seu bem maior. Seja comida, joias ou terapia, a devoção ao servir pode assumir muitas formas, todas incluídas na constelação da imaculada donzela de Virgem.

O arquétipo da donzela imaculada, virgem, tem sido aclamado através dos tempos e da geografia – Shala era a personificação da Suméria, Ísis criou forma no Egito antigo, Deméter na Grécia antiga, as Virgens Vestais em Roma e a Virgem Maria na Idade Média. Mais recentemente, foi a virginiana Madre Teresa quem prometeu, por meio da Ordem das Missionárias da Caridade, "servir com todo o coração, viver a caridade no dia a dia, de modo a assistir os mais desvalidos e mais pobres". É claro que a alcunha "donzela imaculada" não deve ser considerada literalmente: enquanto donzelas, essas mulheres representam aqueles que servem os frutos da terra para as pessoas da terra. E como virgens, imaculadas, seu servir era considerado modesto, imaculado e puro.

De acordo com o antigo filósofo grego Platão, o mundo é composto por formas – ou características – que são puras em si mesmas. Tome, por exemplo, a propriedade da curvatura, como nas bolas de beisebol, bolas de gude, laranjas, rodas, a forma geral do planeta Terra, etc. No entanto, embora a curvatura caracterize cada uma dessas coisas, ela é, portanto, seu próprio corpo, assim como o tamanho, a forma, o peso e a cor. Mesmo se todas as bolas e bolinhas de gude fossem destruídas, o conceito de curvatura permaneceria. Ele se destaca como sua própria qualidade. Certamente, a curvatura pode se misturar com outros elementos, como peso ou cor, a fim de criar uma forma mais complexa, como uma laranja ou uma bola, mas, por si só, ela é o que é. Apenas a expressão pura de curvatura. Nunca muda. É eterna.

Nem é preciso dizer que a curvatura pura e simples é difícil de encontrar. Você não a vê rolando pela rua. Ela necessita de outras características – como dimensão – para existir de forma tangível. No entanto, assim que se funde com outras características, sua pureza é diluída. Então, embora a pureza seja um estado – uma distância de

> As virgens vestais eram sacerdotisas responsáveis por manter o fogo sagrado no templo da cidade. Enquanto o fogo queimasse, a cidade seria mantida. De modo apropriado, o nome delas vem de Vesta, a deusa romana do fogo e, mais recentemente, esse é o nome atribuído ao asteroide mais brilhante e visível da Terra.

qualquer coisa que contamine –, também é uma busca. Uma busca para alcançar a essência absoluta de qualquer coisa que está na origem. Como ter pensamentos puros ou agir com um instinto de puro amor.

A busca pela pureza é um caminho e é uma prática, não um destino. Alimentos puros, como curvaturas puras, na realidade, não existem. Isso é um ideal. E nós temos uma grande tendência a aproveitar a jornada em direção a ela. Mas, ai de nossa natureza virginiana quando nos faz cobiçar a pureza como um objetivo final! Embora a mente de Virgem seja forte, usá-la para definir, de modo perfeito, a própria perfeição, é uma de suas armadilhas. Por exemplo, a ingestão de alimentos controlados com rigor não significa que seja uma dieta – ou o corpo que a recebe – livre de impurezas. Na verdade, mesmo se você chegasse a um extremo absoluto de se alimentar apenas de ar, os poluentes do ar tornariam seu consumo impuro. Da mesma forma, passar o fim de semana inteiro editando e revisando o mesmo relatório não faz com que cada palavra, ou vírgula, seja perfeita.

> ♍ Em toda a Ásia, há tantas estátuas de Budas sérios quanto sorridentes. Eles nos lembram de que tudo tem limites, para nos ajudar a eliminar pensamentos, emoções e hábitos que não servem mais ao nosso propósito, a fim de nos purificar, nos impulsionar a evoluir e seguir em frente.

A pureza, a perfeição, é um ideal que nos esforçamos para alcançar em nossa alimentação, em nosso trabalho, em nosso estado de espírito e em qualquer coisa que escolhemos. Quando realizado com a devida energia de Virgem, o empenho pode ser um processo de melhoria, de aperfeiçoamento e purificação que mantém você mais próximo de seu autêntico eu, que é a fonte original de alinhamento e satisfação interior e exterior. E, se sua energia de Virgem puder direcionar esse grau de pura coerência pessoal, bem, não há propósito maior do que esse.

Virgem promove com vigor o conceito de fazer por ser, permitindo que quem você é inspire o que você faz. Por essa razão, a donzela imaculada da Constelação de Virgem é normalmente representada segurando um feixe de trigo. Esse feixe de trigo simboliza quem ela é (uma deusa da terra) e o que ela faz (serve os frutos da terra). Com essa simbologia, Virgem se apropria de nossa noção moderna da divisão entre o pessoal e o profissional, dissolve a barreira invisível entre eles e se casa, compromete-se com os dois.

Quando esse casamento acontece, você encontrou seu propósito. Seu propósito é a razão pela qual você existe, o presente original que você está aqui para oferecer. Alguns nomeiam isso como um chamado. Alguns nascem com o dom, alguns o desenvolvem, outros passam a vida inteira procurando por ele, e alguns não sentem que têm o privilégio de procurá-lo. De acordo com a Teoria das Formas (ou Teoria das Ideias) de Platão, muitas vezes a essência é mais bem compreendida naquilo que ela não é. Por exemplo, a maioria dos funcionários de um *fast-food* tem certeza de que o trabalho em turnos não é sua verdadeira vocação. Talvez eles ainda não saibam qual é seu chamado, seu propósito, mas sabem que não é o trabalho em turnos em um *fast-food*. De qualquer forma, mesmo que esse não seja o chamado, tudo serve a um propósito, até esse trabalho em turnos. No momento presente, talvez seja a fonte de renda para o aluguel, a alimentação de uma família. Ou uma maneira de aperfeiçoar as habilidades de trabalho do funcionário, que pode servir de forma a iluminar o dia de seus clientes. (Lembre-se: servir é o servir em si e nenhuma outra variação é melhor do que a outra. A mágica está no modo como isso é feito.) Como isso vai funcionar no futuro? Somente quando pudermos olhar para trás é que saberemos. Talvez tenha sido um importante passo para outras oportunidades, um mestre com lições importantes, ou, na verdade, sua própria carreira falando mais alto. Seja o que *for*, se você for capaz de olhar para a situação por seu propósito maior, você será capaz de se sentir bem e seguro sobre seu caminho.

Tudo o que você fez, todos os relacionamentos com os quais se envolveu o trouxeram para o lugar onde você está hoje. Seu propósito – junto à sua trajetória para chegar a ele e a partir dele – não é necessariamente visto como algo exclusivo, mas é tão único quanto você. Não é necessariamente decretado

> O livro *The Jungle* (A Selva, em tradução livre), do virginiano Upton Sinclair, provocou protestos nacionais sobre a situação da indústria de alimentos em 1906, o que resultou no primeiro estatuto dos alimentos. Um século depois, a busca por alimentos saudáveis continua na forma de alimentos orgânicos, locais e sustentáveis, com o objetivo de tornar nossa alimentação mais pura.

em seu nascimento, por circunstâncias ou por desafios a ser alcançados. E, mesmo que seja, pode levar uma vida inteira para aprender, para reconhecer, pois não é, necessariamente, algo que até mesmo o aguçado intelecto de Virgem possa decifrar. De fato, pode surgir de um trauma, ou pode ser uma voz interior ou uma leve intuição na qual você precisa confiar, mesmo que esteja além do pensamento racional ou além da conformidade com o *status quo*. Pode não parecer com o que você acha que seria ideal (e é por isso que pode ser tão difícil de se encontrar). E isso pode exigir uma total reavaliação de seus sistemas de crenças, a fim de se livrar de restrições autoimpostas, as do tipo que mantêm você em ações e escolhas insignificantes enquanto você serve a todos os fins, menos ao que mais importa, ao mais elevado. Virgem, no entanto, está aqui para encorajá-lo a servir ao seu propósito mais elevado, seja ele qual for. E isso, por sua vez, é da energia virginiana. É como se ela verdadeiramente alimentasse a terra – alimentando sua alma.

O que aprender

Há muito tempo – talvez quando ainda era uma criança – você imaginou seu futuro. Talvez tenha imaginado a si mesmo como mãe, pai, uma fada, um bombeiro, ou tudo isso junto. Qualquer que tenha sido sua ideia de futuro, provavelmente foi alimentada tendo por base a noção de quem você era e do que veio fazer aqui – um sentimento que provavelmente evoluiu e tomou outras proporções com o tempo. Encontrar seu propósito de vida – quanto mais vivê-lo – é um trabalho que está em andamento. Uma estrada na qual as coisas que lhe servem hoje podem não servir amanhã.

Quando alguma coisa ou o propósito de alguém deixa de servir ao seu, é o momento de agradecer, de se despedir e seguir em frente. Dessa maneira, Virgem está sempre removendo impurezas de sua vida – de dentro de você e de fora – para que seu objetivo, seu foco, seja trazido à vida em sua forma mais pura. A energia de Virgem está sempre digerindo um pensamento ou abandonando um hábito – assim como seu ventre e seu sistema digestivo assimilam o que é necessário para o corpo e eliminam o que não é. É uma purificação permanente das formas antigas que já não são suficientes. Ela pode não saber para onde está indo com tudo isso, mas ela sempre segue um bom pressentimento.

Se ela ignorar essa intuição, corre o risco de viver uma vida vazia, insatisfeita. Ela usará percepções muito superficiais para definir quem é e o que ela permite em sua vida. E, então, nada vai preencher ou ser bom o suficiente. Nada vai atender às suas exigentes expectativas, porque ela continuará sem conhecer as suas próprias (aquelas que vêm de seu núcleo, de seu centro, de sua alma). Quando isso ocorre, a autocrítica de Virgem a levará a um verdadeiro turbilhão de julgamento de si mesma e dos outros. Esse turbilhão pode, então, levar a tentativas frequentes de aumentar o controle – normalmente quanto aos hábitos de saúde e nas rotinas diárias – à medida que ela continua tentando, de forma árdua, alcançar o resultado desejado. No entanto, se seu propósito for mal concebido desde o início, então, sua tentativa de alcançá-lo também será. E a obsessão substituirá a dedicação.

As manifestações físicas de uma energia compulsiva de Virgem podem incluir:

* ★ Core contraído
* ★ Postura rígida, "militar"
* ★ Respiração superficial ou pesada (*versus* respiração abdominal)
* ★ Outros: Má digestão, distúrbios alimentares diversos, indigestão, alergias alimentares, prisão de ventre, hérnia, úlceras, intestinos irritáveis, hipocondria, comportamentos obsessivos

Se Virgem renuncia, abre mão, do controle, então abandona a marca registrada do signo – disciplina. Sem disciplina, suas tentativas de purificação serão pouco frequentes ou instáveis, e terá alguns tons mais cinzas do que sua verdadeira e mais pura essência. Seu servir será severamente afetado e também viverá em um estado menos puro, menos autêntico. Então, o que quer que seja sua percepção de centro, de essência, de servir, essa lição de Virgem mostra uma maneira de ser, uma percepção de si mesmo e do propósito, que ainda precisam de alguns caminhos para se desenvolver plenamente.

As manifestações físicas de uma natureza permissiva de Virgem podem incluir:

* ★ Core fraco
* ★ Postura curvada em C, ou postura lordótica
* ★ Outros: Intestinos soltos ou irritáveis, hérnia, compulsão alimentar, má nutrição, indigestão, úlceras, alergias alimentares

Quão cuidado é seu coração, seu núcleo? Quer se sinta compulsivo, permissivo, ou, ainda, alguma coisa entre esses sentimentos, a chave é ouvir seu corpo e lhe dar aquilo de que ele precisa. Para alongar um abdômen rígido ou fortalecer uma musculatura fraca, desperte seu Virgem interior com as perguntas e exercícios a seguir.

Seu corpo e as estrelas

Os itens a seguir servirão como seu guia pessoal para trazer as estrelas e a energia de Virgem até você. Use-os para servir com maior pureza de propósito.

Questionamentos

★ De que maneiras você serve a seus amigos? Família? Sociedade? Ao seu trabalho?

★ Você acha que serve de maneira pura, legítima? Se não, quais elementos precisam entrar ou sair de sua vida para que você se sinta assim?

★ Quais rotinas e hábitos saudáveis você coloca em prática? Qual é o objetivo deles? Eles estão, de fato, servindo ao seu propósito?

★ Você já ouviu seu chamado, já o encontrou? Quer tenha encontrado, ou não, quais adjetivos descreveriam seu propósito, sua vocação (criativo, empreendedor, prático)? Use sua imaginação e não se censure.

★ Em quais situações você tira forças de seu núcleo, de seu centro? Em quais situações você precisa delas?

Exercícios

Prancha com o antebraço – mais desafiadora: para estimular seu Core

Você se lembra do exercício na página 134? Não é apenas um teste de resistência do core, mas um exercício fortalecedor. É chamado de postura de prancha porque seu corpo deve tomar a posição de uma prancha – a forma de uma tábua, de um pedaço longo e plano de madeira. O peito não deve ser abaixado, em hipótese alguma, e a pélvis não deve estar abaixada ou levantada... da cabeça aos pés, seu corpo precisa assumir uma posição em linha reta. Isso é muito mais fácil de dizer do que fazer, pois manter essa postura requer força do core, o que é um grande desafio.

Por causa do estilo de vida caracterizado por nos levantarmos de uma cama, entrarmos em um carro, sentarmos na mesa do computador e nos sentarmos em um sofá, as academias de ginástica são os locais onde tendemos a fortalecer nossos cores. No entanto, seu core foi feito para muito mais do que isso. Você pode fazer o exercício para testar a força de seu core regularmente e, para tornar a postura mais desafiadora, pode incluir os seguintes movimentos:

1. Levante o braço direito, paralelo ao chão, e mantenha a posição por 15 segundos. Volte à posição original.
2. Levante o braço esquerdo, paralelo ao chão, e mantenha a posição por 15 segundos. Volte à posição original. 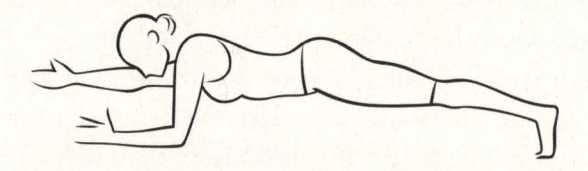
3. Levante a perna direita, paralela ao chão, e mantenha a posição por 15 segundos. Volte à posição original.

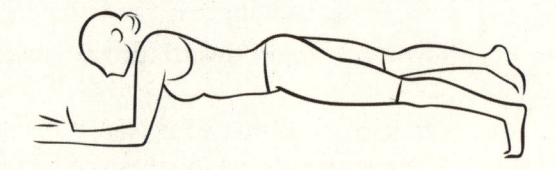

4. Levante a perna esquerda, paralela ao chão, e mantenha a posição por 15 segundos. Volte à posição original.
5. Levante a perna esquerda *e* o braço direito, paralelos ao chão. Mantenha essa posição durante 15 segundos. Abaixe a perna e o braço e volte à posição original.
6. Levante a perna direita e o braço esquerdo, paralelos ao chão. Mantenha essa posição durante 15 segundos. Abaixe a perna e o braço e volte à posição original.
7. Abaixe-se, suavemente, no chão; relaxe por um momento antes de se levantar.

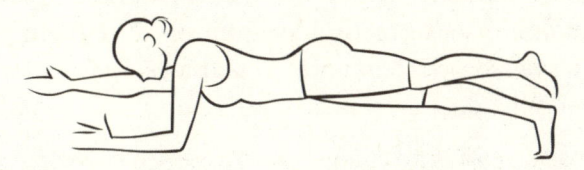

Para diminuir a intensidade da postura, coloque os joelhos no chão e entre em uma posição de mesa, a partir da qual você possa levantar os braços e as pernas conforme as instruções anteriores.

De qualquer maneira, use esse exercício para localizar seu centro de gravidade, seu core, envolvendo-o no exercício e permitindo que o restante de seu corpo o use. Com o tempo, essa percepção rotineira de seu core ajudará você a aproveitar seus princípios de estabilidade, centro gravitacional e equilíbrio em todas as suas atividades. Em outras palavras: tire seu core da academia de ginástica e o envolva durante todo o seu dia, enquanto estiver sentado, de pé e caminhando.

> ♍ Espiga parece uma estrela, mas é pelo menos duas, é uma estrela binária, cada uma maior e mais quente que nosso Sol. E com base nas observações de sua luz, alguns astrônomos acreditam até que Espiga não é composta por duas estrelas... mas por cinco!

Alongamento da estrela: para resplandecer a luz do seu core

Cada estrela tem um núcleo, incluindo Espiga, a estrela mais brilhante da Constelação de Virgem. O núcleo é a fonte de energia de uma estrela. É no núcleo que as partículas de prótons colidem com velocidade suficiente para que se juntem umas às outras e gerem uma enorme quantidade de energia por meio da fusão nuclear.

Essa energia alimenta o núcleo e é emanada para a zona de radiação – a próxima camada da estrela – para uso posterior. Seu corpo pode ser comparado a uma estrela de cinco pontas; seu núcleo gera o combustível musculoesquelético que alimenta *suas* zonas de radiação – cabeça e pescoço, membros superiores e inferiores – permitindo que elas se energizem por si mesmas e emanem ainda mais essa energia (ajudando seus braços a levantarem um objeto pesado, por exemplo). Use esse exercício para acessar a estrela que você é e para resplandecer a luz de seu core, de seu núcleo:

1. Deite-se de costas no chão. Transforme seu corpo em uma estrela de cinco pontas esticando os braços para fora, ao longo do chão, formando um V ao redor de sua cabeça, e abrindo as pernas.
2. Relaxe nessa posição e sinta como a energia de seu corpo está fluindo confortavelmente.
3. Agora dobre seus braços, pernas e as coloque em direção ao peito para que você assuma uma posição arredondada e compacta, contraindo todos os seus músculos nessa posição.
4. Com firmeza, estique a cabeça e os membros para fora, de volta para o formato de estrela. Todos os cinco pontos – duas mãos e dois pés, mais a cabeça – devem chegar ao chão exatamente ao mesmo tempo. Não os deixe cair, atingir o chão, descuidadamente, com força ou de maneira alternada. Saiba para onde você os está movendo e coloque intenção e força por trás dos movimentos para colocá-los no chão. Quando todas as partes estiverem no chão, sua posição de estrela deve estar ativa e comprometida, até os dedos das mãos e dos pés devem estar envolvidos. Libere o excesso de tensão da cabeça, do pescoço e dos ombros.
5. Volte para a posição arredondada, algo como a posição fetal mais contraída, e depois estique seus membros novamente. Repita essa sequência por dez vezes. Respire.

Você notou que sua capacidade de mover e colocar sua cabeça e seus membros na posição, com precisão, está diretamente relacionada ao envolvimento físico com seu core, seu núcleo? Quanto mais você se concentrar em seu centro como a fonte da força de seus membros, mais vigorosos e objetivos serão seus movimentos.

Postura da montanha: para voltar ao centro

Em uma montanha estão o carvalho e o junco. Um dia, no meio de uma tempestade, o robusto carvalho sucumbe e tem seu tronco partido enquanto o junco, flexível, ainda em pé, se curva. Balança com os ventos tempestuosos e, depois que a tempestade acaba, ele retorna à sua posição vertical. Seja o junco, permanecendo forte em seu propósito, mas flexível o suficiente para resistir às inevitáveis tempestades da vida. A postura da montanha o ajudará a se conectar ao seu centro... para que você possa dispensá-lo, apenas para voltar a ele. No fundo, ninguém pode distraí-lo de seu centro; apenas você.

1. Fique de pé com seus pés afastados, alinhados aos quadris, em sua posição natural. Determine uma base firme, levantando e esticando os dedos dos pés para posicioná-los uniformemente no chão. Centralize, distribua seu peso entre os dois pés.
2. Mantenha essa posição arqueada das pernas e sinta essa resistência, essa energia, subir por suas pernas e coxas. De modo muito suave, vire as coxas para dentro.
3. Abaixe o cóccix em direção ao chão enquanto levanta o umbigo.
4. Sinta seu core, seu núcleo, para que ele se torne um centro de força.
5. Abra suavemente seu peito e seus ombros; sinta as omoplatas firmes, sinta o alongamento do peito contraindo suas costas. Seus antebraços devem estar alinhados ao corpo, com as palmas das mãos voltadas para a frente, os dedos alongados e ativos.
6. A cabeça permanece em uma posição neutra, em repouso, alinhada ao seu tórax (não a deixe pender para a frente), o queixo deve estar paralelo ao chão. Libere, solte qualquer tensão do pescoço e do ombro. Suavize seu olhar e respire.
7. Quando você se sentir firme e centrado nessa postura, feche os olhos. Observe o balanço natural que ocorre.
8. Agora, intensifique o balanço para o lado direito, até quase você cair – mas não caia. Volte à sua posição centrada com o mínimo de movimento e esforço possíveis.

9. Agora, incline seu peso para o lado esquerdo, indo em direção a um movimento de retorno ao centro. Faça o mesmo inclinando-se para a frente e para trás. Brinque com sua inclinação e veja o quão longe você pode ir sem cair, retornando ao seu centro depois de cada inclinação.

10. Quando terminar de redescobrir seu centro, volte para a postura da montanha e mantenha a posição por 30 segundos antes de desfazê-la.

Vá além com sua ioga, leve-a para fora do tapete: assim como você tenta recriar a sensação centralizada, de equilíbrio, da postura da montanha, em todas as posturas da ioga, tente recriá-la também pelo resto de sua vida e em todos os aspectos – no corpo, na mente e no espírito.

Respiração do fogo: para purificar
Dentro do sistema da ioga, acredita-se que o corpo físico se conecta a corpos de energia sutis (corpo mental, corpo emocional) por meio dos chacras. Em sânscrito, esses "cones giratórios" unem suas naturezas múltiplas. Existem sete chacras principais organizados verticalmente no corpo ao longo de um canal que atravessa sua linha mediana; cada um deles corresponde a uma região específica do corpo. O terceiro chacra, por exemplo, corresponde ao abdômen e aos órgãos contidos ali. Além de regular a região física, acredita-se que também rege sua maneira de ser, sua identidade – não apenas sua identidade central, seu core (trocadilho intencional), mas também o poder, a confiança e a vitalidade com os quais você projeta sua maneira de ser para o mundo externo. O fogo, a força ígnea, dentro de você, por assim dizer. E não apenas o fogo, a energia digestiva (*agni*)! Mas a energia que está relacionada a quem você é e ao que veio fazer neste mundo todos os dias. Use a respiração a seguir para revitalizar seu fogo interior, sua força ígnea, queimando quaisquer impurezas, como as que vêm com pensamentos ou emoções ultrapassados, que ainda estejam em você – e em seu caminho.

1. Sente-se confortavelmente no chão, sobre uma almofada, um colchonete ou um bloco de ioga, se necessário, e cruze suas

pernas (se não for possível cruzar as pernas, sente-se no chão e encontre uma posição confortável; se não se sentir confortável no chão, sente-se em uma cadeira). Descanse as palmas das mãos nos joelhos. Sua coluna deve estar alongada, e incline suavemente seu queixo em direção ao peito. Feche os olhos.
2. Inspire profundamente pelo nariz e permita que o tórax e a barriga se expandam completamente com a respiração.
3. Expire pelo nariz, empurrando o ar completamente (como você faria com um balão).
4. Agora, comece a respirar mais vigorosamente, com a mesma ênfase na inspiração e na expiração. Comece devagar e estabeleça um ritmo constante. Aumente para um ritmo rápido, mas confortável (vai parecer um fungar rápido). Mantenha o peito e o abdômen relaxados. Deixe-os alternar os movimentos sozinhos a cada respiração.
5. Continue por um minuto.

Na tradição iogue, acredita-se que a Respiração do Fogo limpa o corpo e a mente. É recomendável que você espere pelo menos duas horas após a refeição para realizar esse exercício respiratório, para permitir que seu sistema digestivo esteja o menos sobrecarregado e o mais limpo possível. Se você se sentir desconfortável ou tonto com o exercício, por favor, pare imediatamente. Você pode retomá-lo em outro momento e com menos intensidade.

Mindful Eating (alimentação consciente): para ser assertivo
Tudo tem um propósito. No entanto, se você estiver preso apenas aos seus pontos de vista, vai perder esse entendimento. Um ótimo exemplo é a comida, que não é apenas uma experiência sensorial completa, mas também é o combustível para suas células. Hoje em dia, quem tem consciência sobre o propósito da comida, quem sabe para quê, ou ao que serve a comida? Talvez ela sirva à sua mente, enquanto você decide que a dieta XYZ faz sentido para suas crenças, para seu intelecto, por determinadas razões. Talvez a comida traga conforto, acolhimento para suas emoções. Talvez ela sirva às exigências de sua rotina, quando você come alguma coisa enquanto

caminha pela calçada ou enquanto lê os textos na tela de seu computador em sua mesa. Desenvolva o hábito de ser intencional, assertivo, sendo intencional com sua comida. Uma conexão íntima com a comida – dada sua conexão com a Terra e com o abdômen – é um privilégio inato de Virgem. E considerando que o mestre mental Mercúrio é seu planeta regente, então, assim é sua mente: mercurial. A alimentação consciente, então, torna-se uma ótima maneira de Virgem praticar uma vida com propósito.

1. Escolha um momento em que você esteja sozinho (sem pessoas por perto, sem leitura, sem eletrônicos, sem distrações).
2. Escolha um alimento, um pedaço de algum alimento para desfrutar (como um damasco seco, um pedaço de chocolate ou uma noz, por exemplo).
3. Antes de colocar o alimento na boca, faça uma pausa e desfrute de outra forma: sinta o alimento com os dedos, com a mão, sinta sua textura e observe todos os lados. Cheire o alimento. Se ele estava embalado, que som fez quando você o retirou da embalagem?
4. Coloque a guloseima em sua boca. *Antes* de mastigar, passe a língua sobre ela, movimente-a dentro da boca para que ela toque o palato e as bochechas por dentro. Feche os olhos para apurar as sensações.
5. Comece a mastigar – total e completamente. Por quanto tempo você pode mastigar antes de engolir?

As armadilhas de Virgem incluem julgamento, controle e autocrítica, tudo consequência dessa mente forte e poderosa. Então, como parte dessa prática, deixe essas características de lado. Elas não têm lugar nesta refeição – apenas a aproveite e a explore!

Oferecer: para servir
Os antigos textos hindus mencionam uma palavra em sânscrito, *prasad*, que se refere a uma oferenda, um presente gracioso. Nos primeiros escritos, esse presente era um estado de ser – um estado de graça pertencente aos deuses, deusas e sábios. Mais tarde, as oferendas tornaram-se mais materiais, uma oferenda ritual, na qual a comida, por exemplo, era dedicada a uma divindade para ser abençoada e depois distribuídas aos

seguidores – como uma bênção – em nome da deidade. Essa bênção, essa generosidade – seja na forma conceitual ou física, material – é como o servir de Virgem. Pratique essa maneira de servir com sua própria generosidade:

1. Escolha um pequeno grupo, dentro de um grupo maior com o qual você convive, um que gostaria de abençoar ou ao qual gostaria de desejar coisas boas; pode ser um grupo de amigos, familiares, colegas ou vizinhos.
2. Escolha o que você gostaria de desejar, quais as bênçãos que gostaria de conceder (perdão, amor, alegria, gratidão, abundância).
3. Escolha a maneira, ou maneiras, como você gostaria de oferecer essas bênçãos (pode ser oferecendo uma fruta, uma flor, sobremesa, moedas ou um artesanato).
4. Crie um espaço no qual você possa abençoar o presente de maneira significativa (pode ser um canto em seu quarto ou na sala de estar). O *prasad* tradicional envolve a colocação do objeto sobre um altar com velas e estatuetas religiosas. No entanto, criar um espaço sagrado, de seu jeito, para você mesmo, segurando o objeto e colocando suas intenções positivas nele, já é o suficiente. O que quer que dê significado ao objeto por meio de você.
5. Dê sua *prasad*! Com amor, alegria e nenhuma expectativa de algo em troca – nem mesmo um sorriso. Seu servir está completo.

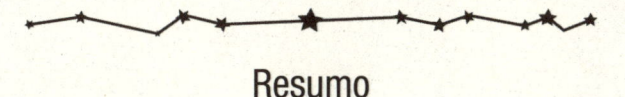

Resumo

★ Seu abdômen é a região relacionada a Virgem. Os órgãos contidos nele permitem que os alimentos forneçam nutrição a você, assim como seus músculos centrais forneçam estabilidade, equilíbrio.

★ Virgem é o sexto signo do ciclo do zodíaco. Sua energia está relacionada com o servir a um propósito que permita que todas as outras pessoas, lugares e coisas sirvam aos seus.

★ Se a natureza de Virgem, que busca a perfeição, ficar muito compulsiva ou, por outro lado, excessivamente permissiva, seu abdômen pode experimentar diferentes sintomas (por exemplo, core fraco, má digestão).

★ Alinhe seu Virgem interior por meio de questionamentos, exercícios e meditações que se concentram em seu abdômen. Use-os para entrar em contato com seu chamado, com o propósito de sua vida, lembrando que é uma jornada contínua, não um caminho com um resultado final.

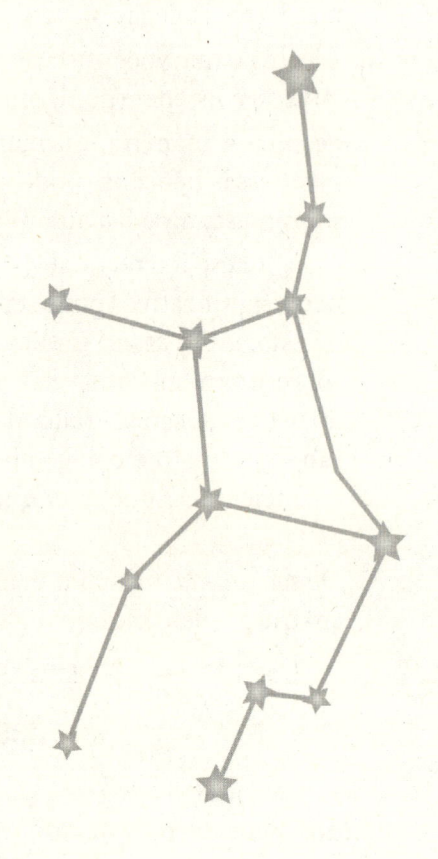

8

Coluna da Balança

♎ LIBRA

Data de nascimento: 23 de setembro – 22 de outubro
Região do corpo: Parte Inferior das Costas
Afirmação: Equilibre Sua Balança da Verdade com Graça

Libra inicia a segunda metade do ciclo do zodíaco. Lembre-se de que a primeira metade – de Áries a Virgem – construiu o eu, determinou a si mesmo. Agora você entra em Libra, com a base necessária para mergulhar de modo profundo no outro, e fazê-lo sem se perder no meio do processo, porque seu autodesenvolvimento não está definitivamente pronto, apenas continuará em uma nova direção, a qual lhe pede que você acolha significativamente o outro – com todas as suas expectativas, esperanças, sonhos e desejos pessoais. É uma linha tênue questionar e determinar onde você termina e começam os outros. Isso requer o equilíbrio de múltiplas escalas de verdades e crenças, uma tarefa que o signo de Libra está apto para desempenhar graciosamente.

Seu corpo: parte inferior das costas

A parte de trás, suas costas, é a região de seu corpo que se estende desde a cintura pélvica até a base do pescoço. Mesmo com a coluna vertebral e a maioria dos músculos espalhando-se ao longo de sua ampla extensão, geralmente se considera que as costas possuem duas sub-regiões: a parte superior e a parte inferior. A parte superior das costas é abordada, com o signo de Leão, no Capítulo 6: "Coração do *Leo*", como a região que se relaciona com a coluna torácica. A região lombar, a parte inferior das costas, está mais abaixo, relaciona-se com a coluna lombar e é a região do corpo associada à Libra.

A região lombar é identificada por seus grandes ossos vertebrais. Seu tamanho é necessário para suportar todo o peso que sustenta – de sua cabeça, pescoço, braços e costas – enquanto equilibra os movimentos de seu torso. Para realizar esse trabalho, suas costas têm seus próprios mecanismos de apoio, como discos intervertebrais entre as vértebras adjacentes para a absorção de impactos e um sistema de ligamentos para a estabilidade. Há também músculos profundos que ajudam os ossos, discos e ligamentos a permanecerem no

> ♎ Para os olhos, suas costas parecem estar retas. No entanto, a coluna vertebral tem a forma de um *S*, que é o que cria as curvas da parte superior e da parte inferior das costas, além da curvatura do osso sacro e do pescoço. Essas curvas ajudam a manter o tronco, a dar apoio ao tronco contra a força da gravidade.

Coluna da Balança

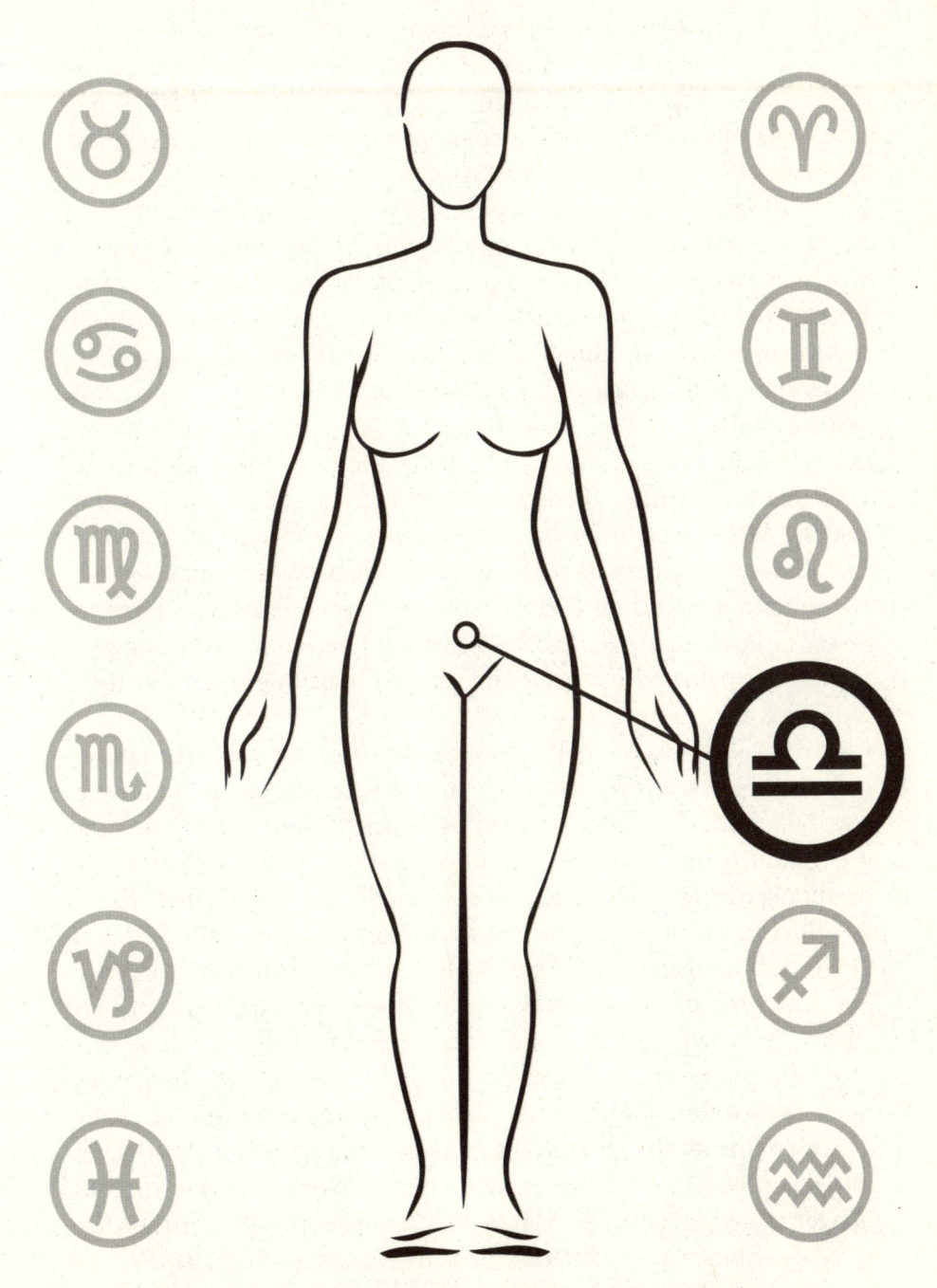

Veja o apêndice C para a estrutura esquelética da região lombar (parte inferior das costas).

lugar, como os grupos eretores da coluna e os transverso-espinhais. Esses estabilizadores profundos suportam toda a estrutura e a função das costas; eles são os que mantêm suas costas "retas", de modo dinâmico, quando você está sentado em um banquinho (ou seja, quando está sem suporte, apoio, nas costas).

Eles também são os músculos que se acredita estarem envolvidos na dor lombar, o que é um motivo comum para visitas às clínicas e prontos-socorros em todo o país. A dor lombar pode derivar de muitas fontes, incluindo o esforço excessivo das costas, as posturas indevidas ou uma combinação das duas (como levantar objetos pesados com frequência e com a postura incorreta, por exemplo). Sua coluna lombar é estável, mas também é móvel, e uma maior mobilidade resulta em maior suscetibilidade a lesões. Especialmente se você não está dando a atenção necessária às suas costas para evitar lesões e para que ela trabalhe corretamente.

Em outras palavras, suas costas "dão cobertura às suas costas". No entanto, você faz o necessário para que suas costas o sustentem? Se seus músculos e articulações estiverem fracos e instáveis, ou mal suportados pelo abdômen, eles não serão capazes de equilibrar tudo o que fica acima.

E o equilíbrio é a palavra-chave de Libra! Se você não consegue equilibrar seu próprio peso, como você supõe que pode fazer o mesmo, de modo adequado, com os outros? Saber como equilibrar e harmonizar os outros pesos começa por saber como equilibrar e harmonizar a você mesmo. Afinal, quando seu Libra interior está equilibrando o peso do mundo, você quer que a energia de Libra venha de um lugar estável. Se isso não acontecer, então, um dia, você pode levantar uma caixa e – bum! – eis que surge uma lesão em suas costas. Embora pareça que esse acidente tenha acontecido de repente, é bem provável que tenha demorado muito para que os fatores que o provocaram tenham chegado ao limite. As estruturas ao redor de sua coluna lombar já estavam mudando seu equilíbrio natural, de modo lento e seguro, durante algum tempo; o que quer que você tenha levantado foi o gatilho, a gota d'água que fez o copo transbordar.

No entanto, não há necessidade de esperar por uma lesão para dar às suas costas tudo de que ela precisa (ou a qualquer parte de seu corpo). Toda a estrutura física – de seu corpo a toda a sua dinâmica

– equivale a uma espinha dorsal para suporte, e suas costas não são exceção. Na verdade, elas são sua base. Até que ponto você dá a si mesmo um bom suporte, um bom apoio? Para responder a essa questão, experimente a postura da cobra:

1. Deite-se de barriga no chão. As mãos devem estar no chão, alinhadas aos ombros; os dedos devem estar envolvidos no apoio e os cotovelos devem ficar dobrados na lateral do corpo. Suas pernas devem ficar completamente estendidas com a parte de cima dos pés voltada para o chão.

2. Inspire e comece a esticar os cotovelos, levantando o peito do chão. A elevação deve surgir da força da região lombar, e não dos braços. Os quadris e as pernas ficam no chão; as nádegas estão envolvidas na força, mas não contraídas. Esteja atento para não prender a respiração!

3. Estique os braços apenas até uma altura em que possa manter uma conexão entre a frente da pélvis e o chão – o que pode significar que os cotovelos permaneçam dobrados. Certifique-se de que a cabeça e o pescoço estejam alinhados como uma continuação do restante da coluna, e não esticados ou flexionados demais; seu olhar deve estar em uma direção diagonal, mirando o chão à sua frente.

4. Pressione os ombros, apoie as omoplatas contra as costas e levante as mãos a dois centímetros do chão. Observe se, com o movimento, a altura de suas costas diminuiu.

5. Onde quer que você esteja, mantenha a postura por 30 segundos, respirando.

6. Solte-se devagar, em direção ao chão, em uma expiração.

A altura que suas costas assumem quando você tira as mãos do chão (e quando suas nádegas estão relaxadas) representa a força de suas costas e, especificamente, de seus músculos extensores. Você deve ser capaz de manter uma altura, de modo confortável, por 30 segundos. Quanto mais fortes suas costas estiverem, mais altura será capaz de manter longe do chão. É claro que a força precisa estar equilibrada com o alongamento, para que as costas não fiquem muito contraídas ou rígidas. De preferência, deve ter uma estabilidade flexível que permita dar e receber apoio tanto interna quanto externamente. O que, talvez, venha de um outro equilíbrio de Libra: o equilíbrio entre dizer não aos outros e sim a você.

As estrelas: Libra

Equilibre sua balança da verdade com graça

Imagine se equilibrar em uma perna. Mesmo que você tenha a sensação de estar equilibrado em uma perna, sua perna está realmente parada? Não. Seu pé, mais seus muitos músculos, juntamente com os tornozelos estão fazendo uma série de microajustes. Esses ajustes agem nas articulações, ajudando a mantê-lo ereto por movimentos de seu pé, de dentro para fora, se ele estiver muito irregular e flexionado ou se estiver muito alongado. Tudo somado, enquanto você não parece estar se movendo, seu equilíbrio é um movimento dinâmico, uma dança entre seu pé e o chão.

> ♎ Esse ajuste fino também acontece internamente, pois várias substâncias – como o iodo, por exemplo – são necessárias, em certas doses, para a manutenção de seu corpo. Você precisa apenas de iodo suficiente para manter suas funções tireoidianas – muito iodo pode resultar em toxicidade e pouco iodo pode causar hipotireoidismo.

O segredo para estabelecer seu equilíbrio interior é, portanto, fundamentado no conhecimento de que o equilíbrio não é um ponto estático, no tempo e no espaço, que tem fim. Esse equilíbrio existe dentro de uma diversidade e se manifesta por meio das escolhas que você continua a fazer (os microajustes), em proporções que funcionam para você. E você pode acessar esse equilíbrio invocando sua sensibilidade libriana.

Enquanto a constelação de Libra – a Balança – está no céu, o signo nos lembra aqui na Terra de que há equilíbrios invisíveis ao redor de todos nós. Das exigências do trabalho às rotinas de autocuidado, das porções de legumes e verduras *versus* a sobremesa, para equilibrar todos os lados dessa balança, você precisa estimular e envolver seu Libra interior – para ficar ciente de qual lado precisa de quantidades maiores, de mais atenção, de mais foco e de mais tempo. Essa calibragem infinita é o que mantém você se sentindo como se estivesse recebendo o que precisa enquanto atende às necessidades dos outros. Claro que, com isso, talvez você pudesse fazer um pouco mais ou um pouco menos, mas, no geral, você se sente equilibrado, sob controle, apoiado – como se estivesse recebendo tudo de que precisa ao reagir, ao responder de forma justa ao ambiente e às pessoas ao seu redor.

O Libra interior de todos é chamado para equilibrar suas balanças. Até mesmo nosso governo tem um sistema de equilíbrio e contrapesos, uma maneira de garantir que nenhuma área do governo exerça muita força sobre a nação. (Não é de surpreender que tenha sido um libriano – o ex-presidente do Supremo Tribunal John Marshall – que ajudou a equilibrar a equação governamental do país, dando ao Judiciário o mesmo valor dos outros dois poderes.) É claro que, às vezes, o pêndulo vai oscilar para um dos lados, mas não permanecerá nessa posição por muito tempo. A natureza de um pêndulo é balançar entre as extremidades e determinar o equilíbrio, posicionando-se no meio, e o mesmo acontece com você. Enquanto, para o pêndulo, a força que o equilibra é a gravidade, você tem seu Libra interior para guiá-lo em direção a uma harmonia oscilante que funciona para você. Uma habilidade interna que não apenas ajuda a encontrar e manter seu equilíbrio, mas, também, o faz de uma maneira alinhada com sua verdade interior.

O libriano defensor dos direitos humanos Mahatma Gandhi trouxe sua essência, sua verdade interior à tona pela independência da Índia. Na realidade, ele cunhou o termo *satyagraha* (*satya* sugere verdade e amor, *graha* sugere firmeza e força) para descrever seu princípio – uma resistência determinada, mas não violenta, ao imperialismo britânico. Como Gandhi explicou: "Essa verdade não é apenas a veracidade que se espera de nossas palavras, é aquela que é e constitui, só ela, a substância da qual todas as coisas são feitas, que subsiste graças à sua própria força, que não se apoia em coisa alguma, mas apoia tudo o que existe. Somente a verdade é

> Libra se envolve em seu próprio exercício de equilíbrio celestial como o signo do zodíaco que marca o equinócio de outono, um período em que o dia e a noite têm uma duração aproximadamente igual.

> Depois que seus seguidores conduziram atos de violência, Gandhi percebeu que seus ensinamentos do *Satyagraha* requeriam maior treinamento para ser exemplificados em palavras e ações. Posteriormente, ele suspendeu a campanha, a militância, embora tenha sido considerado bem-sucedido.

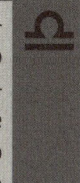

eterna, tudo o mais é efêmero... ela não é uma lei cega. Ela governa todo o universo".[8]

Ao acessar uma verdade maior, no entanto, ela deve ser trazida para o nível individual, a fim de ser vivida como sua verdade pessoal; caso contrário, ela não será capaz de provocar mudanças. E isso pode ser complicado. Porque, mesmo que haja uma verdade dominante, ela é entendida de todas as maneiras, por todos os seus lados – mesmo dentro de você. Pelo fato de cada lado de uma história apresentar sua própria versão da verdade, Libra avalia e observa todas elas. Uma parte de você sabe que nem um lado nem outro são verdades absolutas, mas que todos podem ser válidos ao mesmo tempo e, na medida do possível, todos devem ser respeitados. O desafio, no entanto, é não negar sua própria verdade quando cercado por outras pessoas. Claro, sua essência libriana é naturalmente aprazível para os outros, mas, no final do dia, sua verdade descreve a expressão mais completa e autêntica de você.

Portanto, o segredo é estar em contato com sua essência libriana e mantê-la, mesmo quando ela entra em conflito com os outros. Assim como também é bem-aceita.

> ♎ Considere a versão de John Godfrey Saxe da parábola indiana "Os Cegos e o Elefante" (*The Blind Men and the Elephant*). Seis homens cegos, sentindo diferentes partes do mesmo elefante, apresentam uma interpretação diferente do que é o elefante – um diz que é um muro, uma lança, uma cobra, uma árvore, um leque e uma corda. Embora "cada um estivesse, em parte, certo... todos estavam errados!".

Provavelmente você já deve ter escutado muitas vezes a frase "pela graça de Deus", mas o que realmente isso significa? Bem, *graça* no Novo Testamento é traduzida do grego *charis*, que se refere a um favor que Deus concede livremente; por exemplo, a salvação para pecadores e as bênçãos para os arrependidos.

Enquanto no Novo Testamento é um termo religioso, graça é um conceito universal. Todos são capazes de conceder bênçãos, todos os dias e de várias formas. Como o amável anfitrião que prontamente satisfaz as preferências culinárias de seus hóspedes, o gentil

---
8. Yogesh Chadha, **Gandhi: A Life** (*New York:* John Wiley & Sons, 1997), p. 113.

perdedor que sinceramente aperta a mão de seu oponente, ou a graciosa bailarina, cuja linda apresentação para seu público esconde seus pés ensanguentados. A graça, então, não é apenas o ato, mas também uma qualidade com a qual o ato é realizado.

A diferença entre agir graciosamente e agradar as pessoas é que, no primeiro caso, você está bem ciente de sua verdade e *escolhe* não fazer alarde sobre o que você percebe ser o bem maior. A verdade está em seu conhecimento, e o desejo do ego de deixar isso escapar não o torna mais ou menos verdadeiro. De fato, o silêncio sustenta a verdade muito melhor do que as palavras. No segundo caso, agradando as pessoas, você pode não estar ciente de sua verdade ou da existência dela; de qualquer forma, você está indo contra sua verdade por algum motivo inconsciente, como ganhar afeição, obter aprovação, ou usar isso como um meio para algum fim intencional ou não intencional. Em última análise, o resultado fala por si, não como a satisfação divina que a graça implica, mas como um ressentimento implícito e uma fuga geral.

Se nosso Libra interior liderasse o caminho e nós, realmente, vivêssemos com graça, nosso mundo testemunharia um tempo de paz, harmonia e estabilidade. De certa forma, seria semelhante à Idade de Ouro, a mais próspera das Eras Gregas dos Homens. Segundo o antigo poeta grego Hesíodo, essa época era de harmonia, prosperidade, e de uma raça de seres que eram os filhos de ouro dos deuses. Astreia, a donzela ou virgem das estrelas, presidiu a Idade de Ouro até o tempo passar e a humanidade se degradar, tornando-se egocêntrica, egoísta, gananciosa e violenta. A decadência continuou e, depois da Era de Ouro, veio a de Prata e, então, a de Bronze (a nossa era atual é a de Ferro), e depois ela se foi. Ela não podia suportar a falta de graça, e seu dom estava totalmente perdido nesse novo mundo. Então, ela retornou aos céus, onde atualmente mantém a Balança de Libra e apoia as iniciativas da humanidade lá de cima. É um triste final para uma lenda? Seu Libra interior diria: "Talvez sim, talvez não". Apesar de termos perdido a orientação da deusa aqui na Terra, agora temos a missão de acessar os mesmos atributos dentro de nós. E essa busca interna, e confiança, pode ser um meio muito mais rico de alcançar o bem-estar do que ter alguém fazendo isso em nosso lugar.

O que aprender

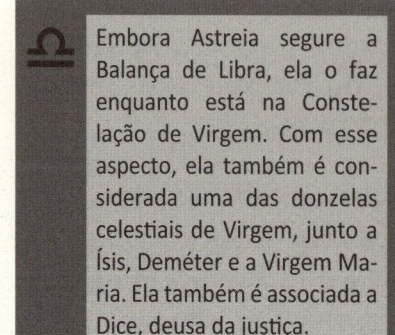

Por dentro e por fora, Libra está aqui para equilibrar as muitas verdades do mundo, e de uma forma graciosa. A graça vem naturalmente para a energia desse signo, que, de modo inerente, valoriza a simpatia e a harmonia. Seu Libra interior, então, faz o papel de um maravilhoso diplomata que pode manter a paz, ou de um advogado que pode argumentar sobre cada lado de uma questão. Por sua vez, sintonizar-se com as necessidades do mundo, de bom grado, torna Libra agradável a todos.

O foco fundamental de Libra está nas parcerias e relacionamentos, no *você* ou *nós versus* o *eu*. E a lição com essa energia é certificar-se de que seu Libra interior não perde sua integridade por estar em sintonia com as necessidades de todas as outras pessoas. Encobrir sua própria verdade – ou não a defender – pode, muitas vezes, tornar mais fácil manter a paz. Ninguém gosta menos de "penas eriçadas" do que Libra. No entanto, ao não equilibrar o barco, ele, de modo involuntário, escolhe a superficialidade para comandar suas palavras e ações. Ele, então, terá destaque nas corporações não porque esteja vivendo uma verdade interior, mas porque está atendendo às aparências e às expectativas das outras pessoas. No processo, ele pode até contar mentiras ("do bem") sobre suas opiniões, nunca dizer não e sorrir com o verniz da falsa graça – tudo no esforço de fazer os outros felizes.

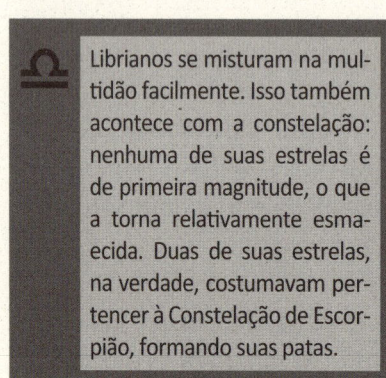

No entanto, isso não se manterá por muito tempo. Satisfazer as pessoas é cansativo, especialmente quando seu Libra interior agrada a todos, menos a você mesmo. Essa situação não é incomum, então, seu Libra chega a um ponto em que ele se sente usado, exausto e,

> ♎ Embora Astreia segure a Balança de Libra, ela o faz enquanto está na Constelação de Virgem. Com esse aspecto, ela também é considerada uma das donzelas celestiais de Virgem, junto a Ísis, Deméter e a Virgem Maria. Ela também é associada a Dice, deusa da justiça.

> ♎ Librianos se misturam na multidão facilmente. Isso também acontece com a constelação: nenhuma de suas estrelas é de primeira magnitude, o que a torna relativamente esmaecida. Duas de suas estrelas, na verdade, costumavam pertencer à Constelação de Escorpião, formando suas patas.

de modo geral, fora de equilíbrio. Podem até surgir problemas físicos para ajudá-lo a reequilibrar sua equação, forçando-o, de maneira efetiva, a cuidar de outros assuntos e da autorrealização, do autocuidado de que necessita. Em outras palavras, o libriano precisa redescobrir seu próprio eixo, sua própria espinha dorsal. Em geral, a dor lombar ocorre quando os músculos das costas estão muito fracos ou muito rígidos (o que não é a mesma coisa de estarem fortes), e, de modo característico, em função de um suporte abdominal fraco (veja o Capítulo 8: "Ventre de *Virgo*").

Se os músculos profundos das costas estiverem tensos, o libriano pode estar resistindo a estruturas de sustentação de sua preciosa vida. Talvez suas rotinas para seu autossustento, sua autorrealização, sejam rígidas demais, ou limitadas demais. Ou, então, fundamentadas em verdades mantidas de modo tão severo, que se tornaram dogmas. Em outras palavras, librianos são *muito* compreensíveis na medida em que estão sendo limitados a uma situação, a um lugar, quando, na verdade, o que querem são possibilidades maiores.

As manifestações físicas de uma natureza resistente de Libra podem incluir:

★ Músculos da parte inferior das costas tensos e rígidos
★ Espasmos musculares
★ Limitação de movimentos
★ Costas planas
★ Dor aguda ao realizar movimentos bruscos
★ Outros: Desequilíbrio renal ou nas adrenais (em conformidade com o contexto equalizador de Libra, esses órgãos, que ficam em uma região profunda da parte inferior das costas, se apresentam em pares.)

Se a balança pender para o outro lado, os músculos profundos das costas não conseguem suportar nem a eles mesmos nem as estruturas ao redor; o que torna toda a região mais suscetível a lesões. É como se – no nível físico – as costas não existissem. Ou, talvez, você tenha sistemas de apoio, mas eles são todos externos (como amigos) *versus* os internos (como a autoconfiança), o que faz com que você desmorone se eles lhe faltarem. Em ambos os casos, as costas não suportam mais o peso do estilo de vida atual, com o qual a energia de Libra vem lidando.

As manifestações físicas de uma natureza complacente de Libra podem incluir:

- ★ Dores, tensão nos músculos das costas
- ★ Dor ou fraqueza com esgotamento físico (por exemplo, ao se levantar)
- ★ Postura curvada em C, ou postura lordótica
- ★ Dor e sintomas compatíveis com degeneração articular
- ★ Outros: Desequilíbrio renal ou nas adrenais

Como estão suas costas, seu apoio? Quer se sinta resistente, complacente, ou, ainda, alguma coisa entre esses sentimentos, a chave é ouvir seu corpo e lhe dar aquilo de que ele precisa. Para alongar a parte inferior das costas ou fortalecer uma musculatura fraca, desperte seu Libra interior com as perguntas e exercícios a seguir.

Seu corpo e as estrelas

Os itens a seguir servirão como seu guia pessoal para trazer as estrelas e a energia de Libra até você. Use-os para equilibrar sua balança da verdade com graça.

Questionamentos

- ★ Você sente que sua vida está equilibrada? Que área, ou áreas, de sua vida pode estar desequilibrada? Como você pode reequilibrar a balança em sua vida?
- ★ Quais as verdades que você considera fundamentais para que você seja quem é e faça o que veio fazer neste mundo? Quais delas estão no topo de sua lista? Como você coloca isso em sua vida diária?
- ★ Você sabe onde você termina e onde os outros começam?
- ★ Você diria que exibe a qualidade da graça em sua vida diária? Como? Quando? Durante quais situações você gostaria de poder expressar mais graça?
- ★ Suas costas o sustentam de modo satisfatório em seus esforços e estilo de vida atuais? O que precisa acontecer para que você e suas costas se sintam ainda melhores?

Exercícios

Meia postura do barco: para o equilíbrio, força e suporte

Você já viu uma foto de uma cobra com a cabeça erguida a vários centímetros do chão? Graças à sua constituição muscular, essa cobra pode elevar cerca de um terço de seu corpo, enquanto o restante permanece no chão. É um ato de equilíbrio que vale para você também, e que você praticou no início do capítulo, com a postura da cobra (que você pode continuar praticando). Essa postura envolveu seus músculos extensores traseiros e estabilizadores para permitir e manter a elevação. Com a postura do barco, você equilibra a força das costas com a força do abdômen para obter mais suporte do core, do núcleo.

1. Sente-se ereto, com os joelhos flexionados e os pés apoiados no chão. Os braços estão ao lado de seu corpo, com as palmas das mãos ao lado dos quadris.

2. Envolva seu core e – mantendo o tronco ereto – levante uma perna, e depois a outra para que ambos os tornozelos fiquem paralelos ao chão. Pressione firmemente as palmas das mãos no chão para ajudá-lo até que você esteja equilibrado em seus ísquios (ossos que apoiam o corpo quando estamos sentados).

3. Depois de ter encontrado seu equilíbrio, levante os braços alinhados com as pernas para que os braços fiquem paralelos entre si e ao chão.
As mãos estão envolvidas no exercício, com as palmas voltadas para as pernas, os dedos estão unidos. Certifique-se de manter as omoplatas apoiadas nas costas para que você não se incline para a frente. Incline a cabeça levemente em direção ao peito a fim de manter um pescoço alongado.

4. Permaneça respirando na postura por 30 segundos sem deixar cair as pernas; trabalhe seu exercício para que ele seja feito em um minuto. Sua parede abdominal deve estar envolvida, mas não contraída.

5. Para sair da postura, abaixe os pés até o chão e equilibre-se até chegar à posição sentada, usando as mãos para auxiliar, e, então, lentamente, abaixe-se de forma que fique deitado de costas e possa alongar-se no chão.

Se a postura do barco exigir muito trabalho de seu core, por enquanto, mantenha suas mãos ao seu lado, apoiando você no chão. Se, por outro lado, você quer exigir mais do treino, ou entrar por completo na postura, endireite suas pernas, mantendo o tronco em uma posição neutra. No entanto, lembre-se de que o apoio da coluna é o mais importante, por isso nunca exagere a altura das pernas colocando em risco a integridade de sua coluna!

Rolando como uma bola: para se mover em direção ao equilíbrio
Por volta da virada do século XVII, o multitalentoso astrônomo, matemático, cientista e filósofo Galileo Galilei descobriu as principais características de um pêndulo, observando lustres balançando em uma catedral. Cada candelabro estava se movendo para a frente e para trás através de seu ponto de equilíbrio, deslocado por correntes de ar. O corpo humano também pode ser visto como um pêndulo; seus membros inferiores (de seu quadril aos seus pés), por exemplo, funcionam como um pêndulo quando se inclinam para a frente para dar um passo.

Esse exercício permite que todo o seu corpo reproduza essa inclinação enquanto você rola de uma extremidade (dos ísquios) para a outra (aos ombros). Ao rolar, permita que suas costas relaxem, a fim de mover-se graciosamente entre as extremidades, percebendo que a maior parte do tempo nesse exercício é mantido entre elas.

1. Sente-se ereto sobre os ísquios (ossos que apoiam o corpo quando estamos sentados), em uma superfície acolchoada, como um tapete, por exemplo. Puxe os joelhos em direção ao peito e feche as mãos sobre os tornozelos (agarrando-os).

2. Forme uma curva em C com sua coluna, soltando os ombros, alongando as costas e se encolhendo em seu abdômen. Seu pescoço deve manter o alongamento natural da coluna.

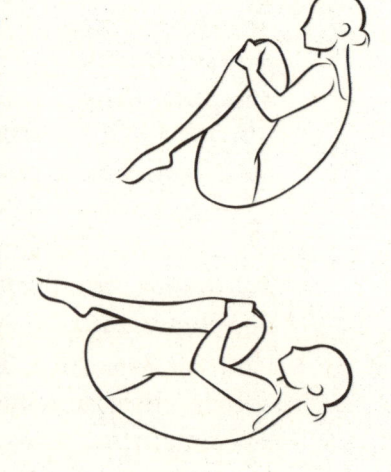

3. Levante os pés do chão para equilibrar os ísquios.
4. Expire para aprofundar a curva em C e role de volta. Role apenas até a altura dos ombros, tomando cuidado para não rolar contra o pescoço.
5. Mantendo a curva em C, inspire para rolar para a frente e em direção aos seus ísquios.
6. Repita de cinco a dez vezes.

Sente-se torto ou desequilibrado? Continue praticando e mantenha o foco em sua coluna como uma linha central.

Torção em pé: para ver muitas verdades
O corpo é uma máquina cuidadosamente calibrada, que usa informações, *inputs* sensoriais, de seu ambiente – muitas vezes sem que você perceba – para tomar decisões sobre como mantê-lo equilibrado. É por isso que, por exemplo, você pode dar um passo em falso em um meio-fio com apenas sete centímetros de altura, mas, no entanto, parece uma queda muito maior e você cai em um baque. Faltou algum *input* sensorial, alguma informação. Seus órgãos sensoriais são o principal comandante para essas entradas de informações, especialmente o ouvido interno; e seu pescoço é a região responsável por mover essa área do corpo, a cabeça, onde estão esses órgãos (veja o Capítulo 2: "Cabeça do Carneiro" e o Capítulo 3: "Pescoço do *Tauro*", respectivamente). No entanto, a parte inferior das costas é o que suporta os dois (cabeça e pescoço) e, em virtude de seus próprios movimentos, permite que atinjam um alcance maior ainda, girando para a direita e para a esquerda. Ao desfrutar de uma rotação maior em torno do eixo central de seu corpo, você poderá apreciar a vasta extensão do mundo. Você pode ver melhor as diferentes partes do mundo, dos ambientes e como cada uma tem uma história diferente para contar, uma diferente verdade para defender. E, quanto mais você estiver ciente delas, mais você será capaz de integrá-las internamente e de acomodá-las externamente.

1. Fique de pé com os pés afastados, com os joelhos levemente flexionados. Permita que seus braços relaxem na lateral de seu corpo.
2. Gire o tronco para a direita, permitindo que seu braço esquerdo se mova para a frente de seu corpo e o braço direito, para trás. Gire para a esquerda, com a mão direita balançando na frente de seu corpo e a mão esquerda para trás. Permita que a

torção tenha origem na parte inferior das costas; sua pelve deve ficar firme à sua frente, sem se virar.

3. Continue as rotações alternadas, permitindo que seu corpo balance à vontade entre as duas, como se você fosse um mastro do Festival de Maio.*
4. Balance por um total de 20 rotações.

Agora mantenha sua atenção sem olhar: feche os olhos e continue as torções. Acredite, ou não, fechar os olhos vai aumentar a amplitude de movimentos e a fluidez das rotações. Em vez de se apoiar com seu olhar, apoie as rotações de suas costas com uma pélvis neutra e os pés firmes no chão.

Meditação *Sat Nam:* para a consciência da verdade

> Embora *sat nam* seja especialmente popular dentro da ioga Kundalini, sua cópia idêntica – namastê – é ouvida com mais frequência em outras situações. É normalmente pronunciada no encerramento de uma aula para transmitir respeito e honra, é algo como: "O Deus que habita em mim saúda o Deus que habita em você".

Nos termos mais simples, *sat* pode ser traduzido do gurmukhi como "verdade" e *nam* como "nome". Então, dizer *sat nam* é uma maneira de reconhecer sua verdadeira natureza – sua divindade. É como dizer: "Eu reconheço meu verdadeiro eu". Os antigos iogues acreditam que essa meditação é o primeiro passo para manifestar a verdade essencial em nosso plano material.

1. Sente-se confortavelmente no chão, sobre uma almofada, um colchonete ou um bloco de ioga, se necessário, e cruze as pernas (se não for possível cruzar as pernas, sente-se no chão e encontre uma posição confortável; se não se sentir confortável no chão, sente-se em uma cadeira).
2. Em sua expressão mais completa, *sat nam* é uma palavra que desmembra quatro sílabas pronunciadas como *sa-ta-na-ma*. *Sa* relaciona-se com a totalidade, *ta* com a vida, *na* com a morte e

---

* N.T.: É um antigo festival de primavera no Hemisfério Norte. É também um tradicional feriado de primavera em muitas culturas. Danças, cantos e bolos são geralmente partes das celebrações que o dia inclui. As versões seculares do Dia de Maio, observadas na Europa e na América, devem ser mais conhecidas por suas tradições de dança ao redor do mastro e por coroar a Rainha de Maio.

ma com a ressurreição.⁹ Ao pronunciar cada sílaba ao longo de toda a meditação, você tocará o polegar na ponta de cada dedo (usando as duas mãos). Ao som de *sa*, toque o polegar no dedo indicador, *ta* no dedo médio, *na* no dedo anelar e *ma* no dedo mínimo. Então, recomece com *sa*.

3. Cante o mantra (repetição dos sons) em voz alta por um minuto.
4. Sussurre o mantra por um minuto.
5. Repita mentalmente por cinco minutos.
6. Sussurre o mantra por um minuto.
7. Cante o mantra em voz alta por um minuto.
8. Sente-se em silêncio por um momento antes de se levantar.

O tempo total para a prática é de nove minutos, mas aumente gradativamente para 15 minutos – cinco minutos para cantar e sussurrar, mais dez minutos para a repetição mental. E não se esqueça dos mudras (gestos) com o polegar para acompanhar seu mantra.

Respiração alternada com as narinas: para equilibrar a si mesmo e aos outros
Você já ouviu alguém dizer: "Apenas respire fundo e conte até dez" como um conselho para momentos de raiva? Ou você tem um amigo que sempre o lembra de expirar quando está visivelmente estressado? Não importa como eles reconhecem isso, esses são sábios conselhos, pois uma respiração lenta e profunda aciona o sistema parassimpático do sistema nervoso autônomo, aciona a resposta descansar-assimilar, que lhe permite se acalmar e se equilibrar. Essa respiração também o equilibra metafisicamente, harmonizando os dois lados de seu corpo energético. O lado esquerdo, ou *yin*, é a parte de você que representa a intuição, a recepção e as relações; o lado direito é o dinâmico *yang*, o fogo que o coloca como protagonista, criador e realizador. Ambas as partes vivem dentro de você. No entanto, se você vive na sociedade ocidental, é provável que tenha desenvolvido mais seu lado *yang*. Traga todas as suas partes de volta ao equilíbrio estimulando o *yin com o yang*. Isso irá ajudá-lo a manter

---
9. Georg Feuerstein, **The Yoga Tradition:** Its History, Literature, Philosophy and Practice (Prescott, AZ: Hohm Press, 1998), p. 448.

a energia e a graça necessárias para continuar fazendo pelos outros e por si mesmo.

1. Sente-se confortavelmente no chão de pernas cruzadas. Desligue o telefone e defina um alarme para cinco minutos.
2. Sua mão esquerda deve repousar em seu colo com a palma para cima, enquanto a mão direita forma o *vishnu* mudra: os dedos indicador e médio flexionados em direção à palma, enquanto os dedos polegar, anelar e mínimo permanecem esticados.
3. Feche os olhos e respire profundamente algumas vezes pelo nariz.
4. Depois de expirar, feche a narina direita, suavemente, com o polegar direito. Tenha o cuidado de modular sua respiração de modo uniforme, inspire pela narina esquerda durante uma contagem lenta até quatro.
5. Em seguida, feche a narina esquerda, suavemente, com o dedo anelar direito e abra a narina direita. Expire lentamente durante uma contagem até quatro.
6. Inspire pela narina direita durante uma contagem até quatro.
7. Feche a narina direita, suavemente, com o polegar direito e abra a narina esquerda. Expire lentamente durante uma contagem até quatro.
8. Recomece o ciclo e repita por cinco minutos.
9. Quando terminar, desfaça o mudra e retorne à respiração normal por alguns momentos antes de se levantar.

Essa técnica pode ser feita por qualquer período de tempo, e até mesmo apenas um minuto de respiração dirigida ajuda a equilibrar seus lados direito e esquerdo. Então, se você quer uma prática matinal para harmonizar seu corpo e sua mente, ou está estressado no trabalho, ou está no meio de um encontro familiar, tudo de que você precisa é de um minuto com você para ajudá-lo a restabelecer o equilíbrio em sua vida.

Qualquer uma das práticas anteriores: para estimular e manter a graça
A graça é uma qualidade, uma essência. Ela vive em todo o seu corpo e em seus movimentos, suas percepções e palavras, seus sentimentos e comportamentos. É tipicamente caracterizada como leve, fluida e elegante. Uma beleza interna que contagia os ambientes com calma.

Qualquer coisa pode ser feita com graça, porque, para qualquer coisa não importa o *o quê*, mas o *como*. Então, como você pode andar graciosamente, falar com graça e ser uma pessoa graciosa? Com consciência – consciência de qual qualidade (e há muitas para escolher) influencia seus padrões diários *e* como esses padrões afetam as outras pessoas, de modo intencional e não intencional. Sendo a graça uma prática de consciência, então, a prática torna-se perfeita. Escolha um dos exercícios anteriores, que você já fez, e faça-o novamente, com graça. Repita quantas vezes forem necessárias para se sentir gracioso, mantendo a integridade de movimento.

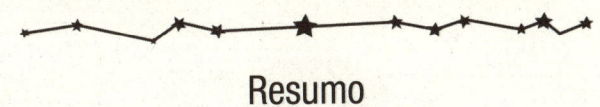

Resumo

★ Sua parte inferior das costas é a região relacionada a Libra. Com as maiores vértebras da coluna, ela o apoia para que você também possa apoiar os outros.

★ Libra é o sétimo signo do ciclo do zodíaco. Sua energia está relacionada ao equilíbrio. Seja sua verdade, a verdade dos outros ou da sociedade, Libra, de modo gracioso, honra a legitimidade de todos.

★ Se sua natureza de Libra que satisfaz as pessoas inclinar a balança para algo um tanto limitado ou muito complacente, sua parte inferior das costas pode experimentar sintomas diferentes (por exemplo, dor muscular, tensão.)

★ Alinhe seu Libra interior por meio de questionamentos, exercícios e atividades que se concentram na parte inferior de suas costas. Use-os para entrar em sintonia – e reequilibrar – as necessidades de seu corpo-mente-espírito, assim como você faz pelas outras pessoas.

9
Pelve do Escorpião

♏ ESCORPIÃO

Data de nascimento: 23 de outubro – 21 de novembro
Região do corpo: Região Sacral
Afirmação: Morrer, Transformar e Ascender

Escorpião ocupa um lugar especial no zodíaco, demarcando uma mudança de ritmo entre os signos que vêm antes e depois dele. Em outras palavras, agora é a hora de ir além de sua realidade cotidiana para se conectar com a grande teia da vida. Para que isso aconteça, no entanto, você precisa morrer, em sentido figurado, para renascer. Apresentamos escorpião. Esse signo vem direto do submundo para arrancar do subconsciente os padrões e crenças arraigados que você vem carregando durante suas vidas. É uma queima de carma que arranca camadas de pele, de tempos em tempos. Essa eterna catarse é a essência de Escorpião, que está pronto para mergulhar de cabeça e arriscar a perder tudo por conta da regeneração necessária. Cada morte traz essa transformação quando a Fênix de Escorpião entra em decadência e queima, apenas para se levantar das cinzas e ascender, renascer.

Seu corpo: pelve, osso sacro

O osso sacro é um conjunto de cinco ossos fundidos no final da coluna. O osso triangular fica abaixo da parte inferior das costas (coluna lombar) e acima do cóccix. A raiz latina para o nome do osso é *os sacrum* e significa "sagrado", assim chamado por conta de uma antiga crença de que a alma faz morada ali (talvez até se referindo ao lugar onde as almas dos bebês são mantidas enquanto estão no útero).

O sacro é uma região maior – uma grande bacia óssea – junto à sua pélvis. Cada metade da pélvis forma a frente e os lados dessa bacia, e o osso sacro une as duas metades na parte de trás. Elas se reúnem nas articulações sacroilíacas, que recebem esse nome pela conexão entre o osso sacro e cada um dos ilíacos, que são os ossos pélvicos planos; essas articulações são móveis o suficiente para deslocar a pélvis enquanto você caminha, mas não têm o alcance das articulações sinoviais do restante das costas. Na verdade, seus movimentos – embora importantes – são mínimos, por causa da necessidade de estabilidade das articulações. Afinal, essas duas pequenas articulações são o único lugar no corpo onde todo o tronco se conecta aos membros inferiores!

Além disso, a estabilidade é necessária porque sua região sacral, ou cintura pélvica, abrange a região onde tradicionalmente se localiza o ventre, o útero. Então, além de ser o local reservado para o renascimento, para a gestação em um sentido metafísico, também o é no sentido físico.

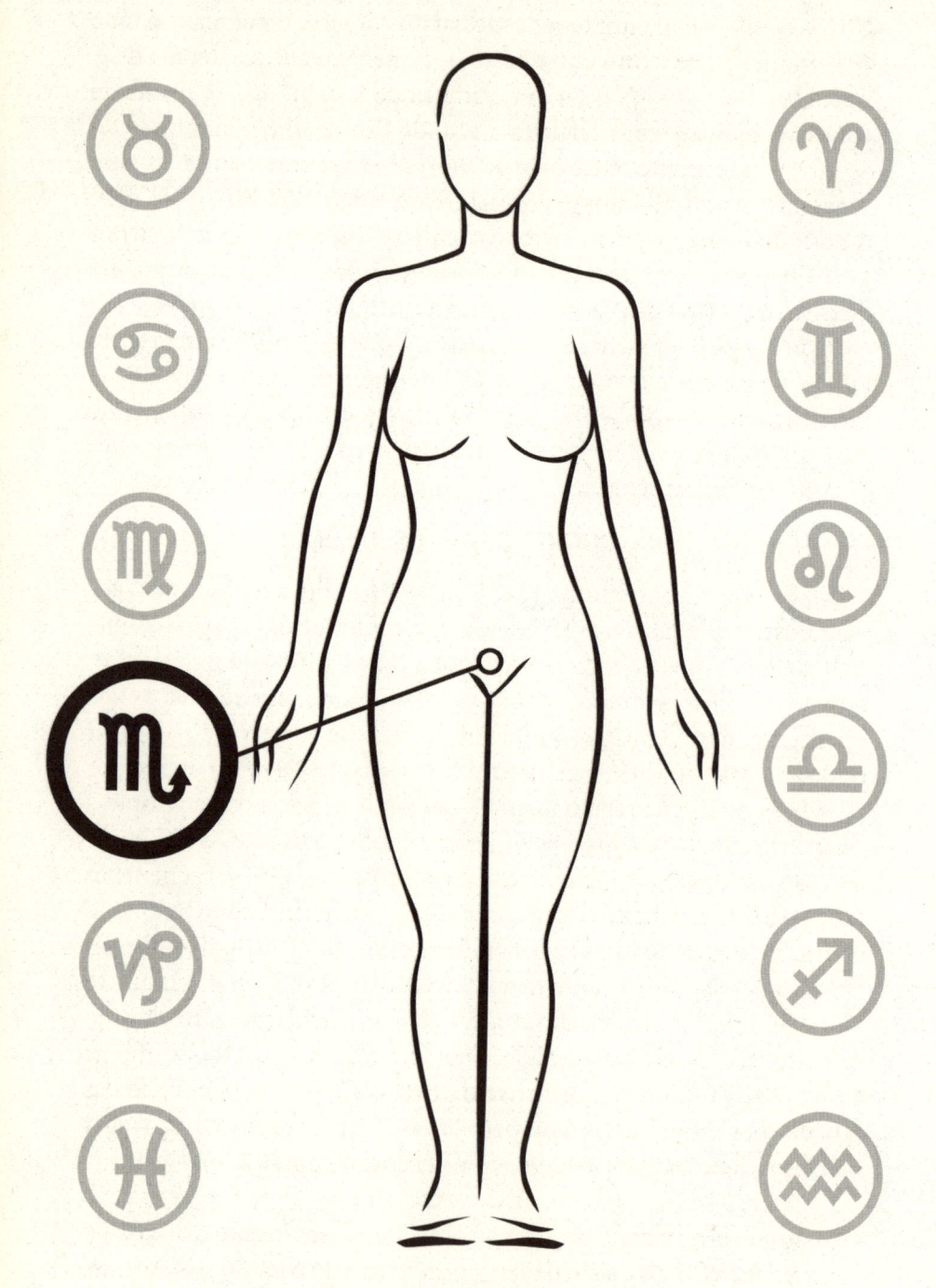

Veja o apêndice C para a estrutura esquelética do sacro.

A região inclui os órgãos sexuais femininos, como o útero e os ovários, todos necessários para ter um filho; bem como a anatomia do sistema reprodutor masculino, como a próstata, por exemplo. Além disso, os recursos da pélvis ajudam a desenvolver e gerar um filho, e é por isso que a pélvis de uma mulher tem ângulos mais amplos e entradas e saídas maiores do que as de um homem. Com essas características distintas, a pélvis é um dos poucos ossos do corpo pelo qual podemos distinguir o gênero de um esqueleto.

> ♏ Curiosamente, as propriedades relacionadas ao movimento, à oscilação das emoções estão presentes na própria palavra: *emoção* vem da palavra em latim *emovere*, com o *e-* significando "fora de, totalmente", e *movere* relaciona-se ao movimento. Em outras palavras, as emoções movem você.

Além dos órgãos reprodutivos na bacia pélvica, ali também está um órgão do sistema urinário, a bexiga. No conjunto, todos os órgãos tornam a região altamente fluida; Escorpião é um signo de água, então, isso talvez não seja nenhuma surpresa. De fato, astrologicamente falando, os fluidos da região são apenas a representação física de um signo que tem tudo a ver com a contenção das emoções. A água e os fluidos na região circulam tanto em um nível mais espesso quanto em nível molecular. Esse fluxo é como o das emoções, que o faz seguir seus gostos (como ir ao seu restaurante favorito) e fugir do que não lhe atrai (como ratos, por exemplo). Assim, os fluidos, o fluxo, as emoções e as ações estão relacionados, e a região do sacro, cheia de líquidos, é, portanto, considerada a sede dos movimentos e sensações de seu corpo.

O Escorpião é uma criatura muito apaixonada – ele, de modo instintivo, sabe do que gosta e do que não gosta, e traça uma linha clara entre os dois. Ele é propenso a altos e baixos, pois a água pode ferver com a mesma facilidade com que se transforma em gelo, e é por isso que é de extrema importância se concentrar no equilíbrio e na estabilidade dessa região do corpo. De modo ideal, você deve querer que cada lado da pélvis esteja nivelado e direcionado para a frente, sem inclinação, curvaturas ou com um lado mais alto do que o outro. Em outras palavras, o ideal é que você mantenha uma pélvis neutra, o que ajudará a suportar e a apoiar seu corpo, de cima a baixo, além de prevenir o desconforto e a dor na articulação sacroilíaca por causa de um desalinhamento. Desenvolver e manter uma pélvis neutra pode levar uma vida inteira de treino, pois pode ser uma região de difícil acesso.

O primeiro passo é perceber qual o posicionamento neutro de sua pélvis. Use este exercício para avaliar:

1. Deite-se de costas com os joelhos flexionados e os pés apoiados no chão, distantes um do outro. Alongue os braços ao lado do corpo, com as palmas das mãos voltadas para baixo.

2. Coloque uma mão entre a curva de sua parte inferior das costas e o chão. Estique ou flexione suas costas – *apenas pequenos movimentos são necessários ao longo desse exercício* – para que haja espaço suficiente para acomodar sua mão. Essa posição deve aproximar você do posicionamento neutro de sua pélvis.

3. Faça uma curvatura anterior: incline a pélvis para a frente – na direção de seus joelhos – para que a parte inferior das costas se arqueie e haja um bom espaço entre as costas, a mão e o chão. Essa posição é comum em pessoas que têm postura lordótica (veja o Capítulo 8: "Coluna da Balança").

> Antares é a estrela no coração da Constelação de Escorpião. Seu nome significa "como Ares" ou "rivalizando com Ares" (referindo-se ao deus grego da guerra). De acordo com a mitologia, Órion queria matar todos os animais do planeta, então a deusa da Terra, Gaia, enviou o escorpião para picá-lo. Mais tarde, ambos foram colocados no céu, em lados opostos, de modo que o estrategista escorpião pôde manter o guerreiro sob controle.

4. Faça uma curvatura posterior: envolva seus músculos abdominais para trazer sua pélvis para trás, em um posicionamento neutro, a fim de incliná-la na direção oposta, em direção à sua cabeça. Sua pélvis deve ser dobrada de modo que sua parte inferior das costas fique plana no chão e sua mão fique comprimida entre os dois; seus ísquios (ossos que apoiam o corpo quando estamos sentados) devem permanecer no chão. Uma inclinação posterior é uma posição estável para as suas costas.

5. Volte para sua posição neutra inclinando a pélvis para a frente novamente. Sinta como é manter a posição no chão (o que será mais fácil do que quando estiver em pé). Sinta-se livre para

inclinar entre as posições, tanto quanto necessário para você sentir e estabelecer qual o posicionamento neutro de sua pélvis.

6. Levante-se cuidadosamente quando considerar que está em sua posição relaxada ou normal. Você consegue sentir como sua pélvis está posicionada (neutra ou inclinada)? Se estiver inclinada, faça os ajustes anteriores ou posteriores necessários para levar sua pélvis a uma posição neutra.

Uma pélvis neutra forma a base de seu mundo musculoesquelético. É uma junção entre seu tronco e os membros inferiores. Seu alinhamento, portanto, pode estabelecer uma base adequada ou causar estragos no restante de seu corpo. Daí a importância de sua neutralidade e estabilidade. Tendo em conta os extremos – os altos e baixos – que os escorpianos podem experimentar, eles podem cuidar de si mesmos, mantendo a região sacral sob controle, em equilíbrio.

As estrelas: Escorpião
Morrer, transformar e ascender

A morte significa coisas diferentes para pessoas diferentes. Para os antigos egípcios, marcava o fim da vida na Terra e – após uma jornada precária através do mundo dos mortos – uma vida após a morte em um paraíso exuberante. Para os astecas, a morte era um sono eterno, e aquela região ainda celebra o anual *Día de los Muertos* para homenagear os que vieram antes. Para muitos de nós na sociedade ocidental, a morte é um fim para a vida como a conhecemos, voltamos ao pó, com uma finalidade de ir ao encontro de uma entrada para o paraíso. No contexto da energia de Escorpião, a morte pode ser aplicada a qualquer situação em que seja necessário deixar ir, quando você é chamado para liberar uma parte de você que não lhe pertence mais, como uma expectativa, uma crença pessoal ou uma história antiga.

Você pode se lembrar de que a energia de Virgem, de modo similar, purifica partes de si mesma. Essa purificação é impulsionada pelo desejo de ser um veículo puro para seu servir, portanto, há um processo permanente de limpeza. Por outro lado, a energia de Escorpião está aqui para purificar com o propósito de catarse, morte e renascimento. E assim ela deixa de lado todas as razões ocultas para seus padrões – as emoções, instintos e impulsos que governam seus pensamentos e comportamentos diários. Em outras palavras, a morte e a destruição de Escorpião são aspectos ultrapassados do id. Seu id é uma força psíquica relacionada ao seu senso de sobrevivência, segurança, poder, sexo; é a força primitiva implícita em seus pensamentos e comportamentos que desejam gratificação imediata. Quando mediado

> De modo acertado, muitas das celebrações do mundo dos mortos caem no mês de Escorpião, incluindo: o *Día de los Muertos* mexicano, o Samhain celta, o Dia de Todos os Santos celebrado pela Igreja Católica, e o americano *Halloween*.

por outros aspectos de sua consciência, o ego e o superego, seu id permite satisfazer desejos básicos como comer, beber e dormir, de maneira equilibrada.

Cada um de nós tem um Escorpião que precisa confrontar aspectos do id que estão em desequilíbrio – como um medo que o está limitando – para liberá-los. A energia de Escorpião nem precisa saber dos aspectos específicos – ela não necessita nomeá-los ou compreender por meio de qual interação complexa do ego eles surgiram, se vieram da escola, da família, da sociedade, da mídia ou do carma. Ela só precisa saber que é hora de algumas partes dela, que não estão mais servindo ao seu propósito mais elevado, morrer.

A própria morte, então, torna-se um processo de grande importância. Ela apresenta a melhor maneira de se conectar e lidar com os mecanismos de sua própria natureza. E, para permitir uma vida inteira de aprendizado, a morte deve acontecer repetidas vezes. Tal como acontece com Perséfone, a bela donzela da mitologia grega que morre para renascer a cada ano, permitindo assim as estações de um ciclo: a primavera ocorre quando ela está na superfície do planeta com sua mãe, Deméter, mas o inverno chega toda vez que ela morre e retorna ao mundo dos mortos e ao seu marido, Hades (Plutão, na mitologia romana, que também é o planeta regente de Escorpião). Quando seu Escorpião morre, no sentido figurado, permanece na superfície da Terra, mas com uma nova encarnação de si mesmo. Sua morte, com frequência, é catalisada por algum tipo de reviravolta – como uma experiência de quase morte, ruína financeira ou perda na família – de onde é empurrado de velhos padrões para os novos. E, embora esses cenários catastróficos não sejam provocados de maneira intencional, sua natureza de Escorpião pode, de modo inconsciente, atrair situações cheias de caos e crises *para que a morte e as transformações ocorram*. Porque elas são parte da própria trama do signo. Essas situações desafiadoras são a maneira como o universo o ensina a liberar apegos antigos, e é por isso que as situações de crise surgirão repetidas vezes – para ajudá-lo a aceitar a morte, aprender com ela e, finalmente, ensinar aos outros o que aprendeu.

A morte tem um estigma em nossa sociedade. No entanto, ela não é tão ruim quanto pensamos. Aliás, ela é o que é, nem boa nem ruim. Pelo contrário, é um processo a ser aprendido; um tão fundamental à vida que ninguém deveria passar por ela sem que seu processo metafísico ocorresse várias vezes. Assim como o aracnídeo escorpião, que morre seis vezes – trocando seu exoesqueleto – para se desenvolver completamente. É uma troca de pele antiga, literal e figurativa, que antecede a mudança. No entanto, para o Escorpião do zodíaco, o que vem depois da morte é secundário em comparação ao processo sagrado e profundo da própria morte. A morte conecta você com você mesmo em um nível mais profundo, assustador e primordial. Ela oferece a chance de ver, aceitar e agir sobre partes de você mesmo que talvez estejam precisando. Realmente é um grande presente que Escorpião traz – uma alquimia interior que lhe permite transformar em ouro o que costumava ser chumbo.

> ♏ Dentro do *Timeu*, de Platão, em seu despretensioso texto astrológico, ele descreve uma *prima matéria* (matéria-prima) da qual toda substância é feita. *Prima matéria* também é o nome que os antigos alquimistas atribuíram ao ingrediente básico da pedra filosofal.

A alquimia era uma antiga protociência mística – uma precursora da química e da medicina moderna – cujo princípio central tinha o fundamento influenciado pela pedra filosofal, uma substância indescritível que se acreditava transformar chumbo em ouro. Ao mesmo tempo que se pensava que a pedra era um tipo de sal, acreditava-se ser o ingrediente-chave na busca da imortalidade, da iluminação e da glória do céu na terra. Ela simbolizava, portanto, nossa própria transformação não apenas de um elemento para o outro, mas também de seres mortais para divinos.

Nossa sociedade ama uma boa história de transformação, de mudanças. Crianças leem histórias de como um sapo se transforma em príncipe, adolescentes assistem a filmes mostrando Clark Kent se transformando em Superman e adultos adoram revistas com fotos de antes e depois. Essa fixação esconde um fascínio por possibilidades ocultas, com o reconhecimento do que pode ser em detrimento do que realmente é. A transformação é o que permite que você se mova em meio dos apegos internos e externos que o mantêm aprisionado e escravizado, para evoluir para uma nova versão de quem você é ou de como você vive, como dito pelo artista escorpiano Pablo Picasso: "Diferentes temas requerem, inevitavelmente, diferentes métodos de expressão".[10]

É mais fácil falar do que fazer, pois a transformação não é uma tarefa simples. Na verdade, é desconfortável e desconhecida. A mente não gosta de nada disso – pois, mesmo que você não goste de sua situação atual, ainda assim pode preferi-la em vez de se lançar ao desconhecido. Em qualquer momento, a mente prefere manter sua situação atual a permitir que você evolua ou a modifique.

Uma mudança com sucesso, portanto, implica resiliência, uma forma de fé que permite que você se recupere de qualquer adversidade que possa enfrentar. Essa qualidade é a que seu Escorpião interior possui em abundância, tanto quanto você esteja disposto a desapegar, deixar ir e permitir que a transformação ocorra, mesmo sem ter a certeza de onde você irá chegar com ela. Portanto, qualquer boa transformação é como sua precursora, a morte, na medida em que exige uma boa dose de respeito e confiança no processo.

Se sua essência escorpiana se apega a quem você é atualmente, e ao que você tem, ela subverterá o profundo e misterioso caos que é seu privilégio inato, e, então, ela ficará restrita. A reinvenção será substituída pela resistência e o caos interior não será canalizado para a transformação interna – mas para o controle externo. Quando isso ocorre, então surge a manipulação dos outros, uma maneira menos evoluída para o Escorpião conseguir o que percebe como seus objetivos finais (especialmente em áreas relacionadas com a riqueza e o sexo). Portanto, é de suma importância que abracemos nossa energia escorpiana e a ajudemos a abraçar seu caos interior, seu impulso para

---

10. "Conversation avec Picasso", de Christian Zervos, Cathiers d'Art: 1935, citado e traduzido em Alfred H. Barr, Jr., **Picasso: Fifty Years of His Art** (New York: The Museum of Modern Art, 1946), p. 247.

transmutar, transformar. Ela deve estar disposta a ser uma Fênix que não sabe necessariamente a que altura se elevará após retornar das cinzas. Ela apenas vai subir, vai ascender, repetidas vezes.

Ascender é elevar-se acima de tudo, ver uma situação por seu contexto e significado mais amplos, acima dos pensamentos, emoções, trivialidades e tribulações que, de outra maneira, estariam presentes. Tenha em mente que o comportamento calmo e controlado do Escorpião é, muitas vezes, apenas a água parada sob a qual as torrentes se enfurecem. No entanto, para ser mais evoluída, a ascensão traz um lembrete ferino para manter sua natureza primitiva – seu id – controlado. Para se envolver em uma maestria calma que contradiz a dinâmica força interior. Dessa forma, a energia de Escorpião pode ver o que quer e consegui-lo com precisão calculada – tal qual uma águia observa sua presa lá do alto e vai rapidamente, e com precisão, à caça para satisfazer sua fome instintiva antes de alçar voo novamente.

A águia representa o estágio mais elevado de Escorpião. De fato, Escorpião pode ser representado por três animais diferentes: o próprio escorpião, a Fênix e a águia. O escorpião está relacionado com a pulsão de morte, a Fênix com a transformação, o renascimento e a águia com a ascensão. É um ciclo de morte e renascimento que permite ao Escorpião ser, fazer e conseguir o que quer – um tremendo poder do qual precisa estar ciente para manter a disciplina, para não se ver sob seu controle.

> ♏ Um grande exemplo de id desenfreado é o sr. Hyde – a natureza obscura e lasciva do bondoso dr. Jekyll. *The Strange Case of Dr. Jekyll and Mr. Hyde* (O Médico e o Monstro) é uma novela sobre dupla personalidade em que a escuridão vence, que foi escrita pelo autor escorpiano Robert Louis Stevenson. Acredita-se que, durante o processo de escrita, ele queimou o primeiro rascunho de sua história apenas para reescrever a versão atual, que, no sentido figurado, renasceu das cinzas.

O que aprender

A força e a paixão da energia de Escorpião a faz falir em um dia e virar uma bilionária no dia seguinte. Dessa forma, ela mostra que não importa o que esteja acontecendo: você pode morrer e renascer. É o lembrete do zodíaco sobre seu poder de transformação e resiliência

– a parte de você que pode ser e fazer qualquer coisa, a qualquer momento, mesmo que você, neste momento, esteja em chamas. Ou para baixo. Afinal, as emoções do Escorpião vão dos picos das montanhas aos vales.

Para usar a profundidade das emoções do Escorpião, de maneira construtiva, é necessário controlá-las e canalizá-las para que você possa aproveitar seu poder e não ser destruído por elas. Claro, há muitas vezes em que você precisa morrer, no sentido figurado, mas se você ficar preso no estágio da morte, nunca alcançará a transformação... e, depois, nunca irá ascender.

Ficar preso é uma perda de energia desse signo – assim como a água fica estagnada, nossa natureza de Escorpião também se apega a histórias antigas, instintos e medos. E, então, a sujeira se acumula. Por isso deve aprender com cada uma de suas mortes; caso contrário, não será capaz de seguir em frente. Continuará a ser a pessoa que sempre foi e nunca irá progredir para ser a pessoa que precisa ser.

As manifestações físicas de uma natureza estagnada de Escorpião podem incluir:

- ★ Músculos tensos e contraídos da região lombar, isquiotibiais, abdominais, da região glútea ou do assoalho pélvico, da região do sacro e da pélvis
- ★ Dor ou desconforto na região lombar ou glútea
- ★ Limitação de movimentos da região lombar ou da pélvis
- ★ Pélvis fixa, não neutra (por exemplo, um lado mais elevado que o outro)
- ★ Outros: Ciclos menstruais irregulares, retenção urinária

Da mesma forma, quando seu Escorpião não está em equilíbrio – seja fisicamente, emocionalmente ou de outro modo – sua região sacral pode experimentar uma sensação de estar fora de controle ou fora do lugar, por causa de extremos. Nesse cenário, a região pode parecer tão descuidada, perdida, solta ou descontrolada quanto você.

As manifestações físicas de uma natureza descuidada de Escorpião podem incluir:

- ★ Músculos fracos e potencialmente alongados da região lombar, isquiotibiais, abdominais, da região glútea ou do assoalho pélvico,

incapazes de manter a posição adequada da região do sacro ou da pélvis
- ★ Sensação de fraqueza ou instabilidade na região pélvica
- ★ Hipermobilidade
- ★ Excesso de rotação, alargamento ou inclinação pélvica
- ★ Outros: Ciclos menstruais irregulares, infecção do trato urinário, incontinência devido à flacidez dos músculos do assoalho pélvico (músculos flácidos do assoalho pélvico podem ocorrer com a idade ou a pós-gravidez, após a escorpiana iniciar o papel de mãe no parto – expandindo os ossos, músculos e ligamentos de sua pélvis. Veja o Exercício Kegel neste capítulo como uma ferramenta de manutenção do assoalho pélvico e de prevenção de problemas.)

Quão sensível é sua região pélvica? Quer se sinta estagnado, descuidado ou, ainda, alguma coisa entre esses sentimentos, a chave é ouvir seu corpo e lhe dar aquilo de que ele precisa. Para alongar sua região pélvica ou fortalecer uma musculatura fraca, desperte seu Escorpião interior com as perguntas e exercícios a seguir.

Seu corpo e as estrelas

Os itens a seguir servirão como seu guia pessoal para trazer as estrelas e a energia de Escorpião até você. Use-os para morrer, transformar e ascender.

Questionamentos

- ★ Quais são suas crenças sobre a morte? Como elas facilitam sua vida? Atrapalham você?
- ★ Quão bem você é capaz de deixar de lado os apegos e expectativas do passado?
- ★ Quando foi a última vez que você se reinventou? O que precipitou essa morte e esse renascimento?
- ★ Quando foi a última vez que você sentiu desconforto em alguma parte de sua região pélvica? O que estava acontecendo em sua vida?
- ★ Com que facilidade você se adapta a novos ambientes e se reinventa? É um processo natural ou você resiste a ele?

★ Quantas emoções você sente ao longo de uma semana? Você acessa sua plena capacidade emocional?
★ Quando você experimenta extremos emocionais negativos, você é capaz de superá-los? Como? O quanto você supera?
★ Quando você experimenta extremos positivos, que circunstâncias o trazem de volta?

Exercícios
Postura da ponte: para o poder de deixar ir
A morte – mesmo no nível metafísico – é apenas um estágio na evolução da consciência. Ela não é boa nem ruim, mas somente como você quer que ela seja. Você pode abordá-la com medo ou, também, com uma mente aberta sobre os caminhos por onde ela pode levar você. O segredo é permitir que ela o leve até onde seja necessário, permitindo que seu medo da morte definhe no processo. Para fazer isso, libere qualquer estigma que tenha colocado em torno dela. Aproveite o poder em você, que sabe – apesar de você não ter consciência sobre o que vem do outro lado da ponte – que você ficará bem. O fluxo natural da morte vai levá-lo aonde você precisa ir. É necessário força para confiar nesse processo desconhecido e atravessar a ponte. Estimule sua força interior por meio do fortalecimento de sua região pélvica e dos músculos que a rodeiam.

1. Deite-se de costas com os joelhos flexionados e os pés apoiados no chão. Alongue os braços ao lado do corpo, com as palmas das mãos voltadas para baixo. Coloque seus pés na frente de seus ísquios – uma boa distância permitirá que você toque de leve seus dedos sobre os calcanhares.

2. Ao expirar, pressione os pés no chão enquanto contrai, dobra sua pélvis (a parte inferior das costas ficará nivelada no chão). Continue com a mesma dinâmica, levante suas nádegas. Apenas seus pés, braços, ombros, pescoço e cabeça devem estar agora em contato com o chão.

3. Dentro da postura, mantenha as coxas e os pés paralelos. Alongue-se por seus braços para ajudá-lo a ficar apoiado nos

ombros. Crie um espaço entre o queixo e o peito pressionando suavemente a parte de trás da cabeça no chão. Relaxe suas nádegas; elas devem estar ativas no exercício, mas não contraídas.

4. Permaneça nessa posição por dez respirações profundas. Solte-se devagar, em uma expiração, rolando sua coluna pelo chão.

Se manter a posição das costas e de suas nádegas se mostrar muito desafiador, mantenha os braços no chão, dobre os cotovelos e levante os antebraços para colocar as mãos na parte inferior das costas, na região lombar, para obter apoio extra (os dedos das mãos devem apontar para os dedos dos pés). Você também pode usar blocos de ioga para ganhar mais apoio. Se você se sentir muito rígido na postura e desejar mais leveza, mantenha a base e gire apenas os antebraços para que as palmas das mãos fiquem voltadas para cima, em uma posição receptiva para o que vier a seguir.

Postura gato-vaca: para transformar
Escorpião é conhecido por ser um dos signos mais intuitivos do zodíaco. É o que tem mais contato com sua magia interior, com o mistério e a alquimia. Então, seja sua própria pedra filosofal e transmute, transforme partes de você, de chumbo em ouro. Transforme a vergonha em alegria, a fome em saciedade, o "Eu não posso" em "Eu posso". Você tem uma vida longa, durante a qual muitas mudanças ocorrerão e, como dizem, as oportunidades favorecem quem está preparado. Prepare-se para suas inevitáveis transformações, praticando essa postura popular, que lhe dará a chance de se transformar de um gato em uma vaca (e vice-versa).

1. Comece na posição de mesa sobre suas mãos e joelhos, com os pulsos alinhados com os ombros

e os joelhos alinhados com os quadris. A parte de cima de seus pés precisa estar em contato com o chão. Suas costas devem estar paralelas ao chão e seu pescoço permanece em uma posição neutra, o olhar é direcionado para baixo e um pouco à frente.

2. Entre na postura do gato: ao expirar, curve a coluna em direção ao teto. Pressione as mãos e os pés no chão para ajudar na elevação. Ao curvar suas costas, solte a cabeça suavemente em direção ao chão.

3. Entre na postura da vaca: na inspiração seguinte, levante os ísquios (ossos que apoiam o corpo quando estamos sentados) e arqueie o peito em direção ao teto. Sua barriga vai afundar em direção ao chão. Sua cabeça deve seguir o arco ascendente da sua coluna, mas tenha cuidado para não alongar demais o pescoço.

4. Volte para a postura do gato na expiração seguinte, depois volte para a postura da vaca durante a inspiração. Crie um fluxo rítmico na medida em que você alterna entre as duas posturas.

5. Passe por dez sequências da postura gato-vaca, terminando na postura de mesa.

Saia da postura passando pela posição fetal (veja a página 123 para as instruções).

Postura reclinada em ângulo fechado: para acessar suas profundezas

Sua região pélvica é o lar de sua sexualidade, tanto em relação à localização de seus órgãos sexuais quanto a você como um ser sexual. No entanto, poucas pessoas têm uma relação saudável com a sexualidade, pois muitos países anglo-europeus a negam cultural, religiosa e clinicamente, e até já foi vista como algo demoníaco por séculos.

> O descontentamento com a sexualidade chegou a um momento decisivo no século XVIII, quando os médicos declararam que a masturbação precisava ser controlada por razões clínicas e higiênicas. Caso contrário, alegaram os médicos, poderia ocorrer o enfraquecimento dos sistemas digestivo, respiratório e nervoso; e isso poderia ter como consequência esterilidade, reumatismo, gonorreia, cegueira, insanidade e tumores. A partir de então, a circuncisão (inicialmente realizada em garotos, não em bebês) tornou-se um dos procedimentos médicos mais populares da época.

Essa região do corpo até é referida como suas "partes baixas", que conota as partes mais inferiores e mais sombrias de uma área, como uma alusão especial ao inferno e ao submundo. Resgate essa região legítima e valiosa de você! Cada parte de seu corpo, de você, contém seu próprio poder, sua força, e com sua região sexual não é diferente. Use essa postura para ir em direção a uma ampla abertura e acessar algumas regiões profundas que você pode estar ignorando de modo involuntário.

1. Sente-se com as pernas esticadas à sua frente. Dobre os joelhos e traga os calcanhares em direção à pélvis. Na medida em que os calcanhares se aproximam, deixe cair os joelhos para os lados, de maneira que as solas dos pés fiquem unidas.
2. Abaixe o tronco até o chão, usando os antebraços e as mãos como apoio.
3. Quando seu tronco estiver no chão, encontre uma distância confortável entre os pés e a pélvis (diminua ou aumente a distância, para mais ou para menos alongamento, respectivamente). Esse é um alongamento passivo, então, você deve sentir uma abertura suave na região da virilha; se o alongamento for muito intenso ou houver dor nos joelhos, coloque almofadas entre os joelhos e o chão. Traga as palmas das mãos para descansar suavemente sobre seu abdômen inferior.
4. Feche os olhos e relaxe completamente. Entregue-se à postura. Permita que a gravidade faça o trabalho. Permaneça na postura de cinco a dez minutos.
5. Para sair da postura, pressione as coxas ao mesmo tempo em que você gira para um lado. Em seguida, levante-se lentamente para evitar qualquer tontura.

Para intensificar sutilmente a postura, alongue seu cóccix de forma isométrica, em direção aos seus pés. Você deve sentir um esforço suave e a abertura da região pélvica, bem como uma leve curvatura da parte inferior das costas. A partir dessa posição, agora permita que seu cóccix mergulhe em direção ao chão.

Visualização e a Kundalini: para ascender
Há mais de uma maneira de provocar um gato... e levantar uma cobra. Quanto a despertar sua Kundalini – a serpente energética que

reside na base de sua coluna e representa sua força vital e instintiva – a jornada pode assumir muitas formas diferentes, dependendo de seu nível de comprometimento, intenção, nível atual de consciência e estilo de vida. Na maioria das formas, no entanto, a jornada envolve a subida da serpente da base de sua coluna até o topo de sua cabeça. O exercício a seguir permite uma visualização da ascensão, da subida da serpente – e a energia vital inconsciente que ela representa – que muitas vezes pode ser mais bem compreendida por meio de imagens e arquétipos do que por meio de palavras ou pensamentos.

Como você se sente quando a Kundalini é despertada, se eleva? Seu despertar envolve muitas sensações, algumas das quais têm sido comparadas a correntes de eletricidade que passam por seu corpo, um êxtase divino e uma sensação de leveza – como se sua forma terrena pudesse ascender. Esse exercício não pretende despertar completamente sua Kundalini, mas ajudá-lo a espiar seu potencial e se preparar.

1. Sente-se confortavelmente no chão de pernas cruzadas. Mantenha sua coluna ereta e relaxada. Descanse suas mãos no colo, com as palmas voltadas para cima. Os olhos devem estar fechados.

2. Em sua tela mental, visualize uma serpente enrolada em três voltas e meia ao redor da área de seu osso sacro. Atribua a ela cor, olhos, escamas – com as características que você escolher. Quanto mais detalhes, melhor. Inspire e expire para saudá-la.

3. Como se ela fosse puxada por alguma força magnética no topo da cabeça, deixe a serpente se levantar e, lentamente, subir por sua coluna. Inspire e expire conforme ela se movimenta por cada região do seu corpo: região pélvica (entre o umbigo e a virilha), abdômen (ao redor do umbigo), centro do coração, meio da garganta, terceiro olho, parte superior da cabeça. Observe o que você sente enquanto ela passa por cada região de seu corpo.

4. Quando ela começar a sair pelo topo de sua cabeça, observe como você e a serpente se fundem e explodem em uma luz branca e brilhante. Sinta a sensação provocada pela luz pelo maior tempo possível.

5. Abra os olhos e faça uma pausa antes de se levantar.

Se você quiser despertar totalmente sua Kundalini, considere as orientações e recursos da Yoga Kundalini.

Traga a água para sua vida: para as emoções, movimento e fluxo
Deixe a água permitir que suas emoções fluam. Você tem toda uma gama de emoções à sua disposição, e todas elas servem a um propósito – até mesmo aquelas não tão bem-vistas como a raiva, que podem dar início a mudanças positivas nos níveis individual e social. Muito poucas pessoas que transformaram o mundo o fizeram porque estavam bem com o *status quo*, com o estado das coisas! Então, deixe-se elevar a grandes alturas e cair em profundos mergulhos. Em outras palavras, viva com paixão. Não fique preso em uma gama confortável de emoções, mas esteja disposto e seja capaz de expandi-las. Traga a água para sua vida, inclua a água em sua rotina diária para deixar que as marés dela inspirem as suas:

★ Caminhe junto a um rio, lago ou mar
★ Tenha o propósito de beber água pura e filtrada ao longo do dia
★ Transforme a rotina de um banho em um ritual agradável
★ Nade
★ Tire os sapatos e divirta-se em alguma fonte de água
★ Vá para um parque aquático e divirta-se

Exercícios de Kegel: para uma contenção adequada
Quando a água é direcionada, canalizada – seja de um afluente para um rio ou da torneira para um copo – ela serve melhor ao seu propósito. E o mesmo também se aplica às suas emoções. As emoções liberadas requerem um conduto ou um contentor. Caso contrário, elas podem correr à toa, e desordens (seguidas de fadiga) poderão acontecer. Dê às suas emoções um destino apropriado, para que possam nutri-lo, e não escoar inadvertidamente de você. Um destino apropriado é uma bacia pélvica forte, que suporta os fluidos contidos em sua região sacral (ou seja, os da bexiga e do útero). Alguns dos músculos da bacia podem ser facilmente acessados – como os músculos rotadores laterais profundos que são alongados na postura reclinada em ângulo fechado – mas outros, como os músculos do assoalho pélvico, não são tão fáceis de alcançar. Uma das melhores maneiras de fortalecê-los é por meio de exercícios de Kegel, benéficos para homens e mulheres.

1. Identifique os músculos adequados. Ative os músculos do assoalho pélvico prendendo a micção no meio do fluxo. Essa ação usa os mesmos músculos acessados nos exercícios de Kegel.
2. Pratique as contrações de Kegel. O Exercício Kegel é exatamente a mesma técnica que você usou para interromper o fluxo de sua urina – mas, agora, não enquanto você está urinando. Esvazie sua bexiga e depois se deite de costas. Contraia os músculos do assoalho pélvico, como fez antes, e mantenha a contração por dez segundos. Então, relaxe por dez segundos. Essa é uma sequência.
3. Concentre-se apenas em seu assoalho pélvico e não contraia os outros músculos, como as nádegas, abdômen ou coxas. Lembre-se de respirar.
4. Repita três sequências até três vezes por dia. Você também pode fazer o exercício sentado, na posição vertical.

Acredita-se que esses exercícios ajudem a prevenir a incontinência urinária e possam até ajudar a melhorar a saúde e o prazer sexual.

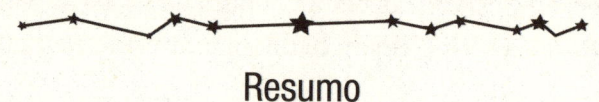

Resumo

★ Sua região pélvica é a região relacionada a Escorpião. Ela é o lar de seus órgãos reprodutivos e do útero, representa a semente da vida e a sede das emoções.

★ Escorpião é o oitavo signo do ciclo do zodíaco. Sua energia pertence a uma paixão que o leva a morrer, de modo figurado, a se transformar e depois ressurgir das cinzas.

★ Se sua natureza poderosa de Escorpião ficar estagnada ou fora de controle, sua região pélvica pode experimentar diferentes sintomas (por exemplo, desconforto sacroilíaco, irregularidades nos ciclos menstruais).

★ Alinhe seu Escorpião interior por meio de questionamentos, exercícios e atividades que se concentram em sua região pélvica. Use-os para superar as lutas internas e as turbulências externas, para recuperar uma visão de mundo mais ampla que permita sua ascensão.

10

Quadris do Centauro

♐ SAGITÁRIO

Data de nascimento: 22 de novembro – 21 de dezembro
Região do corpo: Quadris e Coxas
Afirmação: Direcione Sua Natureza Inferior com Aspirações Mais Elevadas

Com Sagitário, saímos da jornada pela parte superior do corpo e nos concentramos na parte inferior do corpo, começando pelos quadris. Naturalmente, o corpo funciona como um todo, portanto essa divisão entre parte superior e inferior é apenas nomenclatura. No entanto, a lição do Centauro é alinhar as duas partes, e o que elas representam, de modo consciente. Sagitário está aqui com o intuito de desenvolver o corpo como um veículo para a alma, ajudando-o a aspirar a viver seus mais elevados e mais puros ideais como um objetivo por 24 horas por dia.

Seu corpo: quadris e coxas

> ♐ A região da pélvis, quadris e coxas exemplifica o todo do corpo humano, equivalente à parte posterior de um cavalo, de onde um tronco humano poderia surgir, formando, assim, um centauro.

Qualquer que seja sua jornada, o Centauro recebe suas lições e a ajuda de seus quadris, a região do corpo correspondente ao signo de Sagitário. Posicionadas de modo perfeito para os esforços, a luta sagitariana, essas duas grandes articulações se justapõem entre a parte superior e inferior do corpo. A parte superior do corpo começa na pélvis e vai em direção à cabeça, e inclui as costas, o pescoço, os membros superiores e os órgãos internos (ao juntar todas as partes, nós a conhecemos como tronco); a parte inferior do corpo se estende para baixo a partir da pélvis, incluindo as coxas, as pernas e os pés. Você pode sentir seus quadris, fixos, e de modo profundo, em cada lado de seu corpo, a profundidade dessas articulações é uma fonte de sua força física.

> ♐ Muitas pessoas, de modo errado, localizam seus quadris na parte lateral de cada coxa. Essa localização é, na verdade, uma proeminência óssea no fêmur chamada trocânter maior. É, portanto, parte de um osso que compreende a articulação do quadril, mas não a própria articulação.

Os fortes quadris são formados por ossos robustos, incluindo a pélvis e o fêmur. A pélvis é uma bacia larga e óssea que suporta o peso do tronco e transfere sua força para os membros logo abaixo. É um dos ossos que, em virtude de sua posição no corpo, permite que os humanos permaneçam eretos em dois pés, uma característica anatômica que nos distingue do restante de

Quadris do Centauro

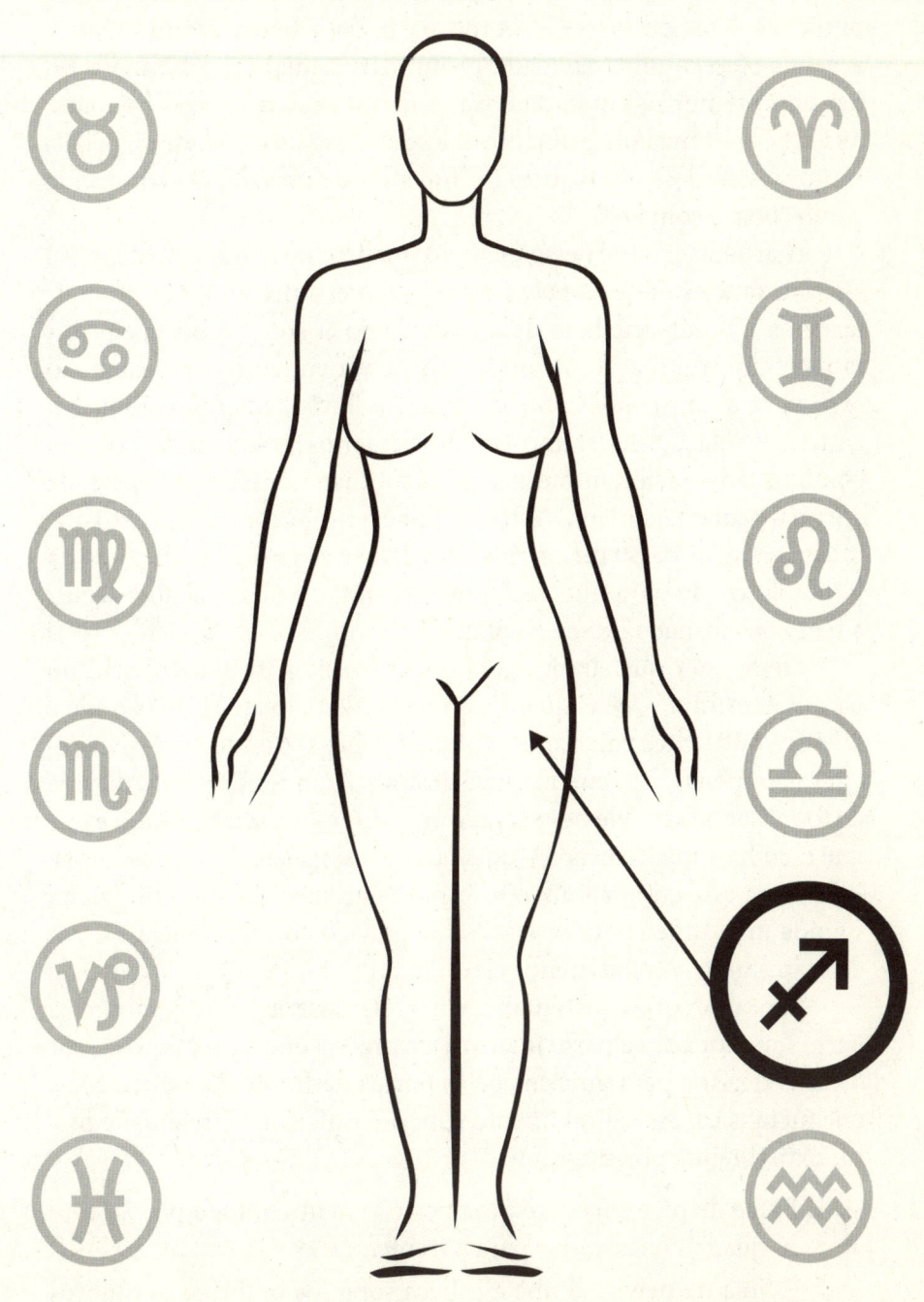

Veja o apêndice C para a estrutura esquelética dos quadris e coxas.

nossos irmãos vertebrados, incluindo os cavalos (leia mais no Capítulo 13: "Pés de *Pisces*"). Como parte da articulação do quadril, a pélvis oferece uma cavidade profunda na qual cabe a cabeça do fêmur. O fêmur é o osso da coxa, o maior osso do corpo humano. Sua cabeça é uma bola brilhante que se encaixa na cavidade da pélvis. Juntos, esses dois ossos formam um tipo de articulação conhecida como "bola e soquete".

A articulação bola e soquete do quadril move a região da coxa. Cada coxa se estende da pélvis até o joelho e, especialmente em sagitarianos, é uma parte bem desenvolvida do corpo – robusta e pronta para entrar em ação. A amplitude de movimentos da coxa é tão expansiva quanto esse signo do zodíaco: flexão, extensão, abdução, adução e rotação. Esses movimentos – feitos isoladamente ou em combinação – facilitam muitas ações cotidianas, desde uma passada até uma pequena corrida. A flexão, por exemplo, é o movimento que inicia qualquer passo ou corrida, elevando a coxa para mais perto da frente do corpo para que você possa levantar o pé do chão e seguir adiante, na jornada de seu Centauro interno.

Onde quer que sua jornada o leve – seja para o aeroporto ou para um *ashram* –, seus quadris ajudam a levá-lo até lá. Mas onde é *lá*? Para onde você vai, o que explorar? Chegar aonde você quer requer não apenas movimento, mas direção. Aqui reside a obra da vida de todo Centauro – ele deve seguir uma direção, e seu caminho exige que escolha a mais elevada – aquela que o satisfaça de corpo e alma. E, embora esse compromisso inspirado não seja fácil para ninguém, é ainda mais difícil para os signos do zodíaco cuja tendência é ir em direção a uma escolha menos elevada.

Para um corpo sustentar a alma, ele deve, portanto, alinhar a parte superior com a parte inferior; ele precisa querer ser o professor de seus quadris para guiá-los pelas portas da frente da escola. Mais que metafísica, esse alinhamento superior-inferior é a realidade física. Experimente por si mesmo:

1. Fique de pé e encontre uma posição neutra para a pélvis, com os quadris encaixados para a frente.
2. Acima da pélvis, alinhe a cabeça sobre os ombros, os ombros sobre o tronco e o tronco sobre os quadris. Abaixo da pélvis,

alinhe os quadris sobre os joelhos, os joelhos sobre os tornozelos e os tornozelos sobre os pés.
3. Escolha um ponto para manter o foco a alguns metros à sua frente.
4. Caminhe em direção a ele.

Como você chegou lá? Com a cabeça, o peito e os quadris alinhados, você caminhou de modo decidido na direção de seu foco. Você viu o que queria e o alcançou. Por outro lado, o que acontece quando você não tem esse alinhamento?

1. Fique de pé, com os quadris encaixados para a frente.
2. Mantendo a posição da pélvis e dos membros inferiores, vire a cabeça e o peito para a esquerda. Seus quadris e membros inferiores devem, agora, estar voltados para uma direção (à frente) e seu tronco para outra (à esquerda).
3. Ande para a frente.

Em qual direção você foi? Nesse exemplo, você não escolheu uma direção e seu corpo foi conduzido para aquela sugerida pela metade inferior de seu corpo. Você seguiu o caminho que seus quadris sugeriram – um exemplo físico da suscetibilidade do Centauro para com suas inclinações inferiores.

As estrelas: Sagitário

Direcione sua natureza inferior com aspirações mais elevadas

Sagittarius é a palavra em latim para "arqueiro", e o símbolo para sua constelação é, de modo apropriado, uma flecha. Essa flecha é apontada pelo Centauro, metade homem, metade animal, que aponta para o céu em direção a amplos horizontes. Com o impulso de seu arco, ele atira a flecha, abrindo uma trilha de fogo para a corajosa jornada à sua frente – uma jornada que exige que o Sagitário direcione seu corpo para a urgência de sua alma.

Há muitas maneiras de se orientar, seja sobre pensar no que comer ou no que fazer. O direcionamento pode vir por meio do pensamento racional, de atração emocional, instintos ou uma combinação desses e de muitos mais. O direcionamento pode surgir de você ou dos outros. Como você escolhe sua direção na vida? Não existe uma direção certa ou errada – apenas aquela que melhor lhe serve.

Sua verdadeira direção é aquela que vem de sua verdadeira natureza, de um lugar de conhecimentos que são filtrados pela mente, mas também é muito maior. É essa consciência sutil do propósito – como se sua alma tivesse entrado nesta vida com uma missão a cumprir – que você vislumbra de vez em quando. Seu Sagitário está aqui para reconhecer esse vislumbre, induzi-lo a confiar nele e depois ajudá-lo a seguir sua direção... aonde quer que ele o leve.

Pois o Centauro é seu desbravador interior, seu visionário, seu guia. É a parte de você que, de modo implícito, percebe sua elevada direção e o inspira a almejar isso repetidas vezes. Às vezes, você acerta seu alvo na primeira tentativa e, às vezes, precisa atirar muitas flechas. Você não precisa saber como a flecha alcançará seu objetivo – ou se irá alcançar –, mas o primeiro passo para chegar lá é saber *aonde chegar.* Para acertar um alvo específico, sua mira não pode estar muito alta nem muito baixa.

Baixo é um termo que vem com um estigma em nossa sociedade, como se *baixo* fosse algo ruim ou indesejável. E, no entanto, *baixo* significa apenas "em direção ao chão ou a um nível básico", como quando a Lua fica baixa no horizonte; não é uma definição aviltante. *Alto*, em contrapartida, pertence a um *status* elevado, como uma águia que voa alto no céu. É claro que tudo é relativo, de modo que mesmo as coisas que estão no alto do céu podem ser baixas em relação às outras e vice-versa – assim como uma águia voando alto no céu ainda é menor do que uma Lua baixa no horizonte. Isso ocorre porque as qualidades alto e baixo existem conjuntamente. Elas se complementam. Uma não é melhor que a outra, pois ambas são necessárias.

Por exemplo, você tem naturezas mais baixas e mais altas, mais inferiores e mais elevadas. Falando sobre nossa composição energética, nossa natureza inferior refere-se à parte que é mais densa que a restante, como nosso corpo físico (*versus* a alma, o espírito) ou pensamentos básicos (*versus* os iluminados). Objetivos menos elevados só se tornam um problema se eles conduzirem sua história de vida, se você se consome em excesso com desejos e necessidades básicas sem reconhecer a parte de você que, ao mesmo tempo, é muito maior, mais elevada. Em um extremo, atender e saciar apenas à sua natureza menos elevada pode resultar na famosa vida de sexo, drogas e *rock and roll*, com o desejo levando a relacionamentos insatisfatórios, a ambição pelo sucesso a qualquer preço e o excesso de consumo inconspícuo. Objetivos menos elevados geram objetivos menos elevados e é uma constatação há eras, uma moral escrita nas estrelas do centauro sagitariano.

Há muito tempo – segundo a mitologia grega – os centauros vagavam pela terra. Essas criaturas liminares, metade homem e metade cavalo, viviam nas montanhas de Magnésia. Transformavam as cavernas em suas casas, caçavam animais selvagens para se alimentar e combatiam com pedras e galhos. Ao longo das obras clássicas gregas e romanas – desde a *Odisseia*, de Homero, até a *Metamorfoses*, de Ovídio –, esses centauros caracterizaram as tendências mais primitivas do homem ao saquear cidades, roubar mulheres e beber mais vinho que o próprio Dionísio (o deus grego do vinho). Seus atributos primitivos e selvagens estavam embrenhados em seus membros posteriores bestiais, assemelhando-se à extremidade traseira de um cavalo e representando os aspectos mais animalescos do homem. No entanto, essas fábulas são apenas metade da história, pois essas criaturas também eram humanas. Cada centauro tinha um torso humano a partir de seu corpo de equino – uma cabeça, um pescoço e um peito, representando os ideais mais elevados do homem.

Assim como a primeira geração de centauros era escrava de suas naturezas animalescas e inferiores, havia outra espécie de centauros que honravam seus aspectos humanos mais elevados. Aqueles que eram professores e curadores, que exerciam sabedoria e visão profética. Um desses centauros recebeu o nome de Quíron, um amigo e professor do grande guerreiro Hércules. Um dia, enquanto ajudava Hércules, Quíron foi ferido por uma flecha envenenada. Zeus, como um presente para o bom centauro, aliviou sua dor, transformando-o na Constelação de Sagitário. O centauro tornou-se assim o símbolo do zodíaco para o signo de Sagitário, simbolizando a mais elevada natureza do homem.

Como o Centauro, você tem naturezas mais elevadas e menos elevadas que coexistem. Viver sua expressão mais completa requer que acesse as *duas* metades – e é aí que honrar seu Sagitário interior pode ajudar. Caso contrário, excessos nos dois lados criam uma vida fora de equilíbrio. Em nossa sociedade, com nosso foco em sustento e finanças, a tendência é que sigamos em direção à nossa natureza menos elevada. Portanto, sua natureza sagitariana é um lembrete de que, para ser completo, você deve acessar sua criatividade, visão, imaginação e intuição, além de suas pulsões menos elevadas, mais baixas. Você precisa ficar firme no chão *e* apontar para as estrelas.

> A justaposição entre elevado e baixo se encaixa nas obras mais famosas do século XVII, do escritor sagitariano John Milton, *Paradise Lost* e *Paradise Regained*. *Paradise Lost* conta a história da expulsão de Satanás do céu e sua manipulação orquestrada para que Adão e Eva caíssem em tentação. Em sua continuação, *Paradise Regained*, está relatada a tentação e a resistência de Jesus a Satanás, e como Jesus passou por todos os testes – em nome de toda a humanidade – nos quais Adão e Eva haviam falhado.

Apontar para as estrelas é como colocar as vistas em algo que parece estar muito além de seu alcance... até você chegar lá! Foi isso que o engenheiro sagitariano Alexandre Gustave Eiffel fez depois de construir a Torre Eiffel, o prédio mais alto do mundo (na época): ele entrou no campo da aerodinâmica e desenhou, desenvolveu novas estruturas – como aeroplanos – que não apenas se estendiam em direção ao céu, mas também poderiam voar. Esse objetivo elevado é o desejo, a aspiração, a principal força motivadora do Centauro.

> A origem da palavra *aspirar* vem da palavra latina *aspirare*, com uma referência a uma ação, e a "respirar", uma raiz que também remete a "espírito", alma. Aspirar, então, também pode significar "respirar com a alma".

O Centauro evoluído é um idealista, um visionário que vê além do que é possível. E esse vislumbre do potencial infinito é o que alimenta sua contínua jornada. Sempre há espaço para crescer e evoluir, a fim de ser melhor em vários papéis: como pai, mãe, profissional e pessoa.

Claro, você não precisa ambicionar ser um Eiffel para contribuir com sucesso. Poxa, você é livre para ir com calma, ou até mesmo regredir. No entanto, a verdadeira energia do Sagitário procura o ideal mais elevado possível. O ideal não precisa ser alcançado – nem ser possível alcançá-lo –, mas esse é o impulso inicial. Ou melhor, o galope, já que o Centauro é abençoado com quatro cascos rápidos (se bem que o casco de um cavalo é, na verdade, seu dedo do pé).

O que você deseja ser ou fazer em sua vida? Você está indo em direção às alturas? Quais? O mais impressionante sobre a aspiração é que só é possível desejar alto... e imaginar o que espera por você lá. Você não consegue saber com certeza o que o espera, até que esteja lá para ter a experiência por si mesmo. Uma vez que você chegue até lá, é inevitável que a realidade pareça diferente do que você havia imaginado. E, então, você percebe que não se trata de quão alto se vá, mas apenas estágio por estágio do caminho a uma outra espiral que você só consegue ver agora.

E, assim, o processo continua, pois a aspiração não é ter alcançado grandes alturas, mas seguir continuamente em busca delas. E, como estamos vivendo em um universo de 100 bilhões de galáxias (e o número tende a crescer), o limite de seu alcance está prestes a se expandir.

O que aprender

A direção na qual o Centauro caminha tem de se alinhar com as direções de suas metas superior e inferior. Dessa forma, ele unifica suas naturezas. Ele permite que sua natureza inferior (simbolizada por seus membros inferiores) revele seus ideais mais elevados e aspirações sinceras (representadas por sua cabeça e seu coração).

Se ele for bem-sucedido nessa tarefa, o Sagitário vai se sentir realizado. Ele estará vivendo uma vida equilibrada, atendendo a todos os aspectos de si mesmo – inferior, superior e todos os outros entre eles. A tendência, no entanto, é que a natureza sagaz do sagitariano seja suscetível às suas tendências inferiores, à gula, e aos desejos que ele vai querer realizar de forma voraz. No entanto, é isso que ele está aqui para aprender e, finalmente, ensinar: como assumir

> Reconhecer a gula e os desejos avassaladores? De acordo com o catecismo da Igreja Católica, eles são os dois primeiros dos sete pecados capitais, que são a origem de todos os outros. Eles são "capitais" porque se acredita que essa entrega do homem aos impulsos inferiores destrua a graça e a caridade – aspectos de sua natureza mais elevada – e, portanto, levam à condenação eterna.

o controle de sua natureza inferior e animalesca com disciplina, o compromisso e a intuição necessários para ouvir e prestar atenção à sua divindade.

Se a direção menos elevada se torna tão incompatível com a mais elevada, os quadris refletem esse fardo metafísico e também passam a interferir no alinhamento físico. Por meio de uma variedade de dores e distúrbios musculoesqueléticos, sua trajetória será impedida de seguir adiante, tornando sua jornada uma luta. Esse é o jeito de fazer com que você saiba: "Ei, você não está indo na melhor direção, então, nos recusamos a deixá-lo seguir por aí". Se, por exemplo, você está indo em uma direção que não serve ao seu propósito mais elevado, seus quadris irão soar um alerta. Nesse cenário, é provável que eles fiquem rígidos e com restrição de movimentos, pois seu Centauro interior está tentando evitar que você avance por um caminho que não é necessariamente sua melhor opção – apesar de suas melhores intenções. Ou, talvez, você tenha escolhido um caminho que, de fato, o leva ao seu chamado, mas a maneira como o está buscando – muito rápido ou agressivamente – resulta em quadris em desarmonia. Parte de sua jornada com a energia do Centauro requer fé no tempo divino. Fé que as coisas que você quer e precisa acontecerão, no devido tempo (o que nem sempre está alinhado com o racional, com o tempo de sua mente). De outra forma, você se encontrará resmungando sobre os planos perfeitamente estabelecidos por você com uma pitada de indignação arrogante.

As manifestações físicas de uma energia íntegra de Sagitário podem incluir:

- ★ Músculos do quadril rígidos ou tensos (por exemplo, os músculos flexores e extensores)
- ★ Músculos do quadril em desequilíbrio (por exemplo, os músculos abdutores)
- ★ Rotação interna e externa rígida das coxas
- ★ Limitação de movimentos do quadril
- ★ Síndrome de fricção da banda iliotibial
- ★ Dor nas articulações, ao redor dos grandes trocânteres ou da região glútea

- ★ Dor no nervo da região glútea ou na parte de trás da coxa
- ★ Outros: Abusos na alimentação e com bebidas, problemas no fígado

Inversamente, se seu Sagitário não estiver disposto a conduzir o cavalo pelas rédeas e se arriscar no fluxo sem limites, você também se sentirá em desequilíbrio. Interesses desenfreados mudam de uma hora para outra, e você nunca comprometerá sua imensa energia em uma direção. Em outras palavras, esse aspecto imprudente de sua natureza irá encorajá-lo a ir por toda parte e a experimentar de tudo – sem contemplação. Você estará apontando seu arco de modo descontrolado e nada prático. Ou, talvez, você tenha um bom objetivo, mas não tenha perseverança, pois várias direções competem por sua atenção. Dadas muitas oportunidades, você pode se sentir paralisado ao ter de escolher, ou não acreditar que existe uma direção que valha a pena seguir e, portanto, você faz tudo, segue por todos os caminhos, menos por sua verdadeira direção, enquanto espera que um destino, uma solução, chegue de alguma forma a você. Olhando sob a óptica do arqueiro, esses exemplos podem resultar em quadris que não sabem para onde ir.

As manifestações físicas de uma energia imprudente de Sagitário podem incluir:

- ★ Músculos do quadril fracos (por exemplo, os músculos flexores ou extensores)
- ★ Músculos do quadril em desequilíbrio (por exemplo, os músculos abdutores)
- ★ Hipermobilidade das articulações do quadril
- ★ Excesso de rotação interna e externa das coxas
- ★ Síndrome de fricção da banda iliotibial
- ★ Posição pélvica não neutra (veja o Capítulo 9: "Pelve do Escorpião")
- ★ Dor no nervo da região glútea ou na parte de trás da coxa
- ★ Outros: Abusos na alimentação e com bebidas, problemas no fígado

Quão comprometidos estão seus quadris com sua direção na vida? Quer se sinta íntegro, imprudente, ou, ainda, alguma coisa entre esses sentimentos, a chave é ouvir seu corpo e lhe dar aquilo de que ele precisa. Para alongar seus quadris rígidos ou fortalecer uma musculatura fraca, desperte seu Sagitário interior com as perguntas e exercícios a seguir.

Seu corpo e as estrelas

Os itens a seguir servirão como seu guia pessoal para trazer as estrelas e a energia de Sagitário até você. Use-os para direcionar sua natureza inferior com aspirações mais elevadas.

Questionamentos

- ★ Como você descreveria sua direção atual na vida?
- ★ Sua direção atual é aquela que você imagina como ideal para si mesmo? Se sim, a que você atribui seu sucesso nesse sentido? Se não, que passos você poderia dar para mudar de rumo?
- ★ O que seus quadris dizem sobre seu sentido de direção? Eles são fortes, fracos, alongados?
- ★ Quais aspectos de sua natureza menos elevada e mais elevada poderiam ser mais bem equilibrados (por exemplo, comer ou beber demais, ficar acordado até tarde)?
- ★ Quais atividades estimulam sua natureza mais elevada?
- ★ O que você deseja, aspira? No final de sua vida, como você deseja ser lembrado?

Exercícios

Postura da cadeira: para um forte senso de direção

Pode ser difícil determinar a direção, porque ela não é tão óbvia ou evidente como se gostaria. Ao contrário dos sinais que você encontra nas estradas por onde dirige, os sinais na estrada de sua vida não são perceptíveis. Claro, as pistas estão lá, mas são muito sutis e muito fáceis de ser perdidas... ou descartadas. Assim, conhecer a direção de sua vida e segui-la com confiança pode exigir fé e perseverança. É mais ou menos como atirar com arco e flecha pela primeira vez: tudo pode parecer muito desajeitado e inútil conforme suas flechas caem de seu arco ou disparam em uma trajetória diferente da esperada. No entanto, se persistir em seus esforços, você poderá, finalmente, atirar uma flecha na direção de seu alvo. E, ei, você pode até acertar no centro do alvo! Então, prossiga com determinação. Use esse exercício para fortalecer a maior parte da musculatura que envolve as articulações de seu quadril, pois quadris fortes ajudam a conferir um forte senso de direção. Note que *rígido* não é a mesma coisa que forte. Os flexores do quadril se beneficiam muito do fortalecimento e alongamento, pois se tornam cronicamente curtos e rígidos em nossa sociedade contemporânea, que está cada vez mais exigindo que fiquemos sentados por horas e horas em sofás, cadeiras de escritório, bancos de cozinha e carros.

1. Fique de pé com os pés afastados. Dobre os joelhos e encaixe os quadris ao expirar, abaixando as coxas, como se estivesse sentado em uma cadeira. Suas coxas devem estar paralelas ao chão, ou o mais próximo que você conseguir, mantendo a coluna neutra (sem curvatura ou alongamento excessivos).

2. Inspire e levante os braços ao lado das orelhas, com as palmas voltadas para dentro, uma em direção à outra. Se essa posição for desconfortável, abaixe os braços e junte as palmas das mãos à frente de seu coração.

3. Assegure-se de que suas coxas estejam paralelas umas às outras e que cada joelho esteja alinhado com o segundo dedo do pé. Seu tronco deverá ser inclinado suavemente para a frente, sobre as coxas, e seu pescoço e a cabeça deverão permanecer alinhados com o restante de sua coluna.

4. Mantenha a posição por cinco ciclos completos da respiração. Libere-se da postura endireitando os quadris e os joelhos em uma inspiração e abaixando os braços na expiração seguinte.

Se essa postura fizer com que você perca o equilíbrio, ou se sinta fraco, ou instável, modifique-a, usando a parede como apoio para suas costas.

Postura do pombo: para abrir seu direcionamento interno
Por cerca de 3 mil anos, os pombos foram usados para entregar mensagens. Fosse em tempos de guerra, para retransmitir informações

> ♐ Os pombos-correios eram empregados com frequência pelos departamentos de polícia em áreas remotas da Índia para levar mensagens urgentes após desastres naturais. Foi só recentemente que o serviço de pombos-correios da polícia foi cancelado (por causa da internet).

confidenciais, ou na Grécia antiga, para proclamar o vencedor das Olimpíadas, os pombos eram usados como mensageiros confiáveis, devido ao seu senso de direção. Como não são especialistas em leitura de mapas, eles têm um senso inato de lar, o que lhes permite determinar sua localização em relação ao seu ninho, para o qual eles sempre retornarão.

Esse mesmo senso de direcionamento reside em você – a sensação de que sua verdadeira direção está dentro, esperando para ser descoberta, e uma vez que você a encontre, você se sentirá em casa, sem importar em qual lugar do mundo esteja. Use essa postura do pombo para alongar e abrir os quadris, e você se abrirá para uma compreensão mais profunda de sua direção, que talvez não tenha acessado antes.

1. Comece na posição de mesa sobre suas mãos e joelhos, com os pulsos alinhados com os ombros e os joelhos alinhados com os quadris.

2. Estique um pouco a coluna para ajudar a levantar a coxa direita e flexionar o joelho direito. Deslize a perna direita para a frente e paralela ao tapete de ioga ou colchonete, de modo que o joelho direito fique atrás do punho direito e o pé direito venha em direção ao pulso esquerdo.

3. Com a parte externa da perna direita apoiada no chão, deslize a perna esquerda para trás, estendendo o joelho esquerdo.

4. Abaixe o ísquio direito até o chão – sem virar em direção à sua nádega – e coloque a parte de cima do pé esquerdo no chão.
5. O tronco deve estar reto, as palmas das mãos precisam estar firmemente apoiadas no chão, na frente dos joelhos ou ao lado de cada quadril, dependendo de sua habilidade. Mantenha uma pélvis neutra, ajustando o lado esquerdo de modo que ele se mova em direção à frente do tapete de ioga, ou colchonete, e esteja alinhado com o lado direito.
6. Permaneça nessa posição por cinco respirações lentas e profundas.
7. Saia da postura retornando à posição de mesa.
8. Repita no lado esquerdo.

Esse alongamento é muito profundo. Se você quiser aprofundar ainda mais, coloque seu tronco no chão, estendendo os braços para a frente. Por outro lado, para um alongamento menos intenso, diminua o ângulo do joelho da frente (aproximando o pé em direção ao corpo) ou coloque uma almofada sob o osso na parte da frente do quadril. Lembre-se de que seu foco deve estar no alinhamento adequado. Uma maior intensidade no exercício ocorrerá naturalmente com a prática e o tempo.

Círculos do quadril: para alterar as rotas
As articulações do quadril são quase tão móveis quanto as articulações do ombro, permitindo uma amplitude de movimento que, de maneira efetiva, permite que seus quadris e coxas façam círculos completos. Do *Fan Kick* (movimento de dança que se resume a um chute de perna alto e reto, em que a perna estendida faz uma varredura circular) à dança do bambolê (*Hula-Hooping*), seus quadris foram projetados para se mover em várias direções. Portanto, não se fixe em apenas uma direção – não se concentre exclusivamente em seu destino final, pois perderá o foco sobre se é realmente o destino certo para você. No decorrer de sua vida, você mudará de direção muitas vezes. Portanto, decida sua

> Embora os bambolês tenham se tornado populares nos anos 1950, com a empresa Wham-O, eles existem desde cerca de 500 a.C. Naquela época, círculos feitos com galhos de salgueiros ou videiras eram usados por crianças egípcias para que girassem em torno de suas cinturas. Os antigos gregos usavam arcos semelhantes para os exercícios físicos.

direção, mas fique aberto a outras oportunidades que surgirem durante o caminho. Os quadris flexíveis reconhecem que qualquer direção determinada está sujeita a alterações. Use esses círculos para criar uma abertura ampla e suave para as articulações do quadril, para permitir que seu Sagitário interior seja acessado com facilidade.

1. Fique de pé com os pés afastados, alinhados com os quadris, mantenha os pés no chão. Coloque as mãos na cintura.
2. Dobre um pouco os joelhos e *levemente* balance para cima e para baixo em uma curva, mantendo-se nela. Após alguns balanços, mantenha os joelhos levemente flexionados.
3. Com o tronco voltado para a frente, faça um círculo com os quadris para a direita. Faça círculos amplos, o quanto você puder, sem muito movimento no restante do corpo, como se estivesse usando um bambolê. Seu tronco mudará um pouco a posição, mas seus joelhos não podem se dobrar, seus ombros precisam permanecer uniformes e sua cabeça não deve se sobressair.
4. Faça dez círculos à direita e depois dez círculos à esquerda.

Esse exercício irá ampliar e abrir não apenas os quadris, mas também a parte inferior das costas. Sorria! Permita-se se abrir... e aproveite!

Alcançar as estrelas: para desejos, anseios e aspirações
Acredita-se que haja até 400 bilhões de estrelas apenas em nossa galáxia (a Via Láctea). A estrela mais próxima é o Sol, a meros 149.600.000 quilômetros... se comparado com as outras estrelas mais próximas, as do sistema Alpha Centauri, com uma distância de aproximadamente 4,3 anos-luz (considerando que um ano-luz é igual a 9.460.730.472.580,8 quilômetros). Portanto, há muita distância para percorrer e alcançar as estrelas! Esse exercício reintroduz seu corpo ao seu próprio limite de alcance e à sua capacidade de continuar indo cada vez mais longe. No entanto, como você tem naturezas mais baixas e mais elevadas, precisa estar ancorado para poder voar. Portanto, apenas certifique-se de se estabilizar com sua parte inferior enquanto eleva sua parte superior. Essa dinâmica irá ajudá-lo a alcançar alturas cada vez maiores:

1. Fique de pé com os pés afastados. Distribua seu peso igualmente entre os dois pés, que devem estar apoiados no chão em uma posição paralela e natural.
2. Escolha um ponto para manter o foco a alguns metros à sua frente.
3. Leve, aos poucos, seu peso para a frente e fique nas pontas dos pés. Mantenha seu equilíbrio.
4. Quando se sentir pronto, levante os braços acima da cabeça, como se tentasse alcançar o teto. Estique seus dedos como se eles pudessem pegar as estrelas. Se você se sentir equilibrado o suficiente, levante seu olhar, olhe por entre as mãos. Sorria.
5. Sinta uma energia direcionando seu corpo cada vez mais para cima, enquanto, ao mesmo tempo, outra força mantém os pés em direção ao chão.
6. Para sair do alongamento, solte os braços pelas laterais de seu corpo e abaixe os pés.
7. Pratique por quantas vezes você se sentir confortável.

Se a falta de equilíbrio estiver atrapalhando você, faça esse exercício com os pés totalmente apoiados no chão. O elemento mais importante é a dinâmica da elevação, o aterramento de seus pés, combinado com a elevação que você sente quando seu tronco, sua cabeça e as mãos aspiram por grandes alturas. A magia está na sensação do alcance em si, não na altura real.

Meditação do eu elevado: para estimular sua natureza superior
Imagine que parte de você sabe exatamente quem você é e o que veio fazer aqui – com sua natureza mais sábia, mais clara e mais elevada. Livre de dramas, preocupações, medos, desejos, ego exigente, e com a visão de seu passado, presente, futuro, e o propósito de tudo isso. Esse é seu eu mais elevado. Nada mal, não é? Quer você perceba ou não, você está sempre conectado a essa versão etérea de si mesmo. E sempre tem a opção de fazer essa conexão de modo consciente.

Tente isso experimentando essa meditação, que lhe permite acessar, experienciar e aprender com sua natureza mais elevada:

1. Sente-se confortavelmente no chão de pernas cruzadas, de modo que consiga manter essa posição durante a meditação. Use almofadas para apoio, se for necessário. Desligue o telefone e defina um alarme para dez minutos.
2. Feche seus olhos e descanse suas mãos no colo, com as palmas voltadas para cima.
3. Crie uma imagem de si mesmo em sua tela mental. É apenas você como você é, sem a interferência do ambiente ou de outras pessoas. Você pode estar vestindo e fazendo qualquer coisa.
4. Sinta as emoções que essa imagem provoca, com honestidade, sem julgamentos. Conecte-se com essa sensação.
5. Agora, crie uma imagem de você que representa sua natureza mais elevada, seu melhor, o supremo eu interior. Você pode ter sua aparência atual ou se parecer com um anjo, uma deusa, um deus iluminado, um super-herói, um centauro. Não importa sua aparência. Permita que sua imaginação voe alto e livre! Seja o mais específico possível em sua representação: qual é a cor de seu cabelo? Como são suas roupas? Qual a expressão de seu rosto? Quanto mais detalhes, melhor.
6. Sinta o que essa visualização provoca em você, como lhe parece – você saberá discernir quando acessá-la. E se você quiser que essa visualização de si mesmo expresse alguma sensação (por exemplo, euforia, plenitude, compaixão), sinta-se livre para imbuí-la com esses sentimentos.
7. Aproxime as duas imagens – de você no momento atual e de sua natureza mais elevada – até que elas se fundam em uma.
8. Permaneça nesse sentimento e consciência de si mesmo, de sua natureza mais elevada, até que o alarme soe.

Dez minutos é apenas um ponto de partida. Sinta-se à vontade para começar com uma meditação mais longa, prolongando o tempo da prática. Você deve estar confortável em uma experiência agradável, acolhedora e estimulante.

Prática da disciplina: para domar sua natureza inferior
O primeiro-ministro britânico Winston Churchill, sagitariano, é popularmente conhecido por ter dito: "Esforço contínuo – não força ou inteligência – é a chave para desvendar nosso potencial".[11] Em outras palavras: a prática leva à perfeição. Pratique a disciplina de sua natureza inferior para permitir que sua natureza mais elevada brilhe. Aproveite suas fraquezas para transformá-las em forças, ignorância em conhecimento, escassez em abundância, tristeza em alegria. A autodisciplina, como um músculo, pode ser desenvolvida. E é de grande importância para a natureza do Centauro, que, de outra maneira, ficaria galopando sem controle. Comece com o seguinte:

1. Reserve dois minutos por dia para esse exercício (cronometrados com um alarme). Escolha um horário durante o dia em que você possa ficar sozinho. Comprometa-se com essa prática por três semanas.

2. Pegue um *post-it* (de qualquer cor e formato, desde que se destaque na parede) e coloque-o na parede ao nível de seus olhos quando estiver na posição sentada. Sente-se no lado oposto da sala em uma posição confortável e coloque seu olhar e sua atenção no *post-it*. Não pense em nada, nem no fato de você estar olhando para um pedaço de papel. Se você perder o foco antes do final dos dois minutos, tudo bem. Retorne o foco para a imagem assim que perceber que ele se desviou. O primeiro passo da disciplina nesse exercício é se comprometer com a prática e parar regularmente para exercitá-la. Dê continuidade ao disciplinamento da mente por dois minutos (ou mais).

3. Se você conseguir manter o foco, por todo o tempo, em várias práticas seguidas, aumente o tempo para três minutos, depois para quatro minutos e assim por diante.

4. Três semanas é o prazo mínimo recomendado para a mudança de um padrão. No entanto, sinta-se livre para continuar por mais tempo e deixe a prática evoluir de uma maneira que funcione para você.

---

11. Matthew Radmanesh, **Cracking the Code of Our Physical Universe**: The Key to a New World of Enlightenment and Enrichment (Bloomington, *in:* AuthorHouse, 2006), p. 155.

Resumo

★ Seus quadris são as regiões relacionadas a Sagitário. Essas articulações resistentes – que movimentam as coxas – têm uma grande amplitude de movimentos, são capazes de direcioná-lo aonde quer que você vá.

★ Sagitário é o nono signo do ciclo do zodíaco. Sua energia reconhece sua natureza mais elevada e a menos elevada, e pede que a mais elevada conduza o show.

★ Se a natureza visionária de Sagitário se torna íntegra ou imprudente, seus quadris podem experimentar diferentes sintomas (por exemplo, tensão, fraqueza).

★ Alinhe seu Sagitário interior por meio de questionamentos, exercícios e atividades que se concentram em seus quadris. Use-os para apontar para as estrelas, a fim de ter consciência de sua direção terrena.

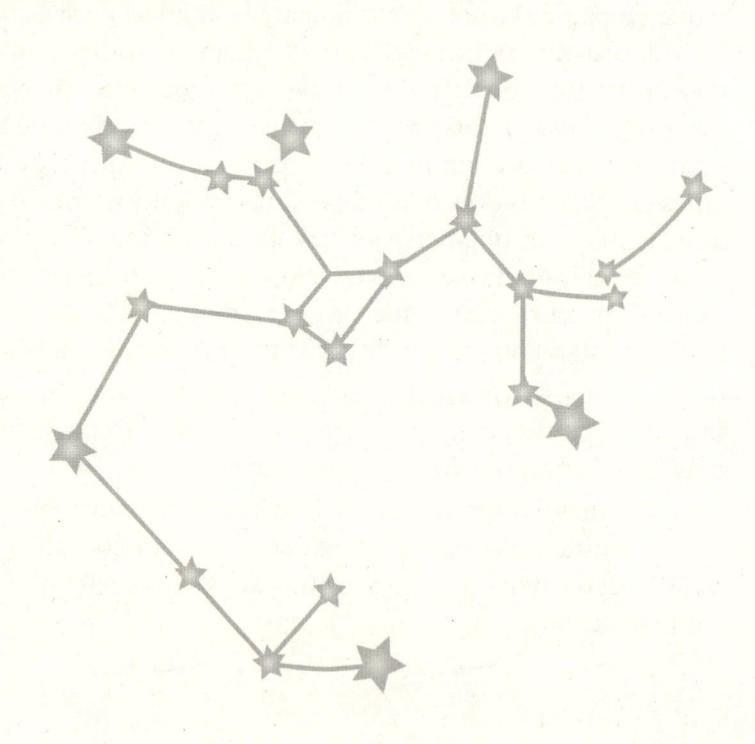

11

Joelhos da Cabra com Rabo de Peixe

♑ **CAPRICÓRNIO**

Data de nascimento: 22 de dezembro – 19 de janeiro
Região do corpo: Joelhos
Afirmação: Agir Com Responsabilidade Pelo Bem Maior

No signo anterior, Sagitário, o mundo é um cálice cheio – e pronto para ser preenchido – com sabedoria. Tudo é um ensinamento, uma lição, uma oportunidade. Capricórnio entra em cena tendo aprendido muito e agora pronto para destilar o conhecimento em algo útil e prático. Não para si mesmo, necessariamente, mas para a comunidade ao seu redor. O Capricórnio é o realista do zodíaco; ele está aqui para conhecer a sociedade e, em seguida, fazer tudo para que ela dê um passo adiante. A energia de Capricórnio é a ambição e a força de vontade encarnadas, está aqui para canalizar essas habilidades em ações em prol do bem maior.

Seu corpo: joelhos

Capricórnio é um signo da terra e, como tal, ele é estável. Prático. Resistente. No entanto, a energia ainda precisa ser impulsionada para realizar, e são seus joelhos – a região do corpo relacionada ao signo – que a conduzem. As articulações dos joelhos expressam esse equilíbrio interno entre estabilidade e mobilidade, pois é uma região necessária para suportar o peso de toda parte superior do corpo, enquanto o move. O mecanismo que gera esse equilíbrio é uma articulação em dobradiça (pense em uma porta para ver o exemplo de uma dobradiça) formada por três ossos diferentes (a tíbia, o fêmur e a patela). Cada articulação flexiona e alonga o joelho, permitindo um pouco de rotação.

A flexão e a extensão do joelho movem suas pernas, permitindo que você caminhe para o trabalho, chute uma bola de futebol e escale uma montanha. E *como* você se envolve nessas atividades indicará se terá sucesso ou não ao realizá-las a longo prazo. Por exemplo, se estiver exagerando em uma atividade ou fazendo isso com um alinhamento inadequado, você irá lesionar os joelhos, apesar de suas melhores intenções. É como a maioria das lesões articulares surgem: por meio de uma combinação de excessos, movimentos e posições indevidos, resultando em degeneração. Muitas vezes, quando isso ocorre, a causa é um excesso de processos mentais em detrimento da capacidade da matéria.

Sua natureza capricorniana – assim como seus joelhos – exige um equilíbrio de ambos. Ela nos lembra de ficar de olho na recompensa, fazer o que for preciso para alcançá-la e, ao mesmo tempo, ser

Joelhos da Cabra com Rabo de Peixe

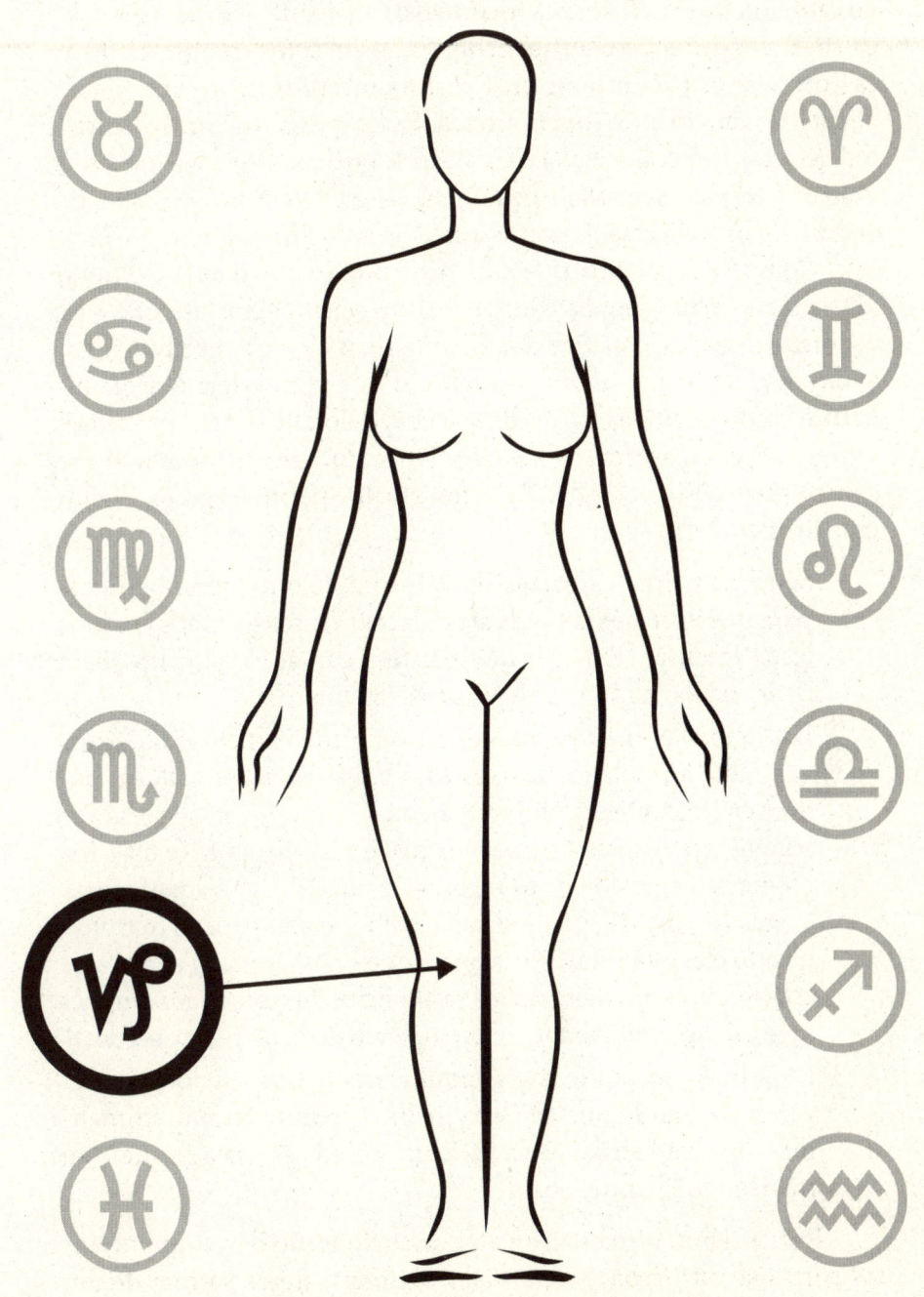

Veja o apêndice C para a estrutura esquelética do joelho.

aplicado e consciente dos deveres, consciente sobre os passos que damos no caminho até ela. A causa capricorniana é maior do que a energia dela, e isso requer paciência para que aconteça, assim como o tempo e a atenção necessários para realizar uma postura invertida na ioga ou treinar para uma maratona. Se, por outro lado, você quiser realizar a postura a todo custo, ou chegar ao final da corrida de qualquer jeito, porque isso é exatamente o que sua mente pede, então aí estão seus joelhos sofrendo excessos, e os joelhos são as partes suscetíveis do Capricórnio.

Como seus joelhos o levam para onde você quer ir? Muitas pessoas não estão sequer conscientes de seus joelhos até que algo aconteça com eles – até que doam, inflamem ou parem de funcionar como deveriam. E, embora seja natural que você esteja mais familiarizado com algumas partes de seu corpo do que outras, os joelhos sempre devem merecer sua atenção. Portanto, tire um momento e se conscientize dessa parte de seu corpo que lhe permite agir de muitas maneiras, todos os dias:

1. Sente-se e erga as barras da calça ou coloque uma bermuda para que você possa ver as articulações de seus joelhos em toda a sua extensão. Observe que elas têm curvas e contornos, bem como o lado da frente, de trás e as laterais.

2. Use ambas as mãos para sentir o joelho, uma articulação de cada vez. Sinta a rótula (patela), os sulcos ósseos, os músculos e tendões circundantes, de todos os lados. Explore à vontade e faça as seguintes perguntas a si mesmo: qual é a temperatura (é mais fria ou mais quente do que as regiões vizinhas)? Alguma parte parece macia? Inchada? Como cada joelho se compara ao outro? O quanto eles estão simétricos ou assimétricos? Sentado como você está agora, como seus joelhos se alinham em relação aos seus pés (por exemplo, alinhados com o segundo dedo do pé, arqueados)?

3. Depois de se sentir mais familiarizado com os joelhos, levante-se e ande por aí. Seus joelhos se movem naturalmente? Com convicção, estáveis, com impulso para a frente? Ou mancando? Arqueados?

Para a cabra, com quatro patas, os joelhos são partes importantes para sua existência. Na verdade, algumas cabras sofrem de um certo tipo de artrite viral que afeta principalmente as articulações do joelho e são forçadas a ficarem muito tempo deitadas e até mesmo a andarem de joelhos para evitar o atrito das superfícies articulares. Por fim, a lesão nos joelhos pode até levar as cabras à morte, pois são incapazes de se sustentar. A mítica Cabra do Mar (*Sea goat*) pode nos ajudar a dar atenção às lições do signo do zodíaco antes que seus joelhos cheguem a esse ponto! Isso exige apenas que você tenha consciência de sua existência combinada com ações deliberadas – passos, corridas e saltos bem pensados em direção ao seu objetivo final. Imagine se você mirasse e atingisse seus alvos, seus objetivos com uma ponderação saudável. Como seu corpo reagiria? E quanto aos outros aspectos de você? Seja como a cabra subindo a montanha, com cada passo escolhido, calculado e prático. Mantenha-se assim a longo prazo, não seja dissuadido facilmente. Com tempo e atenção adequados, seu objetivo será alcançado. Tenha fé que você irá superar.

As estrelas: Capricórnio

Agir com responsabilidade pelo bem maior

Agir é exercer energia ou força, e é da natureza de Capricórnio iniciar uma atividade. Diferentemente dos outros signos na categoria, Capricórnio age com o resultado em mente.

> ♑ Origem da Cabra do Mar, de acordo com a mitologia antiga: Pã era filho de Hermes, um deus, e Aix, uma cabra. Então, ele tinha uma parte cabra e a outra do deus pastor de cabras. Um dia, na floresta, ele teve de escapar do monstro Tifão. Ele fez isso dando a si mesmo um rabo de peixe e mergulhando na água. Mais tarde, ele ajudou Zeus na batalha com esse monstro, e, como recompensa, o rei dos deuses colocou Pã entre as estrelas da Constelação de Capricórnio.

Pense em sua vida diária e em todas as suas ações diárias – elas são incontáveis! De escovar os dentes a se envolver em uma conversa, você faz muitas coisas diferentes. No entanto, quantas dessas tarefas você realiza com um objetivo específico em mente? Por exemplo, quando você escovou os dentes esta manhã, você o fez com a intenção de remover a placa bacteriana de cada dente... ou você realizou a escovação no piloto automático, pensando em seu dia de trabalho? Há uma grande chance de você ter respondido com a segunda situação. E tudo bem! A questão é reconhecer que, a cada vez que você age, escolhe um foco (mesmo que de modo involuntário) – e, para nossa natureza de Cabra do Mar, ele tende a ser o resultado final. Em sua visão de mundo, simplesmente não há necessidade de fazer algo que, no mínimo, não sirva para algum propósito prático. A Cabra do Mar não está aqui para a jornada, mas para ter seu objetivo final, como a cabra que sobe com firmeza pela montanha com a intenção de alcançar seu cume.

Assim como o animal quadrúpede faz sua escalada como um alpinista forte e firme, a cabra da constelação também é paciente. A ação com base nos resultados finais é um jogo com o tempo, pois, com os olhos na recompensa, não importa quanto tempo Capricórnio levará para atingi-la. A energia de Capricórnio está presente para conquistá-la, o que, em termos de signo e energia do zodíaco, significa criar estruturas permanentes que deixam uma marca no mundo. Muitas vezes, essas estruturas não são físicas, mas teóricas. Por exemplo, Andreas Vesalius, anatomista capricorniano do século XVI, esboçou com precisão a estrutura da forma humana e compilou suas descobertas em um livro abrangente – isso fez dele o pai e fundador da anatomia moderna. Cerca de um século depois, *Sir* Isaac Newton – entre muitas e importantes realizações científicas – elaborou a estrutura de nosso universo físico nos termos de três leis que descrevem os corpos em movimento. Olhando ainda mais longe, o astrônomo-astrólogo-matemático Johannes Kepler ajudou a humanidade a estruturar o cosmos mais realisticamente com um telescópio que ostentava campos maiores e ampliações maiores.

Esses cientistas capricornianos talvez não soubessem quais seriam os resultados de seus esforços matemáticos, físicos e astronômicos, mas sabiam que suas pesquisas científicas eram importantes e que as respostas que elas poderiam trazer eram ainda mais importantes. Assim, apesar do terreno pedregoso que trilharam e que garantiu que

> A sequência dos capricornianos que ajudaram a estruturar nossa compreensão moderna da ciência aparece em uma lista nos moldes das listas "Quem é Quem": James Watt (desenvolveu o cavalo-vapor), Louis Braille (desenvolveu um sistema de leitura para cegos), Louis Pasteur (descobriu os princípios da vacinação e pasteurização), Albert Schweitzer (foi um médico missionário ganhador do Prêmio Nobel) e Benjamin Franklin (inventou as lentes bifocais e o para-raios).

hoje se tornassem imortais (não se engane pensando que seus sucessos não experimentaram falhas), todos passaram a vida escalando íngremes montanhas. No entanto, ainda há mais uma peça para compor o quebra-cabeça: Além do *o que*, há o *como*. *Como* devemos agir? E a resposta para a maioria dos capricornianos – ou para qualquer um de nós que entra em contato com nossa energia do Capricórnio – é: de maneira responsável. Por exemplo, Kepler via seu trabalho científico como um dever religioso, trazia uma responsabilidade de entender como agia um Deus que criou a humanidade à sua imagem.

Você, provavelmente, também se sente responsável por muitas pessoas e por muitas coisas em sua vida. Talvez se sinta responsável pelo desenvolvimento de seus filhos, pela saúde de sua mãe, pela manutenção de sua casa, por seus deveres no trabalho... e a lista continua. Esse sentimento é um senso de obrigação que, de maneira efetiva, surge de dentro de você e se estende aos outros. Uma responsabilidade por quem você é e como você vive, por dentro e por fora.

Quando se apropria de sua vida, tudo começa com você... mas, considerando que você existe em muitos contextos maiores (família, vizinhança, cidade, país, mundo), o sentimento de responsabilidade, por fim, se estende a um todo muito maior. Ambos os aspectos (interno e externo) estão relacionados. É por isso que cuidar da sua saúde – tomando decisões muito pessoais sobre o quanto você come, dorme e faz atividades físicas – afeta sua contribuição em nível comunitário. É difícil ser um membro produtivo da sociedade quando você está doente em casa! E, mesmo que existam muitas razões legítimas para você ficar doente – desde colegas de trabalho doentes que transmitam alguma enfermidade até o acúmulo de estresse –, a responsabilidade por sua saúde começa e termina com você, com suas escolhas e decisões. Esqueça o certo e o errado (você foi além dessa dicotomia em Gêmeos). E o mais importante: você está tomando as decisões que são as melhores para você, a todo momento, e usando o que você tem? Você está ciente e disposto a aceitar os prós e os contras e os compromissos? Você aceita que suas ações podem levar a consequências imprevistas que podem ser vistas como boas ou ruins? Essa é a essência de agir de forma responsável.

Agir com responsabilidade é uma maneira de exercer controle sobre sua própria vida, em vez de se tornar uma vítima dela, uma maneira de seguir a cada dia como o dono de seu próprio destino, aconteça o que acontecer. E a recompensa – a autocapacitação – vale o desafio. Claro, fatores e forças externas existem e podem ajudar ou desviar você do caminho, mas eles não são insubstituíveis como pedaços de seu quebra-cabeça. É como diz o velho ditado: você pode levar um cavalo até a água, mas não pode obrigá-lo a beber. No fundo, e apesar de todos os fatores atenuantes, cabe ao cavalo, ou à Cabra do Mar, neste caso, beber. O senso de responsabilidade da Cabra do Mar assume muitas formas, mas uma das grandes inclui o dever cívico – uma força social que liga o Capricórnio a tipos de atitudes, ações, congruentes com essa força.

Imagine que você está em uma faixa de pedestres, sem carros se aproximando. Você está com pressa e seria muito conveniente atravessar a rua. No entanto, se você o fizesse – e mesmo que ninguém se machucasse como consequência de seu ato – você estaria infringindo a lei. Uma lei foi promulgada para proteger a segurança dos pedestres. Para garantir o bem-estar, não apenas de um caminhante, mas de uma comunidade. Então, como você age? Como e quando você escolhe por seu interesse pessoal *versus* interesses maiores? Para os capricornianos, o bem maior é a força motriz. Por que agir em benefício de um indivíduo, quando você pode agir e beneficiar a muitos? Nesse extremo do zodíaco, o eu é apenas uma peça de um quebra-cabeça muito maior que faz de você ser *você*. Portanto, agir em nome dos outros – sejam eles membros de sua família ou da sociedade – é o mesmo que alcançar seus próprios objetivos, o que significa que seu Capricórnio interior precisa manter os outros em mente para se sentir realizado.

Sabendo disso, dá para ver que a natureza de Capricórnio não é desprovida de ego. Todos nós precisamos de senso de individualidade, ego, autoestima – pois, apesar de todos nós sermos apenas gotas no oceano, cada um de nós é uma gota em particular. E nossa Cabra do Mar sabe bem disso.

> Você conhece a frase: "Os fins justificam os meios"? Ela é uma paráfrase da filosofia de Nicolau Maquiavel, que tinha seu signo ascendente em capricórnio, instruindo um príncipe sobre como alcançar e manter o poder em sua famosa obra *O Príncipe*. Que "príncipe" ele estava instruindo? Lorenzo de Médici, um governante de Florença (a quem o livro foi dedicado)... e um companheiro capricorniano.

Embora seja a força maior do oceano que a leva adiante, ela está bem ciente das implicações pessoais, especialmente da condição que pode alcançar, seja em seu local de trabalho, na família ou na sociedade. É a recompensa natural por sua longa e árdua subida pela montanha. Apenas para reiterar: a condição, o *status*, não deve ser o impulso criador, mas um resultado desejado.

O que aprender

> Uma fábula de como a busca exclusiva de *status* não termina bem para o Capricórnio envolve Cronos, o rei dos Titãs (também conhecido como Saturno, o planeta regente de Capricórnio). Sob os protestos de sua esposa, Cronos comeu todos os seus filhos para manter seu trono. Isso aconteceu até seu filho Zeus nascer e liderar uma rebelião contra o pai, que acabou por destronar Cronos e estabelecer Zeus como rei.

O Capricórnio Cabra do Mar, como qualquer cabra, é um bom alpinista. Prossegue de maneira estável, persistente, independente e forte. Essa Cabra do Mar tem trabalho a fazer, e não há muito o que possa atrapalhar seus planos meticulosos. Isso também vale para suas próprias necessidades, pois a Cabra do Mar está inclinada a colocar sua família e os interesses do trabalho antes dela. Daí sua associação com o bem maior.

No entanto, para assumir suas responsabilidades de forma confiável, ela não pode deixar de lado suas necessidades – e você também não pode. Por isso, é importante que você aprenda a ajudar sua natureza capricorniana a se conectar com o bem maior, não a ver como algo separado. As necessidades dela... as suas... as deles... as minhas... todas estão interligadas. No entanto, com uma natureza tão séria e firme, a Cabra do Mar pode, prontamente, dispensar seu próprio bem-estar. Se isso acontecer – se você se recusar a entrar em sintonia com o que deseja –, a melancolia prevalecerá. Na maioria das vezes, a Cabra do Mar está disposta a renunciar às suas emoções para fazer o que ela percebe que precisa ser feito. No entanto, não se engane – mesmo que ela não seja considerada calorosa e delicada, a Cabra do Mar tem muitos sentimentos. E se eles não são devidamente reconhecidos e canalizados, podem se manifestar como um comportamento muito caprichoso. Portanto, seu Capricórnio interior precisa afrouxar as rédeas e se divertir um pouco, de seu jeito, para que não exagere nas ações (pois, entre todas as articulações, as do joelho sofrerão as consequências).

As manifestações físicas de uma natureza radical de Capricórnio podem incluir:

- ★ Músculos e tendões tensos e contraídos ao redor da articulação do joelho (ou seja, os da coxa ou da perna)
- ★ Dor ou desconforto no joelho ao se mexer ou ao sentar-se
- ★ Limitação ou rigidez dos movimentos da perna
- ★ Joelhos trancados
- ★ Estalos provocados por movimentos, ou estalos involuntários
- ★ Excesso de fluido ao redor da articulação
- ★ Canelite

Por outro lado, se a Cabra do Mar for muito conduzida por seus desejos pessoais – *versus* os de um bem maior –, então ela pode achar que seus planos não têm fundamento. Que, apesar de seu planejamento e disciplina diligentes, eles não estão se concretizando, mesmo a longo prazo. Na prática, é quando você se sente desgastado por um impulso e progresso constantes... mas na direção errada. É uma situação que se assemelha ao desgaste e uso indevido de seus joelhos (como correr maratonas com os joelhos muito elevados).

As manifestações físicas de uma natureza egoísta de Capricórnio podem incluir:

- ★ Músculos e tendões fracos ao redor da articulação do joelho (ou seja, os da coxa ou da perna)
- ★ Sensação de joelhos fracos, arqueados ou travados
- ★ Dor ou desconforto no joelho ao se mexer ou ao sentar-se
- ★ Hiperextensão
- ★ Alinhamento deficiente do joelho

Com que responsabilidade *seus* joelhos movem você? Quer se sinta radical, egoísta, ou, ainda, alguma coisa entre esses sentimentos, a chave é ouvir seu corpo e lhe dar aquilo de que ele precisa. Para alongar seus joelhos rígidos ou fortalecer uma musculatura fraca, desperte seu Capricórnio interior com as perguntas e exercícios a seguir.

Seu corpo e as estrelas

Os itens a seguir servirão como seu guia pessoal para trazer as estrelas e a energia de Capricórnio até você. Use-os para agir com responsabilidade pelo bem maior.

Questionamentos

★ Como você caracterizaria a natureza de suas ações diárias (planejadas, propositais, improvisadas)?

★ O que impulsiona essas ações (responsabilidade, sucesso, entusiasmo, medo)? Como seus joelhos se movimentam (dolorosamente, com força, arqueados de vez em quando)?

★ Liste suas muitas obrigações e deveres. Quais são os impulsionados pelas necessidades dos outros? Quais são direcionados para você mesmo?

★ Quando foi a última vez em que você colocou para fora as responsabilidades que tem com os outros (como culpar o cônjuge ou um colega de trabalho)? Olhando para trás, qual foi o papel que você desempenhou no assunto – qual foi sua responsabilidade?

★ O que o bem maior significa para você? Quem faz parte do bem maior? De que maneira você acha que defende seus interesses? Como você se sente quando defende seus interesses?

Exercícios

Postura do guerreiro II: para agir com força e deliberação
"É perigoso sair porta afora, Frodo.... Você pisa na Estrada e, se não controlar seus pés, não há como saber até onde você pode ser levado." Essa frase de Frodo (citando Bilbo Bolseiro) vem da fantasia épica escrita pelo autor capricorniano J. R. R. Tolkien, *O Senhor dos Anéis: A Sociedade do Anel*.[12] Em outras palavras: aja com intenção, com propósito. Saiba o que você está fazendo e por quê. Uma das melhores maneiras de se fazer isso – seja um elfo, um hobbit ou um humano – é "controlar [seus] pés", é alinhar, de modo consciente, os joelhos e as pernas que o movem. Quando seus joelhos estão posicionados para a frente, eles ajudam seus pés a seguirem o exemplo. Use essa postura da ioga para fortalecer e alinhar os joelhos de modo consciente, para que possam levá-lo adequadamente.

---

12. J. R. R. Tolkien, **The Lord of the Rings:** The Fellowship of the Ring (Boston: Houghton Mifflin, 1965), 83.

1. Comece ficando em uma posição neutra e de pé. Levante os braços para uma posição em T e afaste os pés para que os tornozelos fiquem alinhados com os pulsos. Mantenha os ombros para baixo, os pulsos neutros e os dedos alongados.
2. Gire o pé esquerdo um pouco para dentro (não mais do que 45 graus) e o pé direito 90 graus para fora. Olhe para baixo para garantir que seu calcanhar esquerdo e direito estejam alinhados.
3. Dobre o joelho direito a 90 graus, de modo que sua coxa fique paralela ao chão. Certifique-se de que sua patela (rótula) esteja posicionada em linha reta com o tornozelo e alinhada com o segundo dedo do pé. Todo o seu pé deve estar apoiado no chão, com o arco envolvido (nenhuma parte de seu calcanhar ou dos dedos do pé deve estar levantada). Da mesma forma, todos os pontos de seu pé esquerdo devem tocar o chão de modo uniforme.
4. Vire sua cabeça para olhar sobre os dedos direitos. Seu tronco deve permanecer ereto, sem inclinações para a frente. Permaneça nessa posição por cinco respirações lentas e conscientes.
5. Repita com o outro lado.

Uma das maravilhas dessa postura é que ela fortalece os músculos ao redor de *ambos* os joelhos – contanto que você entre na postura corretamente e não faça isso de qualquer jeito. Esse fortalecimento acontece em virtude do envolvimento de uma parte de um dos músculos quadríceps femoral, conhecido como vasto medial oblíquo (VMO), um grupo de fibras musculares conhecido por seu papel na estabilização e alinhamento da patela. Essas fibras estão engajadas tanto na extremidade da extensão (como exemplificado por seu joelho colocado atrás na postura) como quando o joelho é dobrado em um ângulo de 90 graus e a perna está suportando peso (como exemplificado pelo joelho colocado na frente na postura). Portanto, para alcançar o resultado desejado, certifique-se de que o grau de flexão do joelho é confortável (não excessivo), mesmo que isso signifique não alcançar 90 graus, e posicione corretamente o joelho de acordo com as etapas anteriores.

Postura sentada inclinada para a frente: para se abrir a uma maior responsabilidade

O místico, poeta e capricorniano Khalil Gibran escreveu: "Ontem, nós obedecemos a reis e inclinamos nossos pescoços diante dos imperadores. Mas hoje nos ajoelhamos apenas à verdade, seguimos apenas a beleza e obedecemos apenas ao amor".[13] Por quais pessoas você é responsável? Quais forças maiores conduzem suas ações? Para quem – ou para o que – você se ajoelha? Nunca é tarde demais para avaliar quando, onde e como você assume responsabilidades em sua vida diária. Nunca é tarde demais para se abrir para novas formas de entender o que impulsiona suas ações e percepções de que, afinal, tudo vem de você. Reforce responsabilidades saudáveis com um alongamento benéfico dos tendões para os joelhos, nessa postura sentada.

1. Sente-se no chão com as pernas esticadas à sua frente. Sente-se em uma almofada se precisar de ajuda para ficar sentado, apoiado em seus ísquios. Mantenha suas coxas paralelas (não gire para dentro ou para fora) e pernas esticadas, e estenda os pés, empurrando os calcanhares de modo ativo. Os braços estão ao lado de seu corpo, com as palmas das mãos pressionando o chão.

2. Mantendo o tronco alongado, incline-se para a frente a partir das articulações do quadril (não use a cintura ou as costas). Leve o peito em direção aos tornozelos. Ao se inclinar para a frente, segure as laterais dos pés com as mãos. Se isso não for possível, coloque as mãos em seus tornozelos, ou no chão ao lado deles.

---

13. Khalil Gibran, **The Vision:** Reflections on the Way of the Soul (Ashland, OR: White Cloud Press, 1994), 32.

3. Na extensão do alongamento, solte a cabeça e o pescoço para que eles dobrem suavemente para a frente (os cotovelos também podem se curvar para ajudar). Permaneça por dez ciclos de respirações lentas, curvando-se de modo mais profundo a cada expiração.
4. Saia da postura da maneira que você entrou, retornando a uma posição neutra com o tronco ereto.

A responsabilidade não deve ser um fardo. Não necessita de muito esforço, e não precisa doer. Ela pode ser tão simples quanto o reconhecimento de que você é o mestre de sua vida e de tudo o que vem dela. Empregue essa mesma leveza nessa postura. Libere o estresse e a tensão e deixe que a gravidade o envolva de modo mais profundo.

Círculos com os joelhos: para abranger o bem maior
Por mais que a vida seja sobre sua caminhada, ela também inclui as outras pessoas. Essas outras pessoas o cercam, goste você ou não, e por estarem ao redor, formam partes diferentes de sua comunidade. Quando você age, portanto, suas ações não são apenas por você. Cada atitude que você toma é como um seixo jogado em uma lagoa, que cria não somente um círculo ao seu redor, mas também outros círculos concêntricos na água. Dessa forma, suas ações podem afetar outras pessoas, de modo intencional e não intencional. Embora o resultado não esteja inteiramente sob seu controle, você tem, pelo menos, a escolha da intenção e se ela é ou não em nome de um bem maior. Use esse exercício para criar seus próprios círculos concêntricos por meio da ação com base na intenção.

1. Comece ficando de pé, em uma posição neutra, com os pés afastados e as mãos na cintura.
2. Faça círculos com seu joelho, para a direita, por cinco repetições. Seu tronco deve permanecer ereto, sem inclinações para a frente. Certifique-se de que os círculos estejam sendo impulsionados por seus joelhos, não por seus quadris ou ombros, e que seus pés permaneçam no chão. Mantenha a distância inicial entre os joelhos enquanto eles fazem os círculos, para que não se curvem para dentro ou para fora.
3. Volte para a posição neutra e de pé.
4. Repita com o outro lado.

Shuni Mudra (selo de paciência): para expressar paciência e discernimento

Na ioga Kundalini, cada dedo representa um dos planetas e pode, portanto, invocar a energia de cada um deles. O terceiro dedo representa Saturno, o planeta regente de Capricórnio. Astronomicamente falando, Saturno é o sexto planeta a partir do Sol. E, devido à sua distância muito maior do Sol do que da Terra (que é o terceiro planeta rochoso a partir do Sol), tem uma órbita muito maior. Como resultado: Saturno leva mais de 10.800 dias terrestres para completar uma órbita em torno do Sol (cerca de trinta vezes mais do que os 365 dias da Terra). Vamos falar sobre paciência! É claro que Saturno não está com pressa. Expresse alguma paciência com um mudra que invoca a energia persistente de Saturno.

1. Sente-se confortavelmente em uma cadeira ou no chão.
2. Coloque as mãos nas coxas, com as palmas voltadas para cima.
3. Em cada mão, toque o polegar no dedo médio. Mantenha os outros dedos em um alongamento relaxado.
4. Feche os olhos e conecte-se com a grande sabedoria que você deseja alcançar. Relaxe e respire.

Esse mudra pode ser realizado a qualquer momento, pelo tempo que você desejar.

Tome um banho: para confiar no resultado

Pode ser difícil ser paciente em nossa sociedade, porque sempre estamos preparados para tomar uma atitude. Temos de fazer, fazer e fazer! E, quando aparentemente nada está acontecendo, parece que, de fato, nada está acontecendo. No entanto, é geralmente o contrário. Quando uma roda está em movimento, ela está em movimento, quer você a veja ou não. Algumas vezes só precisa esperar que ela gire para você; nem sempre você é o único que pode girá-la. Confie que fez sua parte no processo e tenha fé que o que você colocou em ação acontecerá em seu próprio tempo... que geralmente é mais adequado do que o tempo que você tem em mente. Reserve algum tempo para tomar um banho, sabendo que, embora "não esteja fazendo nada", o banho está fazendo por você, permitindo que o sal relaxe os músculos ao redor das articulações do joelho (e do restante do corpo também). Tudo o que é necessário é que você prepare o banho – e depois deixe o banho fazer o resto.

Prepare um banho com água morna ao seu gosto.

1. Sinta-se livre para criar um ambiente relaxante, para que você não se preocupe com o tempo (você pode usar a luz de velas). Desligue o telefone e qualquer outro aparelho eletrônico que possa desviar sua atenção. Defina um alarme para 12 a 15 minutos, para permitir que você relaxe e não pense no tempo.
2. Coloque duas xícaras de Sal de Epsom na banheira e espere alguns minutos para que o sal se dissolva.
3. Entre na banheira e permita-se relaxar até o alarme soar. Não use sabonete no banho, pois isso interferiria na ação dos sais.
4. Tome até três banhos com Sal de Epsom por semana.

Sal de Epsom recebeu esse nome graças a uma nascente em Epsom, Inglaterra, na verdade não é um sal, mas um composto natural de magnésio e sulfato. Tem sido usado como um remédio tradicional para uma série de doenças, incluindo o estresse, dores, tensão muscular e inflamações.

Escalar uma montanha: para lembrar-se da sua comunidade
Comunidade pode significar um conjunto de coisas. De acordo com o dicionário, é um grupo social de qualquer tipo ou tamanho (como um grupo religioso, comercial ou regional). Ou pode se referir ao local habitado por tal grupo. Como você define sua comunidade? É provável que você tenha muitas delas, com muitas que se cruzam. Dê uma olhada nelas, sendo a Cabra do Mar que você é, subindo até o topo de qualquer montanha, colina, ou edifício alto para ter uma visão mais ampla. Olhe para as suas comunidades – lá estão elas! Qualquer que seja a agitação que veja ao redor, isso engloba todos os diferentes grupos aos quais você pertence. Aquelas pessoas que lhe pedem para agir de modo responsável em seus nomes, e aquelas que lhe dão o apoio necessário (seja físico, mental ou emocional) para fazê-lo. Então, vá e use os joelhos para escalar e ver, literalmente, em nome de quem você está agindo e por quê.

Resumo

★ Seus joelhos são as regiões relacionadas a Capricórnio. Definem um equilíbrio entre estabilidade e mobilidade, essas articulações movem você para qualquer lugar ao qual você escolha ir.

★ Capricórnio é o décimo signo do ciclo do zodíaco. Sua energia reconhece seu senso de responsabilidade e como você o emprega, de modo paciente e persistente, para o bem maior.

★ Se sua natureza prática de Capricórnio mergulha no trabalho ou trabalha sem uma causa, além de seus interesses, seus joelhos podem experimentar sintomas diferentes (por exemplo, dor, travamento, estalos).

★ Alinhe seu Capricórnio interior por meio de questionamentos, exercícios e atividades que se concentram em seus joelhos. Use-os para chegar ao topo de sua montanha, certificando-se de se divertir no caminho.

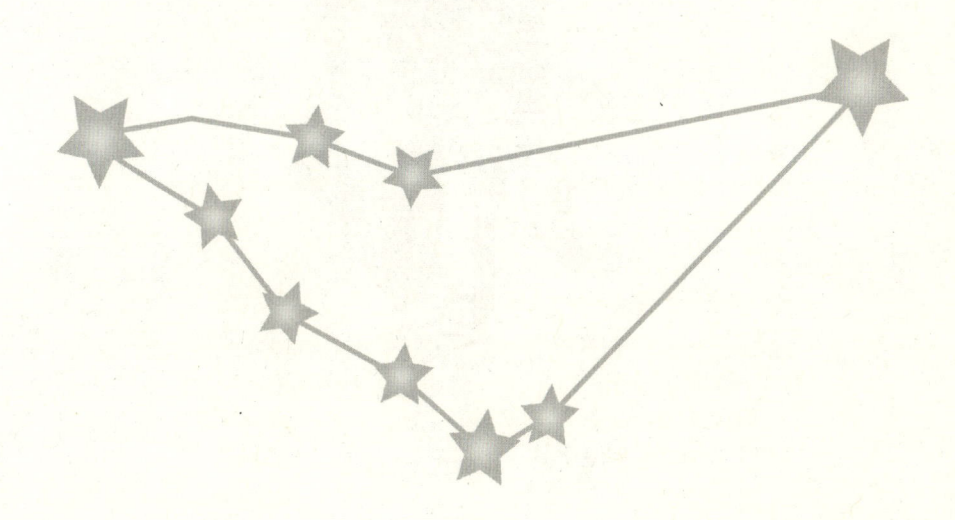

12

Tornozelos do Portador da Água

♒ AQUÁRIO

Data de nascimento: 20 de janeiro – 18 de fevereiro
Região do corpo: Tornozelos
Afirmação: Despertar o Potencial de uma Nova Era

Agora que temos uma estrutura sólida para a sociedade, construída por Capricórnio, o Aquário Portador da Água está aqui para desconstruí-la! Aquário é o realizador igualitário, que está aqui para romper a hierarquização de Capricórnio para o que ele percebe ser uma mudança necessária de paradigma. Uma nova maneira de atender à necessidade coletiva com ênfase no coletivo. Em outras palavras: o Portador da Água é o Robin Hood do zodíaco. Ele está aqui para despertar em todas as outras pessoas o mesmo espírito que vê em si mesmo, dando início a uma nova era, madura e com potencial igualitário.

Seu corpo: tornozelos

Talvez não haja outra parte do corpo que seja tão individualizada quanto seus tornozelos, a região do corpo relacionada ao signo de Aquário. Enquanto cada tornozelo é, sobretudo, capaz de flexionar e esticar o pé, também é a parte do corpo que determina como você coloca o pé no chão (veja o Capítulo 13: "Pés de *Pisces*"). Pense em subir uma colina rochosa descalço e você entenderá a importância e as nuances envolvidas de seu tornozelo ao seu pé – um passo em falso e é muito fácil cair!

Formado por apenas três ossos (a tíbia e a fíbula da perna, e o tálus do pé), o tornozelo é a região logo acima do pé – o pé é a única parte do corpo que realmente toca o chão quando uma pessoa levanta, caminha e se move pelo ambiente. Assim, o movimento de seu tornozelo precisa ser deliberado, porque, ao colocar o pé para baixo, ele sustenta seu peso e sua altura. Em outras palavras, essa simples articulação em dobradiça ajuda a determinar a maneira refinada e única com que você se posiciona e se move sobre a terra. Faz a transição de movimentos maiores dos quadris e joelhos, para o ajuste mais específico de seus pés, mesmo quando você está em pé (observe que, ao ficar de pé por muito tempo, seus tornozelos e pés nunca estão verdadeiramente parados).

Muitas culturas ao longo do tempo entenderam que seus tornozelos são mais do que protuberâncias ósseas. No Egito antigo, os tornozelos eram considerados áreas a ser adornadas. Por essa razão, homens e mulheres usavam túnicas curtas o suficiente para exibir suas tornozeleiras feitas de ouro, prata, ferro e contas de

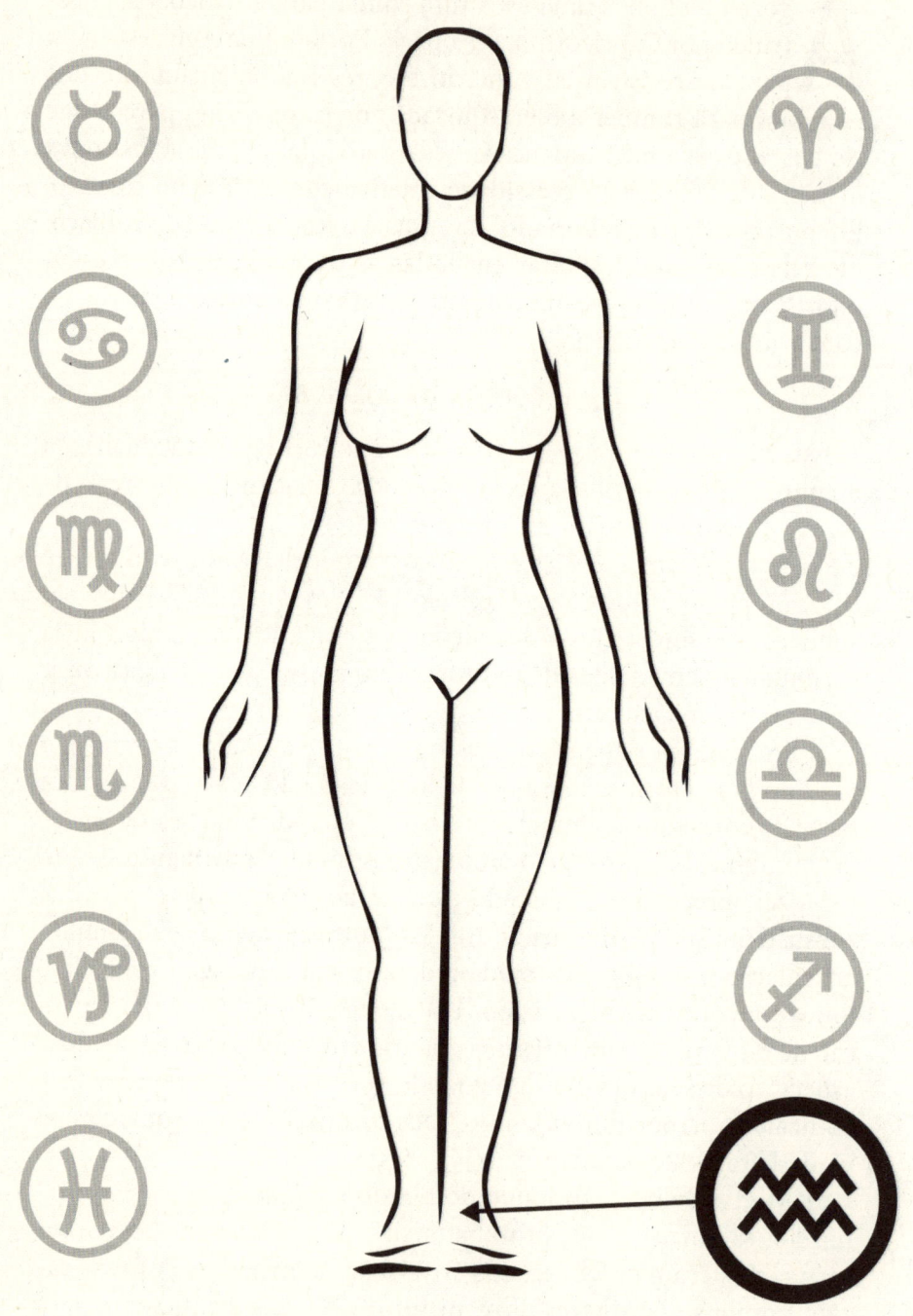

Veja o apêndice C para a estrutura esquelética do tornozelo.

pedras semipreciosas, como a ametista. Na Índia, essas tornozeleiras também eram usadas pelas mulheres por modismo (*payal*) e às vezes simbolizavam um respeito tribal. No antigo Oriente Médio, duas tornozeleiras (uma em cada tornozelo) podiam ser unidas para produzir um som tilintante para atrair a atenção e encurtar as passadas, consideradas graciosas e femininas. Algumas culturas atribuíram significados – como mostrar o *status* de relacionamento – para o lado esquerdo *versus* o lado direito. Outras culturas, como a da Inglaterra vitoriana e dos estados islâmicos conservadores, esconderam completamente os tornozelos por razões de pudor, recato.

Quando foi a última vez que você olhou para *seus* tornozelos ou os enfeitou? Essas regiões muitas vezes negligenciadas dizem muito sobre como você faz o que você faz. Por exemplo, como se apoia – com os tornozelos fracos, arqueados, flexíveis ou estáveis? E o que você está buscando com o apoio? Entrar no ônibus ou exercer seu direito de ocupar um assento?

> Sim, Rosa Parks – a primeira-dama dos direitos civis, que se recusou a desistir de seu assento em um ônibus por causa de sua raça – era uma aquariana. Tal como Abraham Lincoln, que inaugurou a primeira era dos direitos civis americanos, cerca de um século antes.

Experimente esta postura simples para começar a perceber seus tornozelos:

1. Fique de pé com os pés afastados.
2. Sem mover qualquer parte do corpo, além do pescoço e da cabeça, olhe para baixo e verifique seus tornozelos.
3. Cada um está perfeitamente alinhado abaixo do joelho e acima dos calcanhares? Ou um, ou ambos, estão curvados para fora ou para dentro em comparação com o pé? Apenas observe.
4. Transfira o peso para o pé direito e levante o pé esquerdo a alguns centímetros do chão (segure-se em uma mesa ou cadeira próxima, se necessário). Quais mudanças aconteceram em seu tornozelo direito? Mais uma vez, observe.
5. Inverta os lados.

É isso aí! Um exercício simples para começar a se conectar com uma articulação aparentemente simples. No entanto, quando você transferiu o peso para um pé, provavelmente sentiu a maior complexidade do tornozelo, ajudando você a encontrar e manter sua postura. Ainda assim, a maioria das pessoas não presta atenção a esse aspecto de sua individualidade – à maneira única como andam e ficam em pé. E, por isso, entorses de tornozelos são uma das lesões mais comuns vistas nos consultórios dos prontos-socorros de todo o país. Nossa atenção não está focada no presente e em como estamos caminhando por ele, pois é muito mais fácil simplesmente seguir com a multidão. Se você está seguindo o fluxo em demasia, então, sua postura não é exatamente sua e você terá maiores chances de errar. Cada aquariano precisa assumir sua própria posição – é tão importante para ele quanto para todos os demais!

As estrelas: Aquário

Despertar o potencial de uma nova era

Toda manhã você é despertado do sono. Talvez pela luz que brilha através das cortinas, por um despertador, pela insônia ou despertar de um companheiro – não importa como, pois o resultado é o mesmo: você está acordado. Você foi despertado de seu sono ou, falando de modo figurado, você foi despertado de um estado de escuridão. Você entrou em um novo dia, mesmo que seja apenas mais um dia no calendário, ou em um novo período em sua vida, inaugurando uma nova perspectiva, novas ideias, novos entendimentos.

Seja qual for o caso, ser despertado traz o sentido de um novo estado de conhecimento, uma consciência diferente – e, de alguma forma, mais profunda – da que você possuía antes. Quando está desperto, você vê uma verdade muito maior em qualquer situação. Por exemplo, você pode ser despertado sobre a realidade de nosso sistema de saúde, que é bem diferente da teoria para a prática. Você pode ser despertado para o fato de que seu amigo – mesmo com todas as suas melhores intenções – está dizendo uma coisa, mas fazendo outra. Você pode despertar para a ideia de que sua mente está criando uma realidade para você que você possa escolher mudar a qualquer momento, e é por isso que você está chorando, assistindo a um filme, enquanto a pessoa sentada ao seu lado está rindo. Não há fim para as muitas vezes e maneiras pelas quais você pode ser despertado.

O Portador da Água dedica sua vida a despertar para sua individualidade em níveis cada vez mais profundos, como uma cebola sendo descascada, que vai revelando suas várias camadas. Por fim, ele percebe que seus desejos e necessidades aparentemente únicos, na verdade, representam os do todo, do bem maior – a raiva que ele sente representa uma raiva que é sentida por muitos (embora de maneira diferente, por indivíduos diferentes). Então, essa é sua ânsia. Assim é seu desejo de viver de acordo com seu maior e melhor potencial. E assim por diante.

> Alguma outra situação em que a chuva e a energia potencial se encontram? Com o escritor aquariano de ficção científica Júlio Verne, que, de modo profético, entendeu que os componentes da água – hidrogênio e oxigênio – poderiam gerar um combustível. Uma nova ideia para seu tempo e que ainda está sendo explorada até hoje.

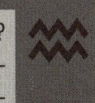

Na física, a energia potencial é a energia armazenada em virtude das condições e da posição. Como a energia potencial de uma flecha que é puxada firmemente para trás, no arco, logo antes de ser disparada. Ou a energia potencial da chuva antes de cair, que é processada em uma turbina e, finalmente, transforma-se em energia hidrelétrica. A chuva está repleta de potencial, não apenas como fonte de energia elétrica, mas também no cultivo de lavouras, na lavagem de roupas, na limpeza de detritos, como hidratante para os seres humanos, além de ser, potencialmente, uma causa de inundação ou, em sua ausência, a causa de secas. Tantas potencialidades e perspectivas mantidas em pequenas gotas de H_2O! É por isso que a Constelação de Aquário é um vaso de água sendo derramado por um homem. Ao longo de muitas culturas ancestrais, a chuva anuncia possibilidades de todos os tipos – desde enchentes até alimento para o solo – uma marca registrada do signo de Aquário.

Como a água, todos nós também temos muitos potenciais, o que significa que, apesar de todas as qualidades que já possui, você pode expressar muitas mais. Mais amor, mais criatividade, mais alegria, mais sucesso. E, embora, seu conjunto pessoal de qualidades seja diferente do de sua mãe, de seu pai e de seu vizinho, quanto às metas que você compartilha, muitas são comuns: como o amor, a criatividade, a alegria e o sucesso. Então, quando você acordar para seu potencial *e* der o próximo passo sobre isso – talvez por meio de uma prática de meditação, para melhorar seu amor interior, ou em uma aula de arte, para aumentar sua criatividade, ou se expressando em seu trabalho, para promover suas ideias brilhantes – de modo tácito você dá permissão aos outros ao seu redor para que façam o mesmo. Muitas vezes pode ser desafiador promover seus próprios potenciais – quanto mais promover o dos outros. No entanto, quando você o faz, faz o melhor para que os outros cheguem lá e caminhem ao ritmo de sua própria música.

Há sempre a escolha: quando se torna consciente do seu potencial, você decide se deve usá-lo ou não. Claro, você pode evitar sua própria grandeza, sua própria expansão de potenciais, de força. Você pode andar pelo mesmo caminho. Porém, isso não é o que seu Portador da Água está aqui para fazer. Sua essência do Portador da Água está aqui para viver suas peculiaridades ao máximo e inspirar os outros a fazerem o mesmo, de maneira única, incomparável, que pode até ser original e inventiva o suficiente para definir uma nova era.

"*This is the dawning of*" – todos, cantem juntos – "*the age of Aquarius*".[14] (Algo como: "Esse é o amanhecer da Era de *Aquarius*".) Mais do que apenas uma famosa frase de uma canção dos anos 1970, chamada "*Age of Aquarius*", a Era de Aquário é uma realidade tanto astronômica quanto astrológica. Astronomicamente falando, não há a era propriamente dita, mas há uma mudança na posição do Sol que ocorre a cada 2.160 anos, por volta do equinócio da primavera, quando ele entra em uma nova constelação do zodíaco (neste caso, em Aquário, desde Peixes). Dentro do mundo da astrologia, essa mudança de posição ocorre *e*, portanto, traz as energias do novo signo, que cria uma era.

Enquanto a mudança oficial para a Era de Aquário ainda está em discussão (alguns astrólogos postulam que ela já começou na década de 1960, enquanto outros estão de olho em 3600), todos concordam que a era está acontecendo. Independentemente disso, a energia do Portador da Água não é de esperar que uma nova era comece ou seja anunciada. Ela cria seus próprios tempos dentro das eras, por assim dizer, novos paradigmas que mudam a comunidade, influenciando o modo como pensamos, sentimos e fazemos. O bem-estar, a saúde

---

14. The Fifth Dimension, "Aquarius/Let the Sunshine In (The Flesh Failures)", por James Rado e Gerome Ragni (letra) e Galt MacDermot (música), em **The Age of Aquarius** (Los Angeles, CA: Liberty Records). 1969.

desse signo, portanto, requer liberdade total e independente para expressar o que quer que ele esteja aqui para fazer.

Vejamos, por exemplo, Thomas Edison e Charles Darwin – uma dupla de aquarianos que desenvolveram novas maneiras de pensar durante o período histórico em que viveram. Em 1880, Edison patenteou a lâmpada e depois abriu uma empresa para fornecer eletricidade para todo o país, que hoje é conhecida como General Electric Corporation. Trazer eletricidade para acender as luzes da sociedade era extremamente importante; caso contrário, você estaria lendo este livro à luz de velas, em vez de lê-lo em seu computador, *tablet* ou *smartphone*. Algumas décadas antes, Charles Darwin transformou a maneira como o mundo pensava sobre a natureza, introduzindo o conceito de seleção natural no âmbito da evolução.

> Os inovadores aquarianos vêm em todas as formas e tamanhos. Uma lista de artistas femininas, por exemplo, inclui: Betty Friedan (escritora feminista), Ayn Rand (escritora e criadora do Objetivismo), Ruth St. Denis (pioneira da dança moderna) e Gypsy Rose Lee (escritora, atriz, artista burlesca).

Em suma: o Portador da Água sempre viverá sua própria Era de Aquário. É para isso que ele está aqui – para despertar para maiores realidades do homem e do universo, e para trazer esse entendimento à vida pelo bem de todos, seja por meio da lâmpada, do telescópio ou da Teoria da Evolução. Dessa forma, ele vive seu potencial máximo enquanto aproveita a sociedade, dando início à próxima nova era em todos os pontos de vista.

O que aprender

Até mesmo o planeta regente de Aquário – Urano – faz as coisas de seu jeito. Por exemplo, sua inclinação é tão extrema que, ao contrário dos outros planetas, ele essencialmente orbita o Sol ao seu lado. E, ao contrário dos planetas clássicos, que foram observados desde a Antiguidade a olho nu, Urano foi o primeiro planeta a ser descoberto (ainda que acidentalmente), via telescópio, por um astrônomo, em 1781.

A descoberta de Urano coincidiu com o ápice do Iluminismo, uma era que anunciava – surpresa, surpresa! – direitos individuais acima da tradição da sociedade. Tendo início no final dos anos 1600, na Europa, o movimento era pela reforma das normas políticas e sociais e da sociedade aristocrática, e isso levou às Revoluções Americana e Francesa, ao mesmo tempo que trouxe o período do Romantismo na literatura e nas artes.

Direitos individuais, de liberdade, de expressão – enquanto conceitos em si e por si mesmos – acabaram tomando forma por meio de homens e mulheres que tinham perspectivas brilhantes, originais e libertadoras para seu tempo. Contudo, Aquário acessa energia e ideais que não são necessariamente seus. No entanto, quando você entra em contato com seu Aquário interior, você está, de fato, acessando uma ideia cujo momento da expressão chegou e age como alguém que a fará frutificar em nome de sua sociedade, de uma maneira particular. Por isso é importante que você sintonize com seus próprios pensamentos aquarianos e não se perca em todos os grandes pensamentos que existem por aí. O oceano de potenciais é vasto e potencialmente desgastante. E, se você se encontrar consumido, desgastado – inseguro sobre quais são seus pensamentos e ideias *versus* quais são os dos outros –, você pode se ver atirando para todo lado, enquanto tenta definir a si mesmo, saltando de uma forma de pensamento para outra, na esperança de assegurar uma identidade. Nesse cenário, você poderá agir radicalmente ou não ter estabilidade pessoal. Seu desafio, então, é estar seguro em sua individualidade diante da aparente potencialidade infinita.

As manifestações físicas de uma natureza radical de Aquário podem incluir:

★ Sensação de fraqueza

★ Hipermobilidade

★ Edema

★ Sensação de estalos ou som de estalos sob a pele

★ Sensação de rompimento

★ Instabilidade

★ Inversão frequente do pé ao caminhar (o pé gira sob o tornozelo, com a sola apontando para dentro)

Apesar de seu recipiente com água, o Portador da Água é um signo fixo, o que significa que essa energia pode defender algo de modo firme e com obstinação apenas por defender. Esse cenário pode levá-lo à loucura, em uma direção que não é, de fato, a dele. Ou pode torná-lo um rebelde comprometido sem uma causa real. Portanto, é muito importante que seu Portador da Água interior não se torne rígido em suas crenças. Ele – e você junto com ele – precisa seguir com o fluxo da água que sai de seu recipiente – o fluxo de suas próprias ideias, o fluxo dos momentos. Caso contrário, ele se tornará o próprio sistema que tanto combate! Portanto, seu Aquário interior precisa ser firme, mas flexível, certificando-se de não pisar no pé dos outros (e nos ideais) durante o processo. Seu desafio, então, é equilibrar a necessidade de individuação com o tecido social existente. Pois, assim como você tem direitos individuais para opinar, o mesmo acontece com todas as outras pessoas.

As manifestações físicas de uma natureza rígida de Aquário podem incluir:

- ★ Músculos da panturrilha rígidos e contraídos
- ★ Dor, edema
- ★ Rigidez na articulação
- ★ Cãibra ou distensão
- ★ Limitação de movimentos, especialmente visível em movimentos giratórios
- ★ Estalos provocados por movimentos, ou estalos involuntários

O quanto seus tornozelos estão firmes? Quer se sinta radical, rígido ou, ainda, alguma coisa entre esses sentimentos, a chave é ouvir seu corpo e lhe dar aquilo de que ele precisa. Para alongar os músculos do tornozelo ou fortalecer uma musculatura fraca, desperte seu Aquário interior com as perguntas e exercícios a seguir.

Seu corpo e as estrelas

Os itens a seguir servirão como seu guia pessoal para trazer as estrelas e a energia de Aquário até você. Use-os para despertar o potencial de uma nova era.

Questionamentos

- ★ O que você aprendeu ou experimentou recentemente que o despertou para um novo aspecto de si mesmo? Do mundo em geral?

- ★ Olhando para o futuro, você vê sua vida cheia de potencial ou com desfechos óbvios? O que precisa acontecer para você se sentir cheio de potencial?
- ★ Que novos passatempos, aulas ou interesses você tem procurado recentemente? O que você aprendeu com eles? O que você gostaria de aprender na sequência?
- ★ Qual foi sua inspiração, inovação ou grande ideia mais recente? Você já teve uma ótima ideia, mas a guardou para si mesmo por medo do ridículo ou de coisa pior?
- ★ Como seus tornozelos permitem que você fique de pé e movimente seus pés?

Exercícios

Postura da árvore: para refinar e fortalecer sua postura

As árvores ficam firmes e altas – na verdade, podem ter até centenas de metros. No entanto, apesar de sua altura, cada uma é dotada de grande estabilidade: a capacidade de manter sua posição em meio a tempestades ou ventos fortes, enquanto crescem ou vivem. Uma rede de recursos permite essa posição estável: de um tronco rígido e afilado a ramos flexíveis, fibras espiraladas e um sistema radicular que atua como a âncora da árvore. Suas âncoras – as raízes de seu corpo – são os pés que você planta no chão e os tornozelos que os colocam em movimento. Use essa postura da árvore para sentir como *você* se conecta ao solo. Sinta como sua posição é dinâmica, como você tem o poder de continuar refinando a postura e como se torna mais forte no processo!

1. Fique de pé, em uma posição neutra, com os pés afastados. Apoie seu peso sobre a perna direita.
2. Dobre o joelho esquerdo para levantar o pé esquerdo. Coloque a sola do pé esquerdo no lado interno da coxa direita (usando as mãos, se necessário). Seus dedos do pé esquerdo devem estar apontando para o chão.

3. Junte as mãos em uma posição de oração em frente ao seu peito (quanto mais avança na prática, pode levantar os braços em "galhos", e levantar o olhar). Ou, se precisar de ajuda com o equilíbrio, segure-se em uma mesa ou cadeira.
4. Envolva seu coração na postura. Para maior estabilidade, pressione a sola do pé esquerdo na coxa esticada e crie resistência com a coxa em seu pé.
5. Encontre um ponto para manter o foco logo à sua frente e mantenha, fique na postura por cinco ciclos completos da respiração.
6. Quando estiver equilibrado de modo confortável, sinta como seu pé, que está apoiado no chão, se move de um lado para o outro e para a frente e para trás. Em seguida, mude sua atenção para o tornozelo e observe como o tornozelo se move respondendo às forças do solo e do pé... observe como as direciona. Agora, de modo intencional, estabilize seu tornozelo para minimizar os movimentos e os de seus pés; essa é uma maneira de exercitar sua capacidade de refinar sua própria postura.
7. Repita com o outro lado.

Se a postura completa da árvore desafiar seu equilíbrio, modifique-a colocando o pé na panturrilha ou no tornozelo; seus dedos do pé podem até tocar o chão. (Só não se esqueça de colocar o pé na parte interna do joelho, para evitar lesões.) Encontrar uma postura forte e equilibrada é o foco mais importante desse exercício – não a altura do pé.

Rotação dos tornozelos: para despertar
Quem poderia imaginar que o despertar era tão fácil quanto rotacionar seus tornozelos? Bem, o despertar pode assumir inúmeras formas; grandes ou pequenas. E às vezes os maiores presentes estão nos pacotes mais surpreendentes... não naqueles que sua mente colocou o foco ou estava esperando. Use esse exercício para despertar para seus tornozelos – provavelmente uma parte de seu corpo que você não passa muito tempo observando de modo intencional. Cada pedacinho de seu corpo físico contém uma sabedoria – algo novo para aprender e entender sobre você – e com seus tornozelos não é diferente. Em vez de apenas movimentar o corpo ao longo do dia, amenize um pouco o peso dessa região desconhecida e permita que os

tornozelos se movam como devem, por meio de sua amplitude natural de movimentos, com rotações para a abertura das articulações.

1. Sente-se confortavelmente em uma cadeira com as costas retas, os ombros abertos e relaxados e o queixo paralelo ao chão. Seus pés devem estar descruzados, em contato com o chão. Se possível, faça isso com os pés descalços.
2. Mantendo o pé esquerdo apoiado no chão, levante a perna direita e rotacione o tornozelo direito no sentido horário durante uma contagem lenta até dez. Espalhe, estique os dedos dos pés (mesmo dentro de seus sapatos). Com gentileza, coloque o pé de volta no chão.
3. Inverta as direções e rotacione no sentido anti-horário.
4. Repita no lado esquerdo.

Postura na ponta dos pés: para estimular seu potencial
Agora que você se reconectou e despertou seus tornozelos com as rotações mencionadas anteriormente, esse exercício ajudará seus tornozelos – e você – a fazerem o que foram feitos para fazer. Em outras palavras: flexionar e esticar seus pés. Esses são movimentos simples com muito potencial que, provavelmente, você ainda precisa acessar. Basta perguntar a qualquer bailarina que passou seis anos praticando sobre seus dedos dos pés o que é parar um dia, calçar as sapatilhas e ficar *en pointe* (na ponta de seus dedos)! Ela teve de criar uma base para poder se abrir para um mundo maior de oportunidades – como se apresentar como solista no espetáculo O Lago dos Cisnes.

Caminhe descalço por alguns minutos para se certificar de que os músculos da panturrilha, que movem os tornozelos, estão flexíveis e prontos para se mover com segurança.

Fique de pé com os pés afastados e o peso de seu corpo distribuído de modo uniforme entre seus dois pés. Certifique-se de que seus pés estão em sua posição natural, paralela, e os dedos dos pés estão distribuídos, espalhados, da maneira mais uniforme e ampla possível.

1. Abra os braços em um T.
2. Delicadamente, dobre ambos os joelhos.
3. Levante ambos os calcanhares do chão, mantendo a planta dos pés no chão. Todo o seu corpo deve ser alongado para cima de modo uniforme.

4. Inspire, envolva seu coração e endireite os joelhos.
5. Expire e – mantendo os joelhos retos e o coração contraído – baixe os calcanhares até o chão. Mantenha os braços elevados.
6. Repita por cinco ciclos completos da respiração.

Todos os dias surgem novas possibilidades – incluindo as que dizem respeito ao seu equilíbrio. Se você estiver se sentindo mais equilibrado, mantenha o último *relevé* (a elevação) pelo maior tempo possível antes de descer de uma forma controlada. Se você estiver se sentindo com menos equilíbrio, faça o exercício inteiro segurando em uma mesa ou cadeira à sua frente; fique o mais próximo que puder do objeto, para manter o tronco o mais ereto possível.

Agachamento: para fortalecer sua postura
Há muito tempo, antes de você se levantar, você se agachou. Você fez isso quando era um bebê, e bebês vêm fazendo isso por, provavelmente, os 100 mil anos da nossa história evolutiva. De certa forma, um agachamento é uma preparação para ficar de pé, permitindo que o bebê sinta o chão com os dois pés enquanto preserva as funções de suas mãos. É também um modo de aterramento, pois requer uma postura firme, não só para agachar, mas também para retornar a uma posição em pé usando nada além da força e do equilíbrio. No entanto, é provável que, apesar do treinamento enquanto bebê, o agachamento raramente faça parte de sua rotina diária (a menos que você viva em algumas culturas indígenas, onde o agachamento é naturalmente empregado, centenas de vezes por dia). Atualmente, é provável que um sofá ou uma cadeira sejam seu assento rotineiro. Então, sacuda a poeira e reencontre seu agachamento! Isso o ajudará a fortalecer sua postura.

1. Fique de pé com os pés um pouco mais afastados do que a distância dos ombros (aproximadamente a largura de um colchonete comum para exercícios). Ambos os pés devem estar em contato com o chão. Deslize os pés suavemente para fora. Coloque suas mãos na cintura.

2. Curve e dobre os joelhos e quadris, curvando-se para baixo, em posição de cócoras. Seu tronco pode ser inclinado para a frente.
3. Quando você tiver agachado completamente, coloque as mãos em posição de oração em frente ao peito; com os cotovelos alinhados com os joelhos, afaste um pouco os joelhos, de modo gentil, para que fiquem alinhados com o segundo dedo do pé. Isso deve ajudar as nádegas a se aproximarem dos pés.
4. Use a força dos cotovelos contra os joelhos para ajudar a fortalecer e alongar o tronco.
5. Mantenha a posição por cinco ciclos completos da respiração.
6. Endireite os joelhos e os quadris para voltar a ficar de pé. Você pode manter os braços em posição de oração. Tente se levantar com o mínimo de movimentos irregulares possível.
7. Repita mais dois agachamentos (levando suas mãos até a cintura, se necessário, para facilitar a descida).
8. Depois de sair do agachamento e voltar a ficar de pé, relaxe os braços na lateral do corpo. Sacuda, agite seu corpo.

Se seus tendões de aquiles estiverem rígidos e impedirem que você desça para realizar a postura, coloque um tapete enrolado ou um cobertor sob os calcanhares. Se você tiver alguma lesão no joelho ou no quadril, flexione a articulação, ou articulações, afetada dentro de uma amplitude de movimentos sem dor, e segure apenas por um tempo que seja confortável; uma sequência, sentado em cima de um bloco de ioga, pode ser suficiente.

> O calcanhar de aquiles é um apelido para o tendão calcâneo. Ele vem da mitologia grega, que conta que o semideus Aquiles – quando bebê – foi mergulhado no rio Estige a fim de ganhar a imortalidade. Sua mãe o segurou pelo calcanhar, de modo que todo o corpo de seu filho fosse banhado e recebesse os benefícios do rio – menos seu calcanhar, é claro, que foi deixado de fora. Anos mais tarde, na Guerra de Troia, Aquiles é morto por uma flecha que o atingiu no único lugar em que era mortal e, portanto, vulnerável – o calcanhar de aquiles.

Mantra: para anunciar uma nova era

Om provavelmente é o mantra mais famoso entre os mantras sânscritos, usado, com frequência, no início ou no final das aulas de ioga (ou, em ambos os momentos). O som é uma forma de vibração, e o som *Om* representa a vibração do universo, a frequência primordial na qual toda forma foi criada e é mantida. Representa tanto o manifesto quanto o não manifesto e, quando cantado, harmoniza sua ressonância individual com a ressonância do universo.

> Uma conexão entre som e divindade soa familiar? O versículo de abertura do Evangelho de São João, na Bíblia Rei James, diz: "No princípio era o Verbo, e o Verbo estava com Deus, e o Verbo era Deus".

Em outras palavras, o mantra promove o universal por meio do individual. Isso o ajuda a entrar em contato com sua luz interior, seu deus interior. O que sua divindade interior tem reservado para você? E para as suas contribuições ao mundo? Você não saberá até abrir a porta para um novo mundo e descobrir.

1. Escolha um local e um período em que você não será interrompido.
2. Sente-se confortavelmente no chão, sobre uma almofada, um colchonete ou um bloco de ioga, se necessário, e cruze as pernas (se não for possível cruzar as pernas, sente-se no chão e encontre uma posição confortável; se não se sentir confortável no chão, sente-se em uma cadeira).
3. Descanse as mãos no colo, com as palmas voltadas para cima. Feche seus olhos suavemente.
4. Sentindo a vibração vir de seu peito, pronuncie o som *Om* (pronunciando o *o* fechado, como em ônibus). Permita que o som seja longo e expansivo à medida que ganha volume. Sinta a vibração do som por todo o caminho que percorre, desde o peito, até a garganta, e até que saia por seus lábios.
5. Repita por mais duas vezes.
6. Permaneça sentado com os olhos fechados e sinta a vibração em todo o seu corpo antes de se levantar.

Para intensificar os efeitos, pratique o mantra todos os dias. Os aquarianos, inovadores por natureza, tendem a ficar entediados com a rotina, por isso, não se preocupe em escolher um horário específico – faça a prática do mantra quando isso lhe for conveniente.

Volte a estudar: para inovar e variar
O que motiva sua imaginação? Escultura? Dança? Matemática? Literatura inglesa? Comece sua rotina diária com uma aula que acrescente uma experiência diferente. A energia aquariana gosta de ser apresentada a uma variedade de atividades. Além disso, um ambiente de grupo garante que você saia de seu espaço (que pode ser até um criado apenas em sua cabeça) e vá para o mundo... aquele que você está preparado para mudar. Sem nem mesmo se esforçar, você capta as energias das outras pessoas, assimilando o que mais lhe convier e descartando o restante. É assim que o Portador da Água adota uma variedade de novas perspectivas para criar sua própria mistura única.

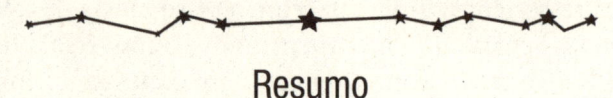

Resumo

- ★ Seus tornozelos são as regiões relacionadas a Aquário. Essas articulações complexas permitem refinar e manter sua postura de maneira única.
- ★ Aquário é o décimo primeiro signo do ciclo do zodíaco. Sua energia reconhece seu potencial idealista e inovador, que lhe permite explorar novas perspectivas a fim de dar início a uma nova era.
- ★ Se sua natureza aquariana rebelde se transforma em rígida ou radical, seus tornozelos podem experimentar sintomas diferentes (por exemplo, edemas, estalos).
- ★ Alinhe seu Aquário interior por meio de questionamentos, exercícios e atividades que se concentram em seus tornozelos. Use-os para ajudá-lo a defender o que você acredita que é o certo – um futuro justo e livre para todos.

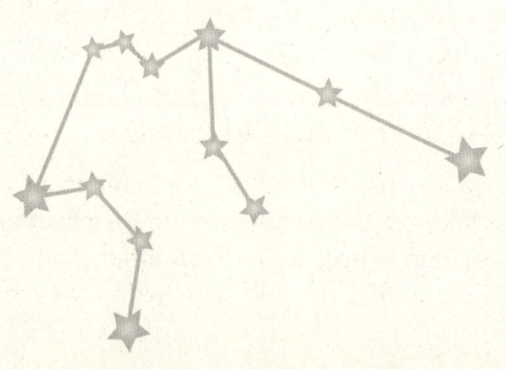

13

Pés de Pisces

♓ **PEIXES**

Data de nascimento: 19 de fevereiro – 20 de março
Região do corpo: Pés
Afirmação: Integrar o Espírito à Matéria

Com Peixes, completa-se o ciclo do zodíaco. Os 11 signos anteriores foram vividos e aprendidos e, agora, cabe a Peixes se apropriar dessa sabedoria e aplicá-la, para fundamentar seus ensinamentos cósmicos aqui na Terra. O peixe, portanto, é divindade encarnada. Ela mantém o espírito de Áries por todo o percurso até Aquário. E a forma dela é tão importante quanto seu espírito! Pois, assim como a água não pode servir ao seu propósito até que seja derramada em um recipiente apropriado, o espírito fluente de Peixes também não pode. Precisa de um vaso, de um canal físico para dar vida às lições estreladas do zodíaco. E então, assim como o símbolo *vesica piscis* – incorporado ao símbolo da constelação, que traz dois peixes nadando em direções opostas –, a energia pisciana está aqui para fundir dois aparentes opostos: o espírito e a matéria, e nos lembrar de que eles são um só.

> Com o passar do tempo, o *vesica piscis* – uma representação clássica de dois círculos do mesmo raio, se cruzando – já foi o símbolo de tudo: de peixes, a Jesus, a um eclipse solar, e uma matriz geométrica usada para projetar antigos templos religiosos.

Seu corpo: pés

Cada pé – a região do corpo relacionada ao signo de Peixes – é uma maravilha da Mãe Natureza, que é formado por quase 30 ossos, mais de 20 articulações e 11 conjuntos de músculos intrínsecos (em contraste, a região muito maior da coxa, que tem um número similar de músculos, tem apenas um osso e duas articulações). Trabalhando em conjunto, seus pés formam a plataforma de sustentação de peso sobre a qual você fica em pé, uma característica que define a espécie humana. A partir dessa plataforma, seus pés o impulsionam para a frente e para trás, sentindo o chão conforme você anda – durante uma caminhada, corrida, posturas de ioga, enquanto você se adapta a cada atividade. Na realidade, seus pés possuem uma das peles mais sensíveis de todo o seu corpo, e exatamente por este motivo: para perceber como conectá-lo melhor ao solo. (Não se deixe enganar pelas áreas ásperas e os calos! Esses espessamentos da pele são formados para proteger uma pele mais sensível que fica por baixo.)

Considerando a relação existente entre todas as pessoas e a terra, seus pés desempenham um papel muito importante em sua vida.

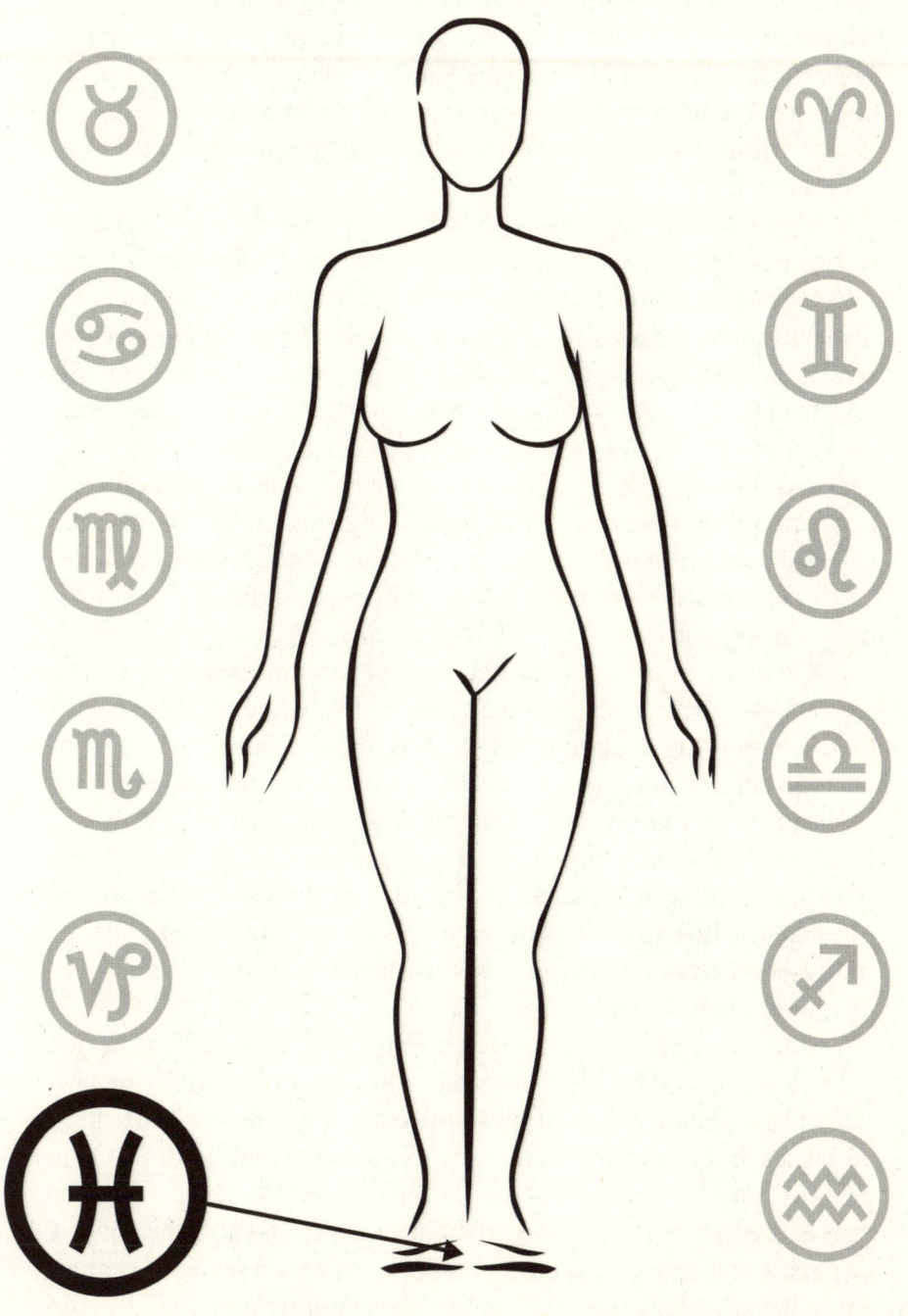

Veja o apêndice C para a estrutura esquelética do pé.

Eles estão proporcionando a base não apenas para todo o restante de seu corpo, mas também para todas as perspectivas, sonhos, medos, esperanças e amor que você carrega dentro de si. Além disso, de que outra maneira você chegaria à sua amada aula de ioga de terça-feira? Mesmo se pegar um ônibus, são seus pés que estão levando você a bordo.

Contudo, apesar de sua ampla utilidade, não é difícil negligenciar os pés dos tempos modernos. Embora destinados a andar descalços pelas dunas da Namíbia, eles estão amarrados a um salto de sete centímetros nas calçadas de cimento da cidade de Nova York. A adaptação necessária para a colocação dos pés em tais sapatos não resulta apenas no abuso dos pés, mas também em uma reorganização inadequada de toda a estrutura de seu corpo. Os saltos altos exigem dos músculos de seus pés, pernas e coxas, que, de outra forma, permaneceriam inativos; eles alongam e tensionam ligamentos que não estão preparados para suportar pressões constantes; sobrecarregam as articulações dos tornozelos e dos pés e interferem em vasos e nervos importantes.

Os saltos altos, no entanto, são apenas um exemplo: meias, sapatos, cadeiras, calçadas, meios de transporte, e sempre tendo de ir a algum lugar: tudo tira você do chão. De fato, se você é um cidadão comum das grandes cidades, é provável que já tenha passado um bom tempo desde que ficou descalço, com os dois pés firmemente apoiados no chão, em um solo natural, e presente em seu corpo por, ao menos, cinco minutos. Ao tirá-lo *do chão*, todos esses apetrechos modernos tiram-no de seu terreno *pessoal*, de seus motivos pessoais – da maneira como você deveria estar e agir, livre de interferências externas.

Por que o aterramento é tão importante? Porque é assim que você se apropria das partes tangíveis e intangíveis de você e as vive neste planeta. Isso é muito importante para a energia de espírito livre de Peixes, que, de outra maneira, sem aterrar, flutuaria muito feliz pelas nuvens. No entanto, a Terra é feita de muito mais do que nuvens e nossa sociedade não seria beneficiada se todas as lições difíceis de Peixes ficassem apenas em sua cabeça, em vez de se manifestarem em palavras, interações, arte, moda, e em outras modalidades que pudessem inspirar a muitos outros.

Então, você precisa se conectar aos seus pés para se conectar à sua natureza pisciana, e aterrá-la, para trazê-la ao seu terreno pessoal, ao que tornará seu espírito acessível ao mundo físico. Quão aterrado você se sente sobre seus próprios pés? Tente isto para descobrir:

1. Use sapatos e meias (ou salto alto) que o tirem do chão, que evitem o contato de sua pele com o chão.
2. Fique de pé, com os pés afastados e alinhados ao quadril; com os braços alongados ao lado do corpo. Seu peso deve ser distribuído entre os dois pés.
3. Feche os olhos e transfira seu peso, de modo suave, para a frente e para trás, para a esquerda e para a direita, e sinta sua conexão com o piso, com o chão.
4. Volte para sua posição neutra e abra os olhos.
5. Tire os sapatos e meias e fique totalmente descalço. Chacoalhe, agite os pés.
6. Fique de pé, com os pés afastados e alinhados ao quadril; com os braços alongados ao lado do corpo. Seu peso deve ser distribuído entre os dois pés.
7. Feche os olhos e transfira seu peso, de modo suave, para a frente e para trás, para a esquerda e para a direita, e sinta sua conexão com o piso, com o chão.
8. Volte à sua posição original e abra os olhos, observando a diferença entre ficar de pé com os sapatos e sem eles.

Para algumas pessoas, ficar descalço pode ter parecido um pouco estranho, já que não estão acostumadas com uma conexão total com o chão. Elas estão acostumadas a ser "protegidas" por "armaduras para os pés". Para outras pessoas, ficar descalço pode ter sido libertador. Pode ter parecido com uma lufada de ar refrescante, finalmente permitindo que fossem libertadas e se conectassem com partes de si mesmas que estavam artificialmente guardadas. Todas as pessoas tiveram seu corpo evolutivamente projetado para que o ato de ficar descalço fosse absolutamente natural e prevalecesse. E, em uma sociedade que o afasta de sua condição natural, nunca é tarde demais para ser apresentado novamente aos seus pés, tornando-se cada vez mais consciente de como eles se sentem como partes de seu corpo e apreciando o papel especial deles em sua vida. (Leia o Capítulo 4: "Mãos dos Gêmeos", para relembrar as estruturas paralelas das mãos e dos pés. Claro, os pés não possuem dedos grandes oponíveis, mas têm uma complexidade semelhante de ossos e articulações, e também têm uma série similar de movimentos refinados... e é por esse motivo que culturas que deixam seus pés serem pés, como no sudeste da Ásia, são até capazes de usá-los para costurar!)

As estrelas: Peixes

Integrar o espírito à matéria

A integração é uma síntese, uma união, uma incorporação de partes aparentemente separadas em um todo maior. Assim como centenas de pequenas peças de um quebra-cabeça se fundem em uma imagem maior, de uma praia ou de um cavalo, ou como a mistura de um pouco de farinha, sal e fermento – que com a ajuda de um forno – dá origem a um pão. A integração, claro, não é apenas física; você pode combinar vários pensamentos e referências de um semestre do curso de inglês e criar um novo tema. Ou você pode ter muitas experiências positivas e sentimentos em relação a um indivíduo que, ao longo do tempo, venha a se tornar alguém que você considera um amigo.

Esses exemplos demonstram construções físicas, mentais e emocionais que você integra regularmente em sua vida diária. Peixes, no entanto, vai um passo além e introduz o espírito na equação, de modo que todos sejam uma integração ambulante, e falante, do corpo, das emoções, da mente *e* do espírito. Por exemplo, pegue qualquer interação com amor: você provavelmente usa sua mente para pensar sobre o amor (o que isso significa para você), acessa suas emoções para senti-lo (a sensação que brota do coração cada vez que você vê um ente querido), usa seus braços para expressá-lo fisicamente (dando abraços) e se conecta com seu espírito para perceber o amor em suas muitas formas (você vê o amor brilhando nos olhos de seu companheiro canino). Sem um desses elementos – corpo, emoções, mente, espírito –, sua experiência pessoal com o amor estaria incompleta. É por isso que a maioria das pessoas passa a vida tentando expressar de modo autêntico a versão completa de si mesma – desde a matéria ao espírito –, mesmo que não tenha certeza de como isso se parece, ou até mesmo do que isso significa.

Uma das representações históricas mais emblemáticas do espírito encontrando o mundano aparece no teto da Capela Sistina, no Vaticano, e foi pintada pelo renomado artista pisciano Michelangelo. No nível material, Michelangelo não fez muito mais do que misturar, combinar e integrar uma série de tintas óleo, cores e formas. No entanto, no sopro de vida contido na passagem do Gênesis, Michelangelo, com sua representação do homem e de Deus tentando se conectar, também integrou o espírito. O que fez toda a diferença do mundo! De repente, algumas pinceladas se tornaram muito mais do que apenas arte na parede (ou melhor, no teto) e, em vez disso, um símbolo atemporal do pó originando a vida por meio do espírito de Deus... um trabalho tão bem-feito que milhões de homens e mulheres o visitam todos os anos.

Quando espírito e matéria se tornam um, a dualidade não existe mais. Você pode relembrar esse tema sobre a dualidade no início do zodíaco, com o signo de Gêmeos. Lá, você foi apresentado aos dois lados da moeda humana – correspondendo mais ou menos à dualidade inata de nossa natureza. Com Peixes, esses elementos estão agora integrados, com o homem vivendo como espírito e o espírito tomando a forma da vida como homem – diferentes expressões da mesma coisa. Peixes, assim, anuncia o fim da dualidade, permitindo que o mundo etérico e nebuloso do espírito não seja mais considerado como algo separado, mas, sim, como parte de tudo e de todos. De fato, com Peixes, o espírito se torna o condutor de nosso mundo material.

Imagine, por exemplo, um rádio digital. Sem estar conectado a uma tomada para receber eletricidade, ele não é nada além de suas próprias partes como objeto – plástico, arame e borracha. Assim que é conectado a uma tomada, no entanto, ele ganha vida com músicas, discursos e com tantos sons quantos você puder encontrar em suas estações. A eletricidade, neste exemplo, é o princípio vital do rádio, a força vital, *élan vital*,* a fonte de vida. A fonte de vida não

---

* N.T.: A expressão francesa *élan vital* (em português, "elã vital") é utilizada por Bérgson para designar um impulso original de criação de onde provém a vida e que, no desenrolar do processo evolutivo, inventa formas de complexidade crescente até chegar, no animal, ao instinto e, no homem, à intuição, que é o próprio instinto tomando consciência de si mesmo e de seu devir criador. Fonte: JAPIASSÚ, Hilton; MARCONDES, Danilo. *Dicionário Básico de Filosofia*. 5 ed. Rio de Janeiro: Zahar, 2008.

são as canções ou os discursos que profere – nem os pensamentos ou emoções por trás deles –, mas sua força animadora. Assim é o espírito para o corpo humano.

É difícil definir algo tão qualitativo como o espírito, e é por isso que é conhecido por muitos nomes (como Deus, Jeová, Fonte Criadora, a Luz, energia, *prana*). Apesar de ser uma essência que infunde a todos e a tudo, você não consegue vê-lo, não pode cheirá-lo ou senti-lo em suas vísceras. E, assim, não há consenso suficiente sobre o que significa dar ao espírito a objetividade que o mundo ocidental requer para validá-lo (note, porém, que muitos outros sistemas de crenças estão em total concordância sobre o que é o espírito e o que ele representa). Desse modo, o *espírito* significa coisas diferentes para pessoas diferentes, uma vez que a experiência com ele é basicamente subjetiva – residindo no campo dos *insights*, instintos e impressões *versus* os pensamentos lineares e rotulados.

O espírito não tem forma definida e realmente reside em todos os lugares e em tudo – de produtos mundanos, como mesas e cadeiras, a arquétipos como o amor e a compaixão. O amor incondicional e a compaixão são formas de energia que, de todos os signos do zodíaco, Peixes, em particular, está aqui para estabelecer as bases para elas no planeta Terra. Portanto, você deve encontrar maneiras práticas de fundamentar seus ideais elevados. Geralmente, a energia de Peixes gravita em direção à música, fotografia, arte e outras mídias criativas como uma maneira de comunicar o espírito por meio da forma. No entanto, todos os tipos de escolhas diárias – a escolha de alimentos sustentáveis, a compra de produtos de limpeza ecologicamente corretos, o voluntariado para instituições de caridade – também podem refletir os ideais de Peixes. A energia pisciana compartilha o conceito de serviço com Virgem, embora Peixes aplique um sentimento de compaixão em vez de apenas responsabilidade. Ela traz seu espírito elevado a todos porque vê o espírito refletido em todos.

> ♓ Em parte do sudeste da Ásia, como Bali, não há palavra para definir *arte*, pois toda oferenda e gesto são considerados arte – um gesto do espírito se movendo por meio da matéria.

No entanto, o espírito precisa de uma forma para vir à vida. É por isso que o pisciano Albert Einstein, ganhador do Prêmio Nobel, não era famoso apenas por se sentar e receber *insights* brilhantes que permaneciam dentro de si, mas por transformá-los em equações matemáticas e depois levar essas fórmulas para quadros-negros em todo o mundo. Assim como o pisciano Galileo Galilei, que deu à teoria do heliocentrismo elementos tangíveis por meio das observações astronômicas que fez e registrou a partir do telescópio que inventou. Números, lousas, canetas, papel, telescópios... há muitas maneiras de tornar o intangível algo tangível. O que não nega a existência da matéria em si! Nem o espírito, nem a matéria são supremos – ambos exigem um ao outro para serem completos. E é esse o ponto principal. O espírito move a matéria da mesma maneira que a matéria move o espírito. Como você pode ver, é simplesmente uma questão de perspectiva – especialmente considerando que a matéria é apenas uma forma densa de energia.

No que diz respeito a Peixes, entretanto, a matéria atua como um recipiente para o espírito. O espírito é a água limpa e pura que pode servir a qualquer número de propósitos, a inúmeros propósitos, dependendo se é despejada em um vaso, utilizada em uma usina hidrelétrica ou escoada por meio de um pano. Não existe um tipo certo ou errado de recipiente ou forma – apenas aqueles que melhor servem aos propósitos específicos de Peixes. Portanto, é o caso de você considerar como a matéria pode servir ao seu propósito interior de Peixes, uma energia que geralmente se sente em casa no mundo das artes, usando as mãos para desenhar, o corpo para dançar, os olhos para fotografar e os ouvidos para compor o que a imaginação e a intuição perceberem.

O espírito, a alma, impregnando diferentes aspectos das artes, é o que tem permitido que muita expressão artística ainda seja reconhecida e tenha sucesso há centenas de anos. Trabalhos como *Dance at Le Moulin de la Galette,* do pintor Pierre-Auguste Renoir; *Composição com Vermelho, Amarelo e Azul,* do pintor Piet Mondrian; *Estudo Revolucionário,* do compositor Frédéric Chopin; e *As Quatro Estações,* do compositor Vivaldi, são conhecidos em todo o mundo porque seus criadores piscianos invocaram verdades universais por meio da arte e da música. As palavras nem sempre podem se encaixar em projetos tão grandiosos! E, pelo fato de a mensagem do espírito, da alma, ser de natureza universal, as palavras não são forçosamente necessárias. Somos capazes de entender a expressão do espírito em muitas formas, desde a tela da obra de arte até os movimentos do corpo e as lágrimas de emoção; palavras, afinal, são apenas outra maneira de dar forma.

O que aprender

Esqueça qual sapato oferece o ajuste perfeito; Peixes está, na verdade, procurando como sua natureza aberta, sensível e líquida pode fluir em nossa civilização inflexível, rígida e superestimada pela mente. A energia de Peixes mal tem sua própria forma concreta, sem falar dos que são fortemente encorajados pela sociedade. E, mesmo assim, a energia intangível precisa tomar forma em um mundo tangível. Portanto, a energia desse signo está aqui para descobrir como sua própria forma se enraíza na Terra, como ela pode infundir seus dons em toda a matéria da Terra, a fim de ajudar as outras pessoas a fazerem o mesmo. Em última análise, o aterramento afirma seu direito de ser e seu direito de estar aqui e agora. Afirma quem você é, como você está e onde você está em sua vida, em qualquer ponto no tempo. É livre de expectativas de seus pais, de seu trabalho, de sua escola – e até de você mesmo. Estar ancorado em si mesmo significa que não há mais nada que precise fazer além de apenas ser você mesmo, em sua totalidade – corpo e alma, matéria e espírito.

Se for bem-sucedido nessa missão, você se torna um exemplo brilhante de um ser iluminado. De um indivíduo vivendo sua essência de Peixes por meio da matéria e aqui mesmo na Terra. Claro que é mais fácil dizer do que fazer! Pois nosso mundo moderno é centrado na matéria e até a simples palavra *espírito* é suficiente para fechar muitos olhos e mentes. De modo curioso, o preconceito reverso pode ocorrer se você der uma olhada na natureza espiritual de Peixes e evitar a densidade da forma, do mundo material. Nesse caso, você se recusará a fundir os dois e correrá o risco de se tornar ascético. (Esse ascetismo – e as consequentes escassez e austeridade – reflete-se na estação de nascimento de Peixes, quando o inverno ainda está devastando a terra e as sementes da primavera ainda não brotaram.) De modo conveniente, você abandonará as boas e más maravilhas do mundo material para o que percebe que é uma causa mais elevada.

Outra maneira de evitar o material em favor do espiritual é por meio do escapismo contínuo, seja por delírios ou drogas. Nesse cenário, você se recusa a criar a estrutura necessária para ancorar seu espírito de Peixes. Quando seu fluxo espiritual corre solto, sem recipientes para ser canalizado de modo adequado, você começa a viver separado da vida real, que inevitavelmente apresenta maior sofrimento do que o mundo espiritual. Nesse cenário, o espírito e a matéria carecem de integração. E você vive a vida neste planeta preferindo sentir como se você estivesse em outro. De qualquer forma, se seu Peixes não tem chão, é possível que você ainda não tenha encontrado seu verdadeiro caminho na vida.

As manifestações físicas de uma energia sem base, sem aterramento de Peixes podem incluir:

★ Pé cavo (com arco bem acentuado e curvo)
★ Pés hipermóveis
★ Inversão frequente do pé ao caminhar (o pé gira sob o tornozelo, com a sola apontando para dentro)
★ Incapacidade de apoiar o pé no chão completamente, e de maneira estável, quando em pé ou caminhando
★ Dedos dos pés deformados
★ Outros: excrescências (por exemplo, verrugas plantares, calos, calosidades, joanetes), degeneração articular

Em contraste com a permanência intensa no mundo do espírito, outra maneira de desequilibrar a energia de Peixes, atrapalhando seu caminho, é estar muito aterrado ou aterrado de maneira incorreta. Se você está muito aterrado, ancorado, pode estar perdendo tempo envolvido em questões da matéria e da mente, enquanto nega o espírito; ao fazê-lo, você pode estar estimulando uma conexão com o mundo material que está mais presente do que é natural para você (o que é diferente, por exemplo, de Touro, que é completamente voltado à terra, e o máximo que pode fazer é dar uma olhadinha para cima, para os céus). Apesar de uma natureza altamente sensível, você pode até mesmo querer evitar todas as atividades, livros, palestras ou ideias consideradas espirituais ou alternativas para não confrontar esse aspecto pisciano em si mesmo. Esse cenário é semelhante a querer encaixar uma bola em um quadrado. Ou, por outro lado, a espiritualidade pode estar em sua vida, mas você pode estar se ancorando de forma inadequada por meio do trabalho errado, expectativas dos pais, relacionamentos forçados ou coisas do gênero. Em ambos os cenários, o aterramento incorreto está acontecendo e os pés do pisciano sentirão o peso resultante disso.

As manifestações físicas de uma energia excessivamente aterrada de Peixes podem incluir:

★ Sensação de pés "pesados" ou rígidos
★ Pés chatos
★ Diminuição da amplitude da mobilidade dos tornozelos, pés ou dedos dos pés
★ Queimação na sola do pé
★ Dor ou inflamação, geralmente na sola dos pés
★ Dedos dos pés deformados
★ Pés cansados com facilidade
★ Outros: Excrescências (por exemplo, verrugas plantares, calos, calosidades, joanetes), degeneração articular

O quanto seus pés permitem que você aterre? Quer se sinta sem base, sem aterramento, ou excessivamente aterrado, ou, ainda, alguma coisa entre esses sentimentos, a chave é ouvir seu corpo e lhe dar aquilo de que ele precisa. Para alongar seus pés rígidos ou fortalecer uma musculatura fraca, desperte seu Peixes interior com as perguntas e exercícios a seguir.

Seu corpo e as estrelas

Os itens a seguir servirão como seu guia pessoal para trazer as estrelas e a energia de Peixes até você. Use-os para integrar o espírito à matéria.

Questionamentos

★ Quando você considera os vários aspectos de sua vida – de seu papel como pai, mãe, parceiro, parceira, funcionário e muitos outros –, você acha que, juntos, eles formam um todo integrado? Ou você se sente como se estivesse vivendo com uma série de partes desconectadas?
★ Qual sua definição de espírito? Qual o papel que desempenha em sua vida?

★ Qual o papel que você gostaria que o espírito desempenhasse em sua vida? Quais formas você pode dar a ele para torná-lo parte de sua realidade por 24 horas por dia?

★ Você sente que é movido por sua conexão com o mundo material ou espiritual? Como sua vida se pareceria e como você se sentiria se fosse ao contrário?

★ Quais elementos de sua vida fazem-no se sentir menos aterrado? Mais aterrado?

★ Como você descreveria seus pés, sob o olhar da saúde (por exemplo, rígidos, flexíveis, doloridos, trêmulos, firmes, aterrados)?

Exercícios

Postura ereta com o pé na mão (polegar no pé): para expressar seu zodíaco interior

Embora não tenha, de fato, um começo ou um fim, o zodíaco inicia seu ciclo com Áries, a semente da nova vida que chega na primavera. Sua individuação na matéria inicia um processo que – 11 signos depois – termina com a desindividualização de Peixes, de si mesmo, em espírito, apenas para encontrar, de novo, uma nova forma com Áries! É uma jornada humana que pode ser experimentada dentro de uma vida (ou de muitas), por meio da confluência de corpo, mente, emoções e espírito. Use essa postura para criar seu próprio ciclo do zodíaco, e, ao praticá-la, leve sua cabeça de Áries aos pés de Peixes.

1. Comece ficando de pé, com os pés afastados e com os braços alongados ao lado do corpo.

2. Inspire e, ao expirar, comece a descer o tronco em direção ao chão, vértebra por vértebra. Sua cabeça começará a descida, seguida por seu pescoço, ombros, tronco, e assim por diante.

3. Ao descer, permita que seus braços desçam ainda mais, de modo

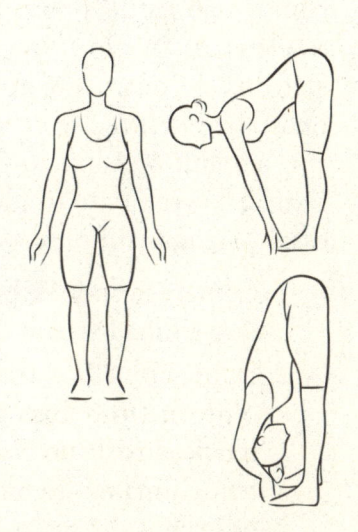

que seus polegares, o segundo e o terceiro dedos de cada mão peguem os dedões de seus pés. Se necessário, dobre os joelhos para tornar possível essa conexão.

4. Inspire e olhe para cima, endireitando as costas o máximo possível.
5. Expire e relaxe na curvatura para a frente. Deixe a cabeça e o pescoço balançarem. Mantenha a postura por cinco ciclos respiratórios longos e profundos.
6. Para sair da postura, volte para a posição ereta, voltando a curvatura como você fez no início – vértebra por vértebra.

Nessa postura, o praticante mais avançado pode colocar cada palma da mão embaixo de cada sola do pé para fechar completamente o circuito. Praticantes menos avançados podem colocar as mãos sobre as canelas.

Pisando: para aterrar
Quando você se sente aterrado, você se sente mais firme, estável, equilibrado e apoiado. Como se o excesso de carga fosse removido de seu dia e você pudesse respirar com facilidade. Pense na última vez em que você passou 15 minutos de lazer com os pés descalços na grama para sentir essa conexão. Acontece que uma das razões pelas quais você se sente aterrado quando em contato com o solo é que a terra, literalmente, age como um aterramento elétrico, um fio terra – artifícios que transferem ou recebem elétrons de outro objeto (como seu corpo, por exemplo) para neutralizá-lo. Precisa de um motivo melhor para aterrar?! Se sim, veja a seguir o exercício Caminhe Descalço. Caso contrário, pratique o aterramento (o ideal é que seja descalço e ao ar livre) com essas passadas simples.

1. Comece ficando de pé, com os pés descalços, com os pés afastados, alinhados com os ombros e as mãos na cintura.
2. Dobre os joelhos, transfira o peso para o pé esquerdo e levante o pé direito o mais alto possível e pise no chão. Permita que seu pé encoste no chão com força, plano, como se estivesse batendo uma massa na terra. Mantenha seu peso reduzido, com os joelhos dobrados. Se lhe parecer natural soltar um som enquanto pisa, vá em frente!

3. Quando seu pé direito estiver firmemente apoiado no chão, transfira seu peso para ele, levante o pé esquerdo do chão e pise.
4. Continue alternando os lados de 30 segundos a um minuto.

Pisar é um movimento no qual você está envolvido desde que era criança, então, você não precisa se preocupar muito com a forma de executar esse exercício (apenas fique de olho em como seus joelhos lidam com seu peso). O foco principal deve estar na conexão sólida e intencional que você está realizando com a terra, com os inúmeros benefícios que você recebe.

Automassagem nos pés: para se abrir ao espírito
Você se lembra de como o signo de Peixes incorpora todos os outros signos em um? O mesmo acontece com seu pé. De acordo com o campo da reflexologia, as áreas em cada pé representam e se conectam a outras áreas de seu corpo. Portanto, massagear a base de seus arcos também é benéfico para os órgãos digestivos. Enquanto culturas antigas no Egito ou na China podem ter praticado técnicas semelhantes, a reflexologia foi introduzida nos Estados Unidos por um fisioterapeuta e médico na virada do século XX. Desde então, muitas pessoas encontraram alívio por meio da reflexologia – de fato, mesmo uma simples massagem nos pés pode fazer maravilhas pela dor no pé. Veja por si mesmo e pratique a essência pisciana de mente aberta. Talvez você não seja capaz de praticar a reflexologia em si mesmo, em casa, mas essa massagem é um começo para se abrir às maravilhas de seus pés, às novas formas de cura e, a partir daí – quem sabe?

1. Sente-se em uma cadeira com a perna direita cruzada em cima da esquerda, com o tornozelo direito apoiado em cima da coxa esquerda.
2. Segure os dedos do pé direito com a mão direita e estabilize o calcanhar com a mão esquerda. Com a mão direita, alongue gentilmente o tornozelo e pressione os dedos por dez segundos. Você deve sentir um alongamento na sola do pé (ao longo da fáscia plantar).
3. Então, relaxe o pé por dez segundos. Repita um total de dez vezes.

4. Inclua na massagem: durante a última repetição, mantenha os dedos dos pés para trás e, em seguida, use o polegar esquerdo para massagear a sola do pé, desenhando linhas da planta do pé até o calcanhar. Comece com a linha formada por seu arco interno, depois se mova para a linha no interior do pé e, em seguida, massageie a linha ao longo do arco externo. Pressione com tanta firmeza quanto se sentir confortável.

5. Repita três vezes e, em seguida, mude os pés.

Enquanto massageia seus pés, inclua uma hidratação com óleos essenciais. O óleo de Vetiver tem a propriedade de trazer à tona os aspectos intuitivos e espirituais da natureza de Peixes.

Um conselho: dependendo das condições de seus pés, eles podem ficar doloridos após as primeiras vezes que você os massagear. Se isso acontecer, seus pés podem precisar de apenas alguns dias para se acostumar com o alongamento e a massagem, o que ajuda muito a atenuar as aderências musculares. A sensação, em breve, deve passar de *ai* para *ahhh*.

Alongamento do pé: para moldar a matéria
Imagine uma escultora diante de um monte de argila. Para ela, qualquer forma é possível. Ela transmite seu modo de ver a vida, por meio de suas mãos, ao monte de argila, manifestando o que quer que ela queira criar, desde uma caneca para café até a escultura de um abraço. Enquanto sua forma física impõe limites maiores que a argila para ser moldada, a maior parte de você também pode ser moldada de muitas maneiras diferentes. Cada um é único: devido aos ângulos de suas articulações, juntamente com a flexibilidade própria de seus ligamentos, você experimentará diferentes limites e amplitudes de movimentos; diferente de todos os outros experimentados pelas outras pessoas. Por essa razão, alguns indivíduos podem nascer – ou vir a ser – flexíveis o suficiente para realizar acrobacias, enquanto outros, não importa o quanto se alonguem, nunca o farão. A maneira ideal para seu corpo se mover é a maneira ideal que seu corpo pode se mover.

Você pode decidir como quer se sentir com seus pés – saudável, alongado, respirando livremente? O que você quer que eles façam – corram bem, fiquem *en pointe*, mantenham o equilíbrio? A escolha é sua. Você começa a realizar o que quer e precisa no mundo real, tudo vem literalmente aos seus pés. Seu corpo é sua estrutura – use esse exercício para reconhecê-lo, para que você possa começar a moldá-lo, para que ele seja moldado por você. Para esse exercício, você precisará de uma faixa de resistência. Se não tiver uma, você pode usar uma toalha.

1. Sente-se no chão com as pernas esticadas à sua frente. Você deve estar sentado em cima de uma pélvis neutra – por favor, sobre os joelhos, se necessário, para sentar-se direito, ereto e não se curvar, não ceder à sua região lombar. Mantenha as coxas, pernas e pés paralelos um ao outro.
2. Segure os dois lados da faixa de resistência com a mão direita e enrole a faixa na planta do pé direito, de modo que os dedos do pé fiquem cobertos.
3. Lentamente, aponte os dedos do pé direito – seguidos pelo pé e tornozelo – em direção ao chão.
4. Alongue-os de volta, em sua direção. Movimente-se lentamente para sentir a resistência e a articulação através de cada parte dos dedos dos pés, do pé e do tornozelo.
5. Repita cinco vezes, certificando-se de que seu tronco permaneça ereto, enquanto seus pés estão fazendo o trabalho.
6. Com o pé ainda na faixa de resistência, faça cinco círculos lentos para a direita e cinco para a esquerda.
7. Mude os lados e repita.

Para criar mais resistência, encurte o comprimento da faixa de resistência. Com ele menor, alongue o pé.

Caminhe descalço: para a integração

Agora, neste momento, um ou ambos os seus pés provavelmente estão descansando no chão. A terra faz muito por nós – produz comida, água e um terreno para caminhar; sentar-se e construir, bem como energia natural e gratificante. A energia da terra, do solo, é uma parte importante para nos sentirmos saudáveis e uma razão pela qual não se sentir – no caso, em nossa sociedade industrializada e repleta de cimento. Muitos benefícios para a saúde podem vir da integração de sua matéria com a energia da terra, desde um melhor equilíbrio, de uma conexão com a natureza, até uma melhora na saúde e na força dos pés. No entanto, para desfrutar disso, você precisa tirar os sapatos, meias e outros apetrechos que o impeçam de se conectar diretamente com a terra. Conecte-se andando descalço sobre o chão – tanto faz se há areia ou grama sobre ele – com a maior frequência possível, mesmo que seja por apenas 20 segundos (mas o ideal seriam 20 minutos diários). Essa aventura, descalço, permite que seus pés fiquem livres de interferências, como os sapatos, e trabalhem de modo pleno. Como um bônus, caminhe próximo ou ao longo da água de um lago, rio, mar. Peixes é um signo da água, e a água é vital para Peixes em muitos níveis: atua acalmando, reanimando e satisfazendo a energia pisciana.

Meditação amorosa: para estimular o amor e a compaixão
É impossível escrever sobre Peixes sem mencionar duas características profundas – um intenso amor pela humanidade e uma compaixão que não conhece limites. Como arquétipos, o amor e a compaixão ocupam os domínios do espírito e, portanto, é de extrema importância que Peixes aprenda a manifestar essas qualidades em sua forma física. No jeito que fala, come, se relaciona, se comporta e se move. Naturalmente, o primeiro passo é entrar em contato com o amor e a compaixão, não por meio da compreensão da mente, mas pela sabedoria do coração. Experimente – você pode se surpreender ao ver como uma meditação de cinco minutos por dia vai traçando um longo caminho.

1. Sente-se confortavelmente no chão, sobre uma almofada, um colchonete ou um bloco de ioga, se necessário, e cruze as pernas (se não for possível cruzar as pernas, sente-se no chão e encontre uma posição confortável; se não se sentir confortável no chão, sente-se em uma cadeira).

2. Escolha um local e um período em que você não será interrompido. Desligue ou coloque o telefone no modo "silencioso" e defina um alarme para alertá-lo após cinco minutos, quando a meditação terminar.

3. Descanse as palmas das mãos nas coxas, voltadas para baixo, em uma postura de recepção.

4. Permita que sua mão esquerda represente o amor e sua mão direita simbolize a compaixão. Traga as emoções para a realidade, recordando situações anteriores em que você as sentiu.
5. Feche os olhos e concentre-se na mão esquerda com os olhos da mente, evocando o pensamento e o sentimento de amor.
6. Agora, concentre-se em sua mão direita com os olhos da mente, evocando o pensamento e o sentimento de compaixão. Para ajudar a trazer as emoções, lembre-se de uma pessoa, um lugar ou alguma coisa que as provoca em você.
7. Imagine um círculo dourado conectando suas duas mãos.
8. Agora, quando você voltar seu foco para o amor, trace um caminho ao longo do círculo para levá-lo à compaixão e, uma vez na compaixão, continue seguindo pelo círculo até voltar ao amor. Com os olhos fechados, continue traçando esse círculo entre o amor e a compaixão, sentindo um se fundir ao outro.
9. Após o alarme, permaneça sentado com os olhos fechados e dê uma pausa por um momento. Reflita sobre a experiência antes de continuar seu dia.

Se uma meditação de cinco minutos parecer assustadora para você, sinta-se à vontade para praticar essa meditação em qualquer intervalo de tempo que lhe pareça possível. A parte mais importante de qualquer meditação é simplesmente estar disponível para praticá-la. A duração de sua meditação aumentará naturalmente com o tempo.

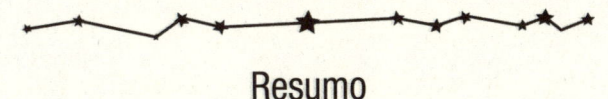

Resumo

★ Seus pés são as regiões relacionadas a Peixes. Apresentando uma intrincada interação de ossos, seus pés permitem que você se mova como desejar.

★ Peixes é o décimo segundo e último signo do ciclo do zodíaco. Sua energia reconhece você por inteiro, reconhece quem você é: de matéria a espírito, e pede que você os integre em sua vida.

★ Se a natureza fluida de Peixes se torna muito ou pouco aterrada, seus pés podem experimentar diferentes sintomas (por exemplo, queimação, peso).

★ Alinhe seu Peixes interior por meio de questionamentos, exercícios e atividades que se concentram em seus pés. Use-os para lembrar que você é muito mais do que carne e ossos; você está andando e falando no paraíso terrestre.

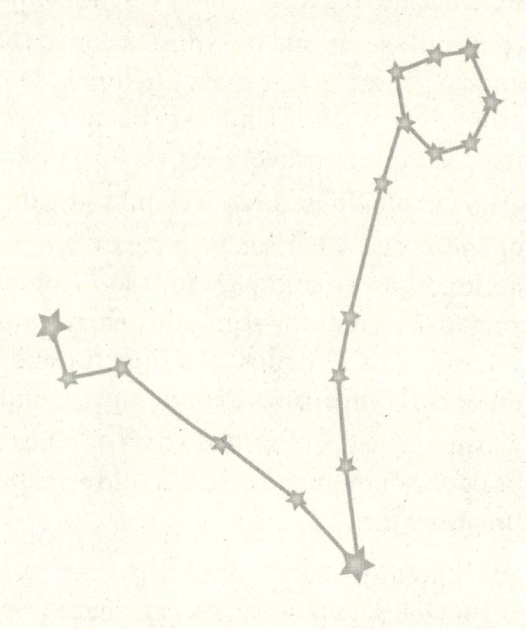

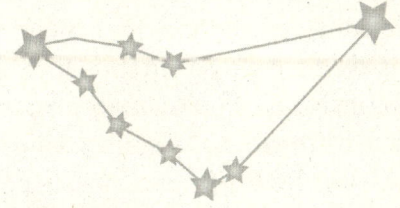

Conclusão

O principal tema implícito neste livro, guia de bem-estar, é que você é muito mais do que os olhos podem ver, que seu corpo, enquanto feito de poeira estelar no nível físico, também reflete o cosmos na metafísica. E, ao honrar essa conexão da matéria com o espírito, você funciona como um todo interconectado – o todo que merece ser e saber que você é.

Não apenas acreditar, mas realmente vivê-la, contudo, requer que você seja coerente com o que diz – ou melhor, pratique os questionamentos e exercícios sugeridos, que acompanham cada capítulo, ou crie qualquer rotina personalizada para si mesmo. O objetivo é tirar a história das páginas, de sua cabeça, e transformá-las em realidade no mundo da matéria. Alinhar-se por meio de todas as escolhas que você faz em um dia mostra, então, que quem você é não é apenas alguém que você conhece por dentro, mas a realidade que vive e expressa. É como o exemplo no prefácio: você pode pensar em tudo o que quiser sobre a compra de uma casa, mas, até começar a tomar as providências necessárias, sua casa não passará de um sonho.

E acreditamos que seus sonhos podem se tornar realidade, além de outros grandes desejos que você nem sabia que tinha, mas nunca saberá, a menos que os experimente. E isso é parte do que esperamos que este livro tenha feito: encorajado você a fazer algo novo, abraçar uma nova maneira de aprender sobre quem você é. Esperamos que esteja inspirado a confrontar suas fraquezas e transformar desafios em pontos fortes, a fim de se abrir para uma nova definição de bem--estar. Quando faz isso – quando você se abre nessa área única de sua vida – essa abertura ressoa em todas as outras pessoas. Assim como quando você estimula a compaixão de Peixes por meio de um exercício com o pé, ele não dura apenas cinco minutos, mas o resto do dia; e isso é perceptível em mudanças sutis, como se tornar mais tolerante consigo mesmo ou mais propenso a abrir portas para os outros.

É hora de nos reconectarmos com nosso corpo e com tudo o que ele traz: desde a base de nossos pés, até o amor em nosso coração, até a consciência de nossa mente. Em outras palavras: é hora de obter o melhor possível de sua saúde e um bem-estar total! Das muitas maneiras de fazer isso, este livro oferece a sabedoria das estrelas como um meio de bem-estar holístico – uma magia prática e curativa que permite acessar uma premissa antiga por meio da realidade diária de seu corpo. Porque não é suficiente para você conhecer o amor que vive em seu coração; você deve se deliciar com sua expressão, sendo capaz de senti-lo e vivenciá-lo por meio de seus movimentos, escolha de palavras, posturas, trabalhos, relacionamentos e assim por diante. Quando isso acontece, ele deixa de ser apenas um conceito e começa a se tornar real – é por isso que os questionamentos, os exercícios e as atividades do livro, que o ajudam a estimular essas partes intangíveis, são tão importantes. Ao praticá-los regularmente, você aproveita sua própria magia aplicada.

Este livro é sobre suas rotinas diárias e a magia prática que resulta delas. Então, coloque seu chapéu de mago! Continue a viver, por meio de seu corpo, a estrela que você é. Com frequência, alcance o cosmos, por dentro e por fora, e lembre-se de que você reside em um universo que está em constante evolução – exatamente como você.

Obrigada por ingressar nesta viagem de bem-estar a partir de seu corpo rumo às estrelas e vice-versa. Esperamos que você goste de viver o livro tanto quanto gostamos de criá-lo para você.

Dra. Stephanie e Rebecca

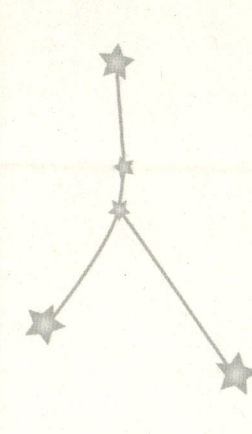

Agradecimentos

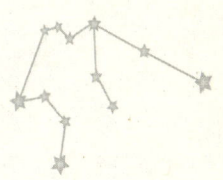

Escrever um livro sobre o corpo humano e as estrelas do zodíaco requer ver a vida como um todo interconectado. Assim sendo, vemos todas as pessoas e eventos em nossas vidas como tendo uma participação neste livro e ajudado para que se tornasse realidade, e por isso somos gratas. Sabendo disso, há um punhado de pessoas que desempenharam um papel direto e a quem oferecemos gratidão: Robert Gottlieb e Mel Flashman da Trident Media Group, por sua visão é fé; Emily Han e Lindsay Easterbrooks-Brown, juntamente com toda a equipe da Beyond Words Publishing, por editar nossas palavras com o coração; a todos os homens e mulheres que doaram seu tempo, energia e *insights*, de modo corajoso, para os nossos estudos de caso (que, no final, não foram incluídos no livro, mas ajudaram a acrescentar informações a cada capítulo); e a dra. Roberta Rovner Pieczenik (mãe da dra. Stephanie), que publica os artigos de Stephanie desde o curso preparatório, com amor, dedicação e um olhar atento ao uso excessivo do ponto e vírgula. Finalmente, e não com menos força e vigor, nós incluímos sincera gratidão por todos os nossos amigos, familiares e entes queridos que nos apoiaram ao longo do caminho – você sabe quem você é.

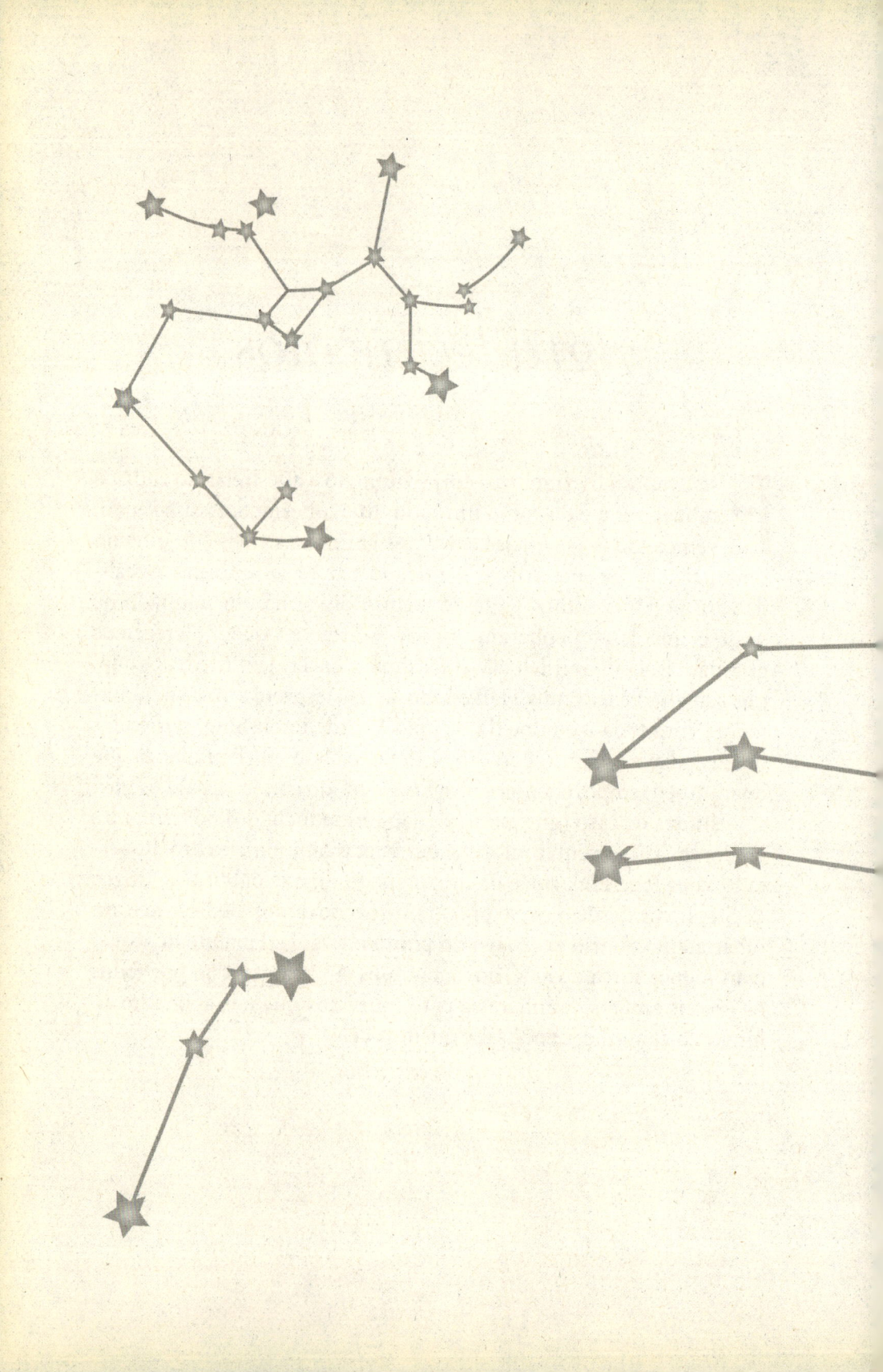

Apêndice A: Tabela dos Signos do Zodíaco e Manifestações Físicas

A sabedoria de cada signo do zodíaco vive dentro de você! E, quando você vive em um alinhamento pessoal com essa sabedoria, sente-se equilibrado e bem. A maioria de nós, no entanto, ainda está aprendendo sobre quem somos e como é possível viver melhor, e, às vezes, nos sentimos mal. Use quaisquer dores e problemas físicos como oportunidades para aprender mais sobre si mesmo e sobre como cuidar de si em todos os aspectos – corpo, mente e espírito. O que você percebe como suas feridas pode ser, na verdade, seu maior dom.

Uma vez que este livro apresenta o sistema musculoesquelético do corpo, as manifestações físicas incluídas na tabela a seguir são principalmente musculoesqueléticas (embora algumas regiões sejam mais propícias a isso do que outras). Elas foram extraídas da seção "O que aprender" de cada capítulo e representam o que poderia surgir se a energia desse signo fosse bloqueada ou expressa em sua total plenitude. Conforme o que foi dito na introdução, por favor, use essa tabela como um guia para aprender e explorar sobre sua conexão com o corpo-mente-espírito (e não com propósito de diagnósticos ou como suposições de problemas que venham a surgir).

Data*	Signo Solar	Região do Corpo	Manifestações Físicas
21 de março – 19 de abril	Áries ♈	Cabeça	Enxaquecas, dores de cabeça Sinusite Resfriados Nariz entupido ou com coriza Infecções oculares Perda de cabelo Infecções de ouvido Perda auditiva Dor de dente, infecções ou bruxismo Músculos da mandíbula apertados Manchas no rosto
20 de abril – 20 de maio	Touro ♉	Pescoço	Tensão ou fraqueza, instabilidade Rigidez ou dor Limitação de movimentos ou hipermobilidade Estalos provocados por movimentos Outros: Tosse, infecção na garganta, desequilíbrio da tireoide, alterações vocais
21 de maio – 20 de junho	Gêmeos ♊	Braços, antebraços, mãos	Dor nos ombros, cotovelos, antebraços, punhos ou mãos Estalos provocados por movimentos Fraqueza ou tensão Estalos excessivos nas articulações Tensão entre as omoplatas (escápula) Restrição de movimentos ou hipermobilidade Dificuldade motora Aperto de mão fraco

Data*	Signo Solar	Região do Corpo	Manifestações Físicas
21 de junho – 22 de julho	Câncer ♋	Tórax, peito	Rigidez ou dor Peito escavado, postura cifótica Respirações curtas ou falta de ar Inflamação ou lesões nas costelas Outros: Doenças respiratórias, catarro excessivo, descontrole alimentar, azia, nódulos mamários (por exemplo, cistos, fibroadenomas)
23 de julho – 22 de agosto	Leão ♌	Coração, parte superior das costas	Peito estufado Postura cifótica Respiração superficial Aperto ou tensão na parte superior das costas, ou fadiga Restrição de movimentos Doenças cardíacas
23 de agosto – 22 setembro	Virgem ♍	Abdômen	Core rígido ou fraco Postura rígida, "militar", curvatura em C, curvatura lordótica Respiração superficial ou pesada (*versus* respiração abdominal) Outros: Má digestão, distúrbios alimentares diversos, indigestão, alergias alimentares, prisão de ventre, hérnia, úlceras, intestinos irritáveis, hipocondria, comportamentos obsessivos

Data*	Signo Solar	Região do Corpo	Manifestações Físicas
23 de setembro – 22 de outubro	Libra ♎	Parte inferior das costas	Músculos doloridos ou tensos Espasmos musculares Limitação de movimentos Postura rígida, "militar", curvatura em C, curvatura lordótica, costas planas Dor aguda ao realizar movimentos repentinos Dor ou fraqueza com esgotamento físico (por exemplo, ao se levantar) Sintomas de degeneração Outros: Desequilíbrio renal ou nas adrenais
23 de outubro – 21 de novembro	Escorpião ♏	Região sacral	Músculos tensos e contraídos da região lombar, isquiotibiais, abdominais, da região glútea ou do assoalho pélvico, da região do sacro e da pélvis Dor ou desconforto na região lombar ou glútea Sensação de fraqueza ou instabilidade na região pélvica Limitação de movimentos da região lombar ou da pélvis Hipermobilidade Pélvis fixa, não neutra Excesso de rotação, alargamento ou inclinação pélvica Outros: Ciclos menstruais irregulares, retenção ou incontinência urinária

Data*	Signo Solar	Região do Corpo	Manifestações Físicas
22 de novembro – 21 de dezembro	Sagitário	Quadris, coxas	Músculos do quadril rígidos ou fracos Músculos do quadril em desequilíbrio (por exemplo, os músculos abdutores) Excesso de rotação interna e externa das coxas Limitação de movimentos do quadril Hipermobilidade Síndrome de fricção da banda iliotibial Pélvis fixa, não neutra Dor sentida na, ou nas regiões ao redor das articulações Dor no nervo da região glútea ou na parte de trás da coxa Outros: Abusos na alimentação e com bebidas, problemas no fígado
22 de dezembro – 19 de janeiro	Capricórnio	Joelhos	Músculos ou tendões rígidos ou fracos ao redor da articulação Dor ou desconforto no joelho ao se mexer ou ao sentar-se Limitação ou rigidez dos movimentos Hiperextensão Joelhos arqueados ou travados Estalos provocados por movimentos Excesso de fluidos Canelite Alinhamento deficiente do joelho

Data*	Signo Solar	Região do Corpo	Manifestações Físicas
20 de janeiro – 18 de fevereiro	Aquário ♒	Tornozelos	Sensação de fraqueza ou instabilidade Restrição de movimentos ou hipermobilidade Edema Sensação de estalos ou sons de estalos Sensação de rompimento Instabilidade da articulação Inversão frequente do pé ao caminhar Músculos da panturrilha rígidos e contraídos Cãibra ou distensão
19 de fevereiro – 20 de março	Peixes ♓	Pés	Hipermobilidade Inversão frequente do pé ao caminhar Pé cavo ou pé chato, impossibilitando apoiar completamente os pés no chão Dedos dos pés deformados Peso Sensação de queimação Sola dos pés dolorida Limitação de movimentos Excrescências (por exemplo, calosidades) Degeneração

*Nota

Tenha em mente que você pode ver datas diferentes em tabelas diferentes. Isso acontece devido à precessão do equinócio, que é o movimento lento e retrógrado que a Terra faz a cada 72 anos, durante os quais a posição das estrelas muda em um grau.

Apêndice B: Reconhecimento do Corpo de Estrelas

Esse reconhecimento pode ser usado:
Para se reconectar com sua forma física e detectar quaisquer bloqueios que possam estar atrapalhando a conexão

- Para unir seu corpo ao seu privilégio inato e estrelado de um todo maior
- Para uma experiência meditativa e relaxante
- Para estabelecer uma prática regular de autocuidado com base nas necessidades de seu signo do zodíaco

Para começar, encontre um local tranquilo para realizar este exercício. Pode levar cerca de cinco minutos, mas você pode prolongá-lo pelo tempo que desejar. No chão ou no tapete, entre na Postura do Cadáver (postura da ioga), deitando-se de costas com os braços e as pernas estendidos, as palmas voltadas para cima e os olhos fechados. Use acessórios, conforme necessário, para ficar à vontade. Começando com o foco na cabeça e terminando com o foco nos pés, repita mentalmente as frases seguintes, respirando de modo relaxado entre cada uma delas:

- Eu sou Áries. Eu sou minha cabeça. Eu sou inteiro.
- Eu sou Touro. Eu sou meu pescoço. Eu sou inteiro.

- Eu sou Gêmeos. Eu sou meus braços, antebraços e mãos. Eu sou inteiro.
- Eu sou Câncer. Eu sou meu peito. Eu sou inteiro.
- Eu sou Leão. Eu sou meu coração e minha parte superior das costas. Eu sou inteiro.
- Eu sou Virgem. Eu sou meu abdômen. Eu sou inteiro.
- Eu sou Libra. Eu sou minha parte inferior das costas. Eu sou inteiro.
- Eu sou Escorpião. Eu sou minha região sacral. Eu sou inteiro.
- Eu sou Sagitário. Eu sou meus quadris e coxas. Eu sou inteiro.
- Eu sou Capricórnio. Eu sou meus joelhos. Eu sou inteiro.
- Eu sou Aquário. Eu sou meus tornozelos. Eu sou inteiro.
- Eu sou Peixes. Eu sou meus pés. Eu sou inteiro.
- Eu aceito as partes do meu todo. Eu sou grato ao meu todo. Eu descanso em meu todo.

Após a repetição, permaneça o tempo que quiser na postura, deitado no chão com as pernas e os braços alongados e relaxados.

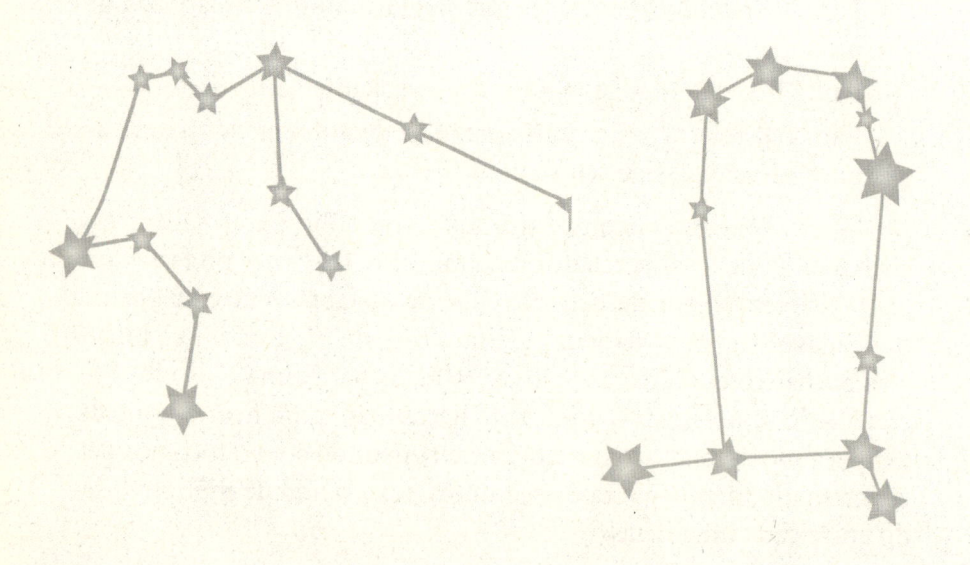

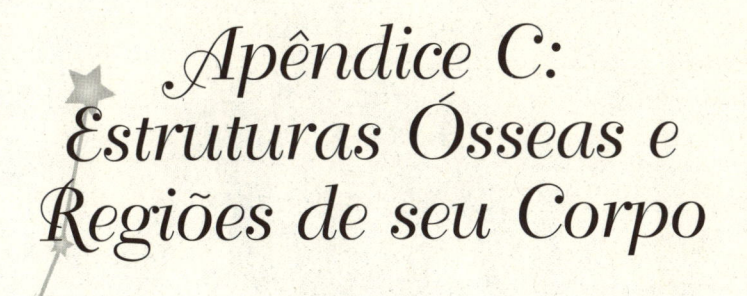

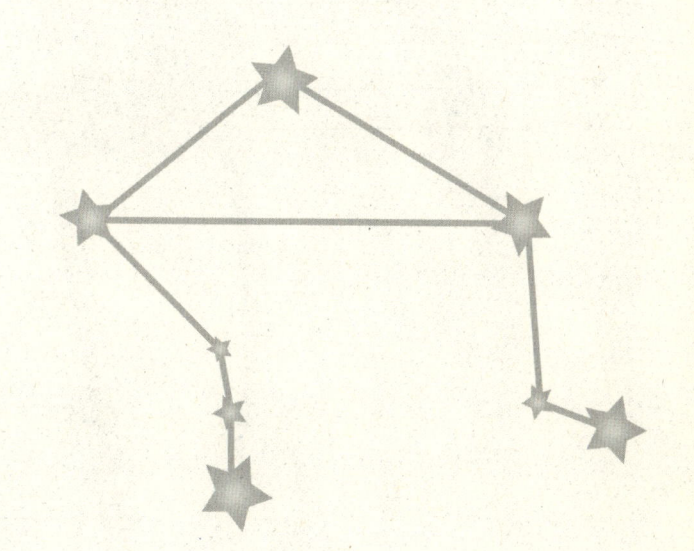

Apêndice C: Estruturas Ósseas e Regiões de seu Corpo

Estrutura Esquelética

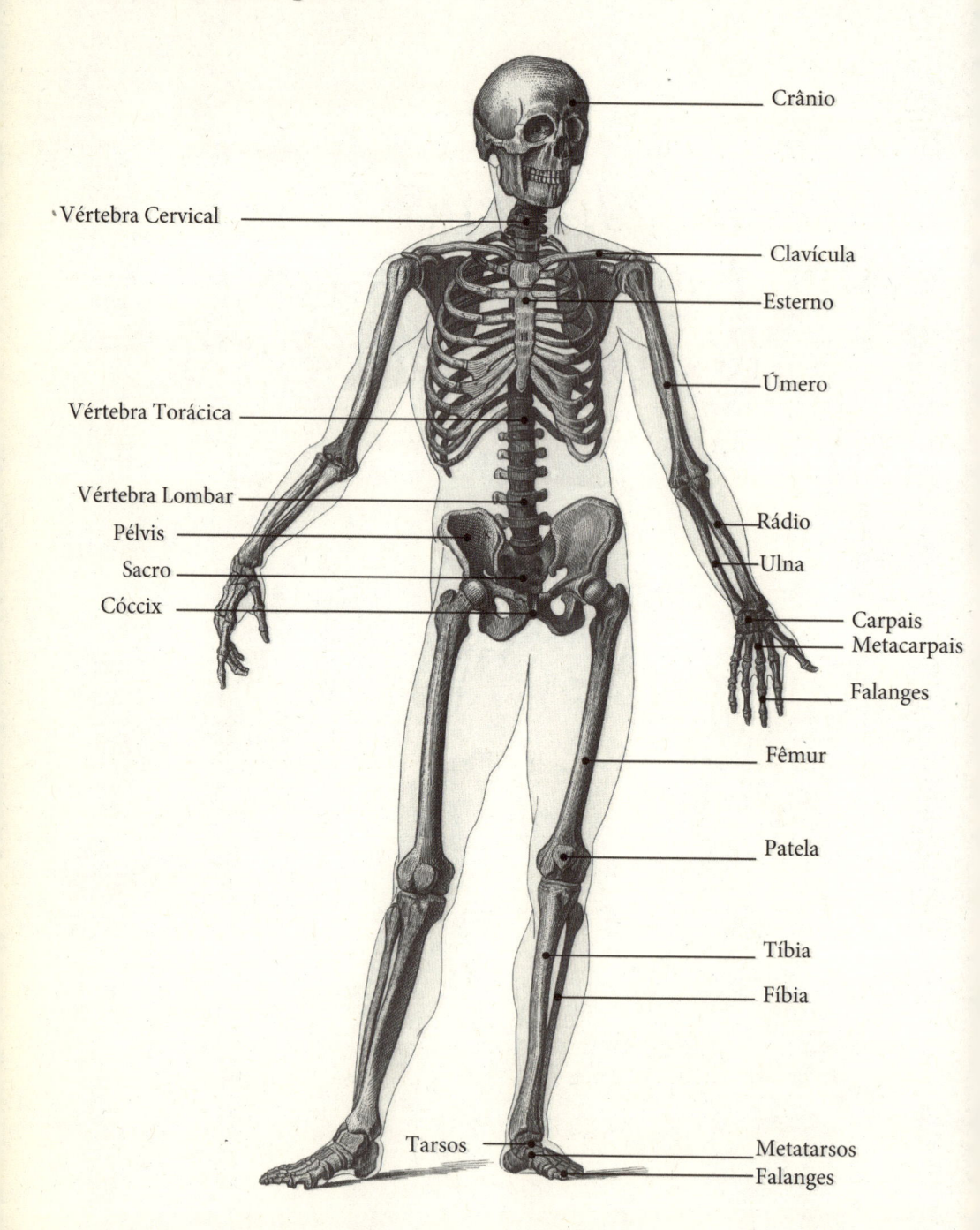

- Crânio
- Vértebra Cervical
- Clavícula
- Esterno
- Úmero
- Vértebra Torácica
- Vértebra Lombar
- Pélvis
- Sacro
- Cóccix
- Rádio
- Ulna
- Carpais
- Metacarpais
- Falanges
- Fêmur
- Patela
- Tíbia
- Fíbia
- Tarsos
- Metatarsos
- Falanges

Região do corpo

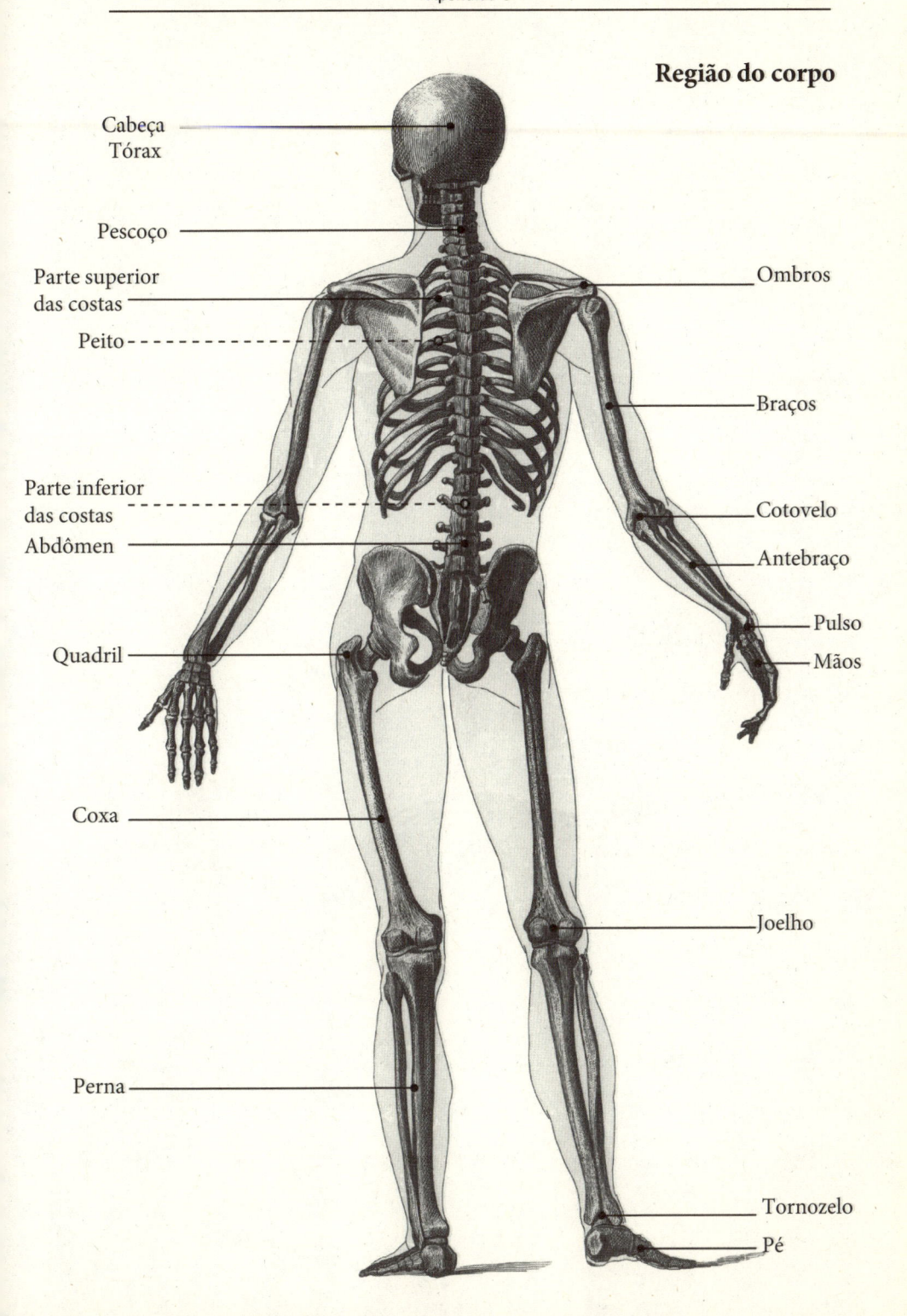

- Cabeça
- Tórax
- Pescoço
- Parte superior das costas
- Peito
- Parte inferior das costas
- Abdômen
- Quadril
- Coxa
- Perna
- Ombros
- Braços
- Cotovelo
- Antebraço
- Pulso
- Mãos
- Joelho
- Tornozelo
- Pé

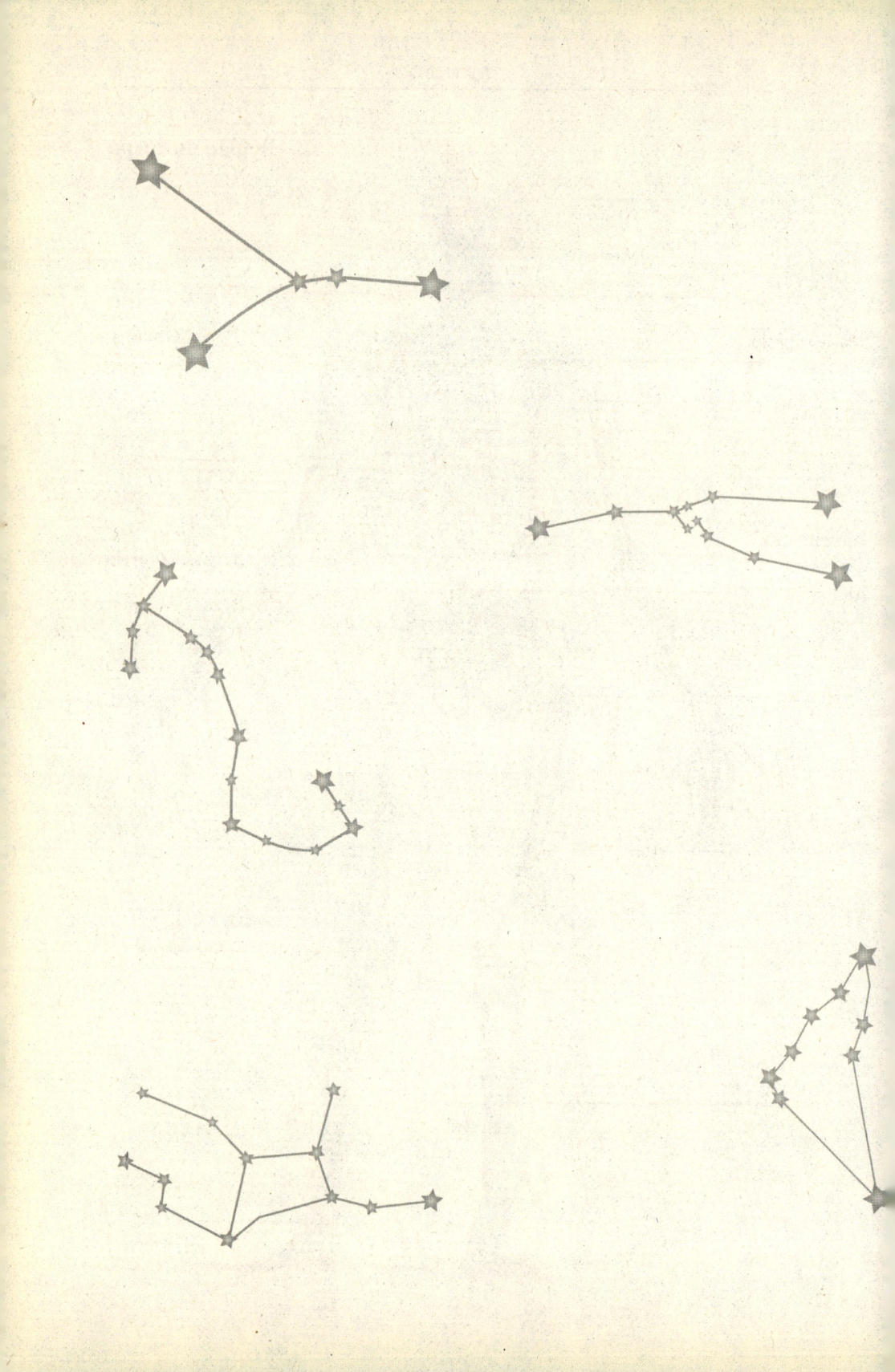

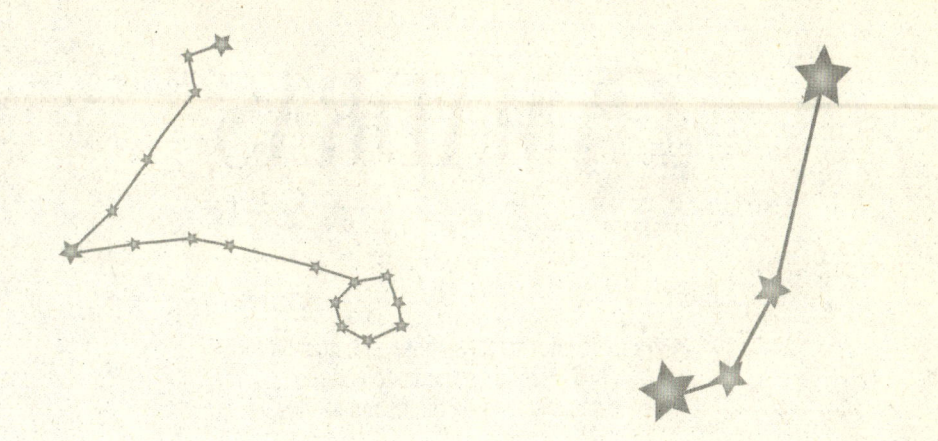

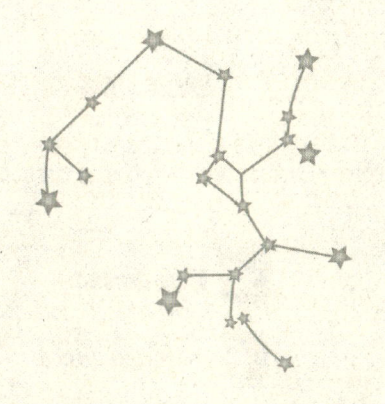

MADRAS® Editora

Para mais informações sobre a Madras Editora,
sua história no mercado editorial
e seu catálogo de títulos publicados:

Entre e cadastre-se no site:

www.madras.com.br

Para mensagens, parcerias, sugestões e dúvidas, mande-nos um e-mail:

marketing@madras.com.br

SAIBA MAIS

Saiba mais sobre nossos lançamentos,
autores e eventos seguindo-nos no facebook e twitter:

@madrased

/madraseditora